教育部高等学校图书馆学专业教学指导委员会指定教材

SHEQU TUSHUGUANXUE

社区图书馆学

陆和建　姜丰伟◎著

国家图书馆出版社

图书在版编目（CIP）数据

社区图书馆学 / 陆和建，姜丰伟著. — 北京 ：国家图书馆出版社，2022.10

ISBN 978-7-5013-7396-3

I.①社… II.①陆… ②姜… III.①社区—图书馆工作—研究 IV.① G258.24

中国版本图书馆 CIP 数据核字（2021）第 258487 号

书　　名	**社区图书馆学**	
著　　者	陆和建　姜丰伟　著	
特约策划	王　波	
责任编辑	邓咏秋　刘健煊	
责任校对	郝　蕾	
封面设计	云水文化	

出版发行　国家图书馆出版社（北京市西城区文津街 7 号　100034）
　　　　　（原书目文献出版社　北京图书馆出版社）
　　　　　010-66114536　63802249　nlcpress@nlc.cn（邮购）
网　　址　http：//www.nlcpress.com
排　　版　北京旅教文化传播有限公司
印　　装　河北鲁汇荣彩印刷有限公司
版次印次　2022 年 10 月第 1 版　2022 年 10 月第 1 次印刷

开　　本　710mm×1000mm　1/16
印　　张　16.5
字　　数　273 千字
书　　号　ISBN 978-7-5013-7396-3
定　　价　79.00 元

目　　录

图表目录

表目录

图目录

前　言

　　据联合国经济和社会事务部发布的《2018 年版世界城市化展望》报告，预计到 2050 年，世界城市居民将由现有的 55% 升至 68%，城市人口总量将增加 25 亿，其中，中国城市人口将新增 2.55 亿。2020 年 10 月 31 日，联合国人居署发布的《2020 年世界城市报告——可持续城市化的价值》预测，未来 10 年世界城市化脚步将进一步加快，城市人口占全球人口比例将于 2030 年提升至 60.4%（目前为 56.2%）。然而，世界各国在享受城市化进程带来的经济红利的同时，也不得不面对由此产生的诸多社会问题，如交通拥堵、就业困难、环境恶化、住房紧张、公共服务供给不足等问题，尤其是发展中国家面临着更深层次的文化匮乏，亟须革新公共文化服务管理方式与制度设计，推进现代化城市文化治理体系建设，建立起自下而上的文化自信与坚实的群众参与基础，促进经济、社会与文化和谐相融的可持续发展。

　　中国作为世界上最大的发展中国家，近十年来，随着城市化进程的不断加快，党和政府高度重视文化建设，文化的传承、创新和发展已被提到重要议事日程。党的十九大以来，各级政府不断深化文化体制改革，推进文化领域供给侧改革，激活文化的创造和发展活力。2020 年 10 月，党的十九届五中全会提出，繁荣文化事业和文化产业，提高国家文化软实力。2021 年 3 月，文化和旅游部、国家发展改革委、财政部联合印发《关于推动公共文化服务高质量发展的意见》，将公共文化服务的高质量发展作为新时期主要工作目标，为公共文化服务工作中的重点领域和关键环节提供了重要政策保障。目前，中国公共文化服务发展不平衡不充分的问题仍然存在。在加大基层公共文化设施建设力度的同时，优化基层公共文化服务和管理体制、提升基层公共文化服务效能是做好文化传承与创新工作的必然要求，有利于推动文化事业的发展与繁荣。

公共图书馆是公共文化服务体系的重要组成部分，相应的，社区图书馆是基层公共文化服务体系与区域公共图书馆服务体系的重要构成部分。从《中华人民共和国公共文化服务保障法》的颁布到《"十四五"文化和旅游发展规划》的发布、从《WH/T 73—2016 社区图书馆服务规范》的发布到《中华人民共和国公共图书馆法》的颁布，社区图书馆被时代赋予了不同的意义。社区图书馆对公共文化服务体系的完善、全民文化素养的提高具有积极作用。开展社区图书馆学研究，对推动我国社区图书馆事业发展，促进和完善基层公共文化服务体系建设都有着十分重要的意义。

社区图书馆学属于图书馆学的分支领域，其研究对象、研究内容与图书馆学相比更加具体、细化。为此，笔者响应党中央和国家推动基层公共文化服务建设的号召，撰写了《社区图书馆学》一书，期望构建系统、全面的社区图书馆学基础理论研究体系。

《社区图书馆学》是教育部高等学校图书馆学专业教学指导委员会指定用书，全书共分为五个部分：第一章为社区图书馆学概论，从研究对象、学科性质、研究内容和研究方法等方面阐述了社区图书馆学理论研究中的基本问题。第二章主要探讨了社区图书馆的概念、类型与社会角色。第三章梳理国内外社区图书馆事业的建设与发展情况。第四章对社区图书馆的业务工作体系进行论述，探讨了"图书馆 +"理念下社区图书馆服务的拓展方向。第五章将研究视角深入到社区图书馆的具体管理实务中，分析了社区图书馆的管理内容、工作组织、规章制度、服务规范、统计、工作评估等。本书附录中收入《国际图联、联合国教科文组织 公共图书馆宣言（2022）》《中华人民共和国公共图书馆法》《WH/T 73—2016 社区图书馆服务规范》等相关常用法律法规及标准文件，供读者阅读及学习过程中参考。

本书的出版得到了教育部高等学校图书馆学专业教学指导委员会和国家图书馆出版社的大力帮助和支持。感谢北京大学王余光教授的悉心指导，感谢朝华出版社刘小磊老师在成稿之初对本书进行仔细认真的编校，感谢国家图书馆出版社邓咏秋编审对本书进行仔细认真的编校审定，在此一并致以诚挚的感谢。

本书参考和借鉴了许多国内外专家学者的研究成果，这些成果给了我们许多启迪与帮助。此外，参与本书校对和资料搜集的还有程思捷、李昊远、叶茜、张思琪、阮张平、蔡国画、卢婧，在此一并表示衷心的感谢。

目前，我国基层公共文化服务体系仍在不断建设和完善，社区图书馆作为我国基层公共文化服务体系的一个重要组成部分，其相关研究还存在诸多理论和实践问题需要深入探索。对于书中可能存在的疏漏之处，敬请专家和读者批评指正。

陆和建　姜丰伟

2021 年 7 月 12 日

第一章　社区图书馆学概论

社区图书馆学的研究对象、学科性质、研究内容和研究方法是社区图书馆学理论研究中的基本问题，也是开展社区图书馆学研究、教学和社区图书馆实践的出发点。与图书馆学其他分支学科的理论研究相比，社区图书馆学理论研究起步相对较晚，社区图书馆学基本问题的讨论与争鸣尚未停止，社区图书馆学相关理论研究也随着实践的深入和人们认识水平的提高而不断发展。社区图书馆学基本问题的研究对基层公共图书馆的发展和公共文化服务均等化具有深远的影响，具体体现在社区图书馆建设、管理、服务、评估与反馈等实践环节。

第一节　社区图书馆学的研究对象

一、社区图书馆学研究对象的含义

社区图书馆学是图书馆学的一个分支学科，自 20 世纪 90 年代至今，其研究初现雏形。图书馆学的研究对象是指图书馆事业及其相关因素[①]，社区图书馆学的研究对象则包括社区图书馆事业及其相关因素。社区图书馆学的研究任务就是通过钻研社区图书馆事业及其相关因素，探索社区图书馆事业发展的本质属性与内在规律。

---

① 吴慰慈,董焱.图书馆学概论[M].4 版.北京:国家图书馆出版社,2019:13-15.

二、社区图书馆学研究对象的分类

社区图书馆学研究对象的分类是由图书馆学研究对象的相关观点引申而来的。于鸣镝于 1981 年提出图书馆学研究对象的四类学说：要素说、矛盾说、规律说和交流说[①]，揭示出学界早期对图书馆学研究对象的认识。李惠珍分别于 1980 年和 1997 年发表了《图书馆学及其研究对象》和《图书馆学研究对象新论》两篇文章。前者从毛泽东的《矛盾论》中主要矛盾、特殊矛盾的角度批判性地分析了图书馆、图书馆事业、图书馆工作实践等客观事物间的内部矛盾、内部联系和发展规律；后者对前文的观点进行了修正，认为："图书馆是一个机构，不是一种运动形式；它也难以概括图书馆事业及其要素、图书馆特殊矛盾、规律、知识情报传递交流等，而这些只有图书馆活动才能概括。"[②] 李惠珍认为，图书馆学的研究对象是多层次综合整体的图书馆活动。

由于社区图书馆学属于图书馆学的一个分支，通过类比，我们发现对社区图书馆学研究对象的研究也存在一个类似的认识过程。早期的社区图书馆研究一般从宏观的视角讨论社区图书馆的概念、我国社区图书馆建设的必要性与可行性、社区图书馆对我国公共文化服务的意义与作用等。随着社区图书馆实践的推进，社区图书馆的研究也随之深入到微观领域。所以，社区图书馆学的研究对象可分为宏观研究对象和微观研究对象两类。

（一）社区图书馆学的宏观研究对象

社区图书馆的提出起初是建立在公共图书馆研究基础之上的，是公共图书馆发展到一定阶段的产物。为了顺应文化与科技时代的要求和公众对公共文化服务的需求，公共图书馆从国家、省级、市级图书馆，进一步细分到社区图书馆。虽然社区图书馆在行政区划上属于基层的公共图书馆，但是它与一般意义上的公共图书馆相比又存在特别之处。所以，为社区图书馆下一个准确的定义是早期研究社区图书馆学的学者讨论的重点之一。廖子良通过对农村和城市社区进行分析，认为社区图书馆就是按社区设置的图书馆[③]。孔健和张怀珠从社会学角度分析指出，社区图书馆是对现有的公共图书馆系统（国家—省—市—

---

① 于鸣镝.图书馆学研究对象之管见[J].图书馆工作与研究,1981(2):24-27.

② 李惠珍.图书馆学及其研究对象[J].图书馆工作与研究,1980(2):3-9;李惠珍.图书馆学研究对象新论[J].中国图书馆学报,1997(4):86-89,81.

③ 廖子良.建立社区图书馆刍议[J].图书馆界,1992(4):4-8.

县公共图书馆）的一种纵向延伸和横向（网络的）扩充，是现代社会及城市发展的必然产物[①]。由于学者们对社区图书馆内涵边界设定的不同，社区图书馆的类型和特征也呈现出多样化的划分标准。

从社区图书馆事业长远发展的宏观视角出发，社区图书馆的宏观研究对象可划分为社区图书馆的事业研究、社区图书馆的意义研究两个方面。

社区图书馆的事业研究是在社区图书馆概念研究的基础上进行的，不同定义下的社区图书馆有着不同的类型，而不同类型的社区图书馆需要构建与之相适应的宏观规划。学者们对社区图书馆事业发展的宏观研究包括，在当时的社会背景和政治经济文化条件下，结合当时居民的文化素养水平，充分讨论社区图书馆建设的可行性，如冉文革在《浅析社区图书馆建设模式与保障》中提出的总分馆型、物业管理型、二元共建型、援助联合型、鼓励社区内单位内部图书馆向社区居民开放、准市场化型、社区流动图书馆等几种模式，为后人研究提供了思路[②]。

社区图书馆的意义研究，有利于完善公共文化服务体系，提高公民文化素养。社区图书馆是时代的选择，社区图书馆建设意义的研究是社区图书馆学宏观的研究对象之一。为了保证社区图书馆学发展的先进性和可持续性，从 20 世纪 90 年代起，不同时期的学者研究社区图书馆时，均须明确社区图书馆的意义和作用，这是其后续研究的基础。从文献计量的角度对社区图书馆相关内容进行评述研究能更好地探索社区图书馆的意义——一方面总结了社区图书馆学阶段性的研究成果，另一方面为社区图书馆研究查漏补缺提供了科学依据。

（二）社区图书馆学的微观研究对象

社区图书馆学的微观研究是在社区图书馆逐步进入实践阶段后开展的研究，社区图书馆学的微观研究对象来自社区图书馆实践的各个方面。以下从管理和服务两个角度，大致将社区图书馆的微观研究对象分为四个部分：

---

① 孔健, 张怀珠. 人口老龄化与社区图书馆的建立[J]. 图书馆学研究, 1998 (2):44-45.
② 冉文革. 浅析社区图书馆建设模式与保障[J]. 图书馆论坛, 2004 (4):45-48.

1. 社区图书馆管理机制研究

刘兹恒和薛旻认为，机制是管理的一个过程或调控的手段或方法[①]。所谓社区图书馆管理机制，是将社区图书馆作为一个完整的系统，按照一定规律将社区图书馆的各项组织结构协调运作的管理模式。就目前的实践情况来看，社区图书馆的管理均由政府主导，一部分社区图书馆仍沿用传统的基层政府管理模式，另一部分社区图书馆则采用社会化管理模式。社区图书馆社会化管理是政府通过向社会招标，将社区图书馆的全部或部分业务外包给社会企业管理的一种新型管理模式。社区图书馆管理的外包涉及政府、企业和社区图书馆三个主体。在管理外包中，三个主体的权利和义务的平衡是社区图书馆管理外包模式研究的重点。朱梅芳、徐文贤分析了美国、日本两个发达国家的社区图书馆外包现状，引入我国无锡市新区、广州市增城区新塘镇和广州市南沙区的社区图书馆外包实践，提出实践中存在的问题，并从政府、企业和社区图书馆三个主体层面给出相应对策[②]。同时，社区图书馆管理机制的研究内容还包括社会力量参与程度的高低、全面外包或部分外包项目的选择、外包合同制度等。总之，社区图书馆管理机制研究的最终目的是在实践中逐步改进和完善管理机制，使管理机制遵循信息交流、市场竞争、社区居民需求和社区图书馆自身发展等各方面的规律。

2. 社区图书馆管理实务研究

社区图书馆属于图书馆体系中的基层公共图书馆，社区图书馆的管理工作，一方面要符合一般图书馆管理实务的标准，另一方面要体现基层公共图书馆的特殊性。由于社区图书馆的管理实务要深入工作实践，所以其属于社区图书馆学的微观研究对象之一。社区图书馆管理实务的研究大致分为社区图书馆的工作组织、馆员管理、规章制度、评价评估四个方面。第一，在社区图书馆的组织结构上注重其与社会化管理模式的适应性。第二，在社区图书馆的馆员管理上注重其与基层工作的适应性，包括馆员选拔、馆员培训、馆员职称评定和奖惩措施等。第三，从规章制度上对社区图书馆的社会化管理加以规范。第四，在一般图书馆的评估标准基础上制定专门的社区图书馆评估标准。随着社

---

① 刘兹恒,薛旻.论社区图书馆的功能、模式及管理机制[J].中国图书馆学报,2002（5）:32-35,60.

② 朱梅芳,徐文贤.社区图书馆管理外包探究[J].图书馆论坛,2014（10）:63-67,23.

区图书馆的发展，社区图书馆管理实务研究的侧重点不同，研究内容的取舍与
时俱进。

3. 社区图书馆的读者需求研究

任何信息服务的开展都离不开读者需求分析，社区图书馆具有较稳定的服
务范围和服务对象，对该范围内服务对象的需求进行分析研究是社区图书馆的
工作重点。广义上，社区图书馆的服务范围就是行政区划上该社区的地理范
围，服务对象包括该地理范围内的所有群众。狭义上，社区图书馆是基层公共
文化服务的承担机构，社区图书馆的服务对象主要是社区的老年人、儿童、特
殊群体以及具有基础文化需求和特殊文献需求的基层群众。《中华人民共和国
公共文化服务保障法》所定义的公共文化服务为：由政府主导、社会力量参
与，以满足公民基本文化需求为主要目的而提供的公共文化设施、文化产品、
文化活动以及其他相关服务[①]。只有进行深入的读者需求分析后，才能提供满
足服务对象需求的文化服务。社区图书馆读者需求分析是社区图书馆服务模式
研究、社会力量参与程度研究、社区文化服务内容与形式研究的基础。

4. 社区图书馆的功能与读者服务研究

社区图书馆的功能与读者服务研究是在传统图书馆功能研究的基础上融合
基层特色而展开的研究。社区图书馆具有一般图书馆信息资源共享、社会文
化服务和读者素养教育等传统功能。由于社区图书馆服务范围和服务对象是
围绕社区基层群众的，所以在研究社区图书馆功能时，要考虑到其基层社区的
定位。20世纪末至21世纪初，霍国庆、刘兹恒、苏瑞竹等在研究社区图书馆
功能时多从理论角度分析社区图书馆的教育、信息、文化功能[②]。2010年以后，
随着社区图书馆实践的深入，学者通过对国内外社区图书馆进行实证研究，将
社区图书馆的功能研究拓展至社区文化交流、社区居民休闲娱乐、社区便民服
务等领域。例如，高林和唐澈对澳大利亚墨尔本布林班克（Brimbank）地区和
我国天津市部分地区社区图书馆现状进行调研，结合我国公共文化服务体系

---

① 中华人民共和国公共文化服务保障法[EB/OL].[2019-07-24]. http://www.npc.gov.cn/zgrdw/npc/xinwen/ 2016-12/25/content_2004880.htm.

② 霍国庆,金高尚.论社区图书馆[J].中国图书馆学报,1995（4）:54-59;刘兹恒,薛
旻.论社区图书馆的功能、模式及管理机制[J].中国图书馆学报,2002（5）:32-35,60;苏瑞
竹.社区图书馆的定位与功能[J].图书馆论坛,2003（1）:125-127.

的发展要求，总结出社区图书馆具有学习、交流、休闲、文化和发展五项功能[①]。社区图书馆的功能定位研究的目的是开展更能满足基层群众需求的服务内容。社区图书馆学研究者对应其功能，继而对社区图书馆服务内容进行深入研究。例如，如何在社区图书馆中开展针对儿童的课外文化培训，如何有效安排社区居民的业余时间，如何鼓励社区成年人参加继续教育、终身教育和职业技能培训，等等。

综上所述，随着社区图书馆实践的深入，社区图书馆学的研究对象存在一个由宏观至微观、从抽象到具体的演变过程。一方面，社区图书馆是图书馆系统的一部分，它与图书馆事业、社会环境联系密切，对社区图书馆学宏观研究对象的研究要随着时代、科技、政策的变化与时俱进；另一方面，社区图书馆工作的各个组成要素、社区群众文化素养都呈现多样性，对社区图书馆学的微观研究对象的研究要在整体中发现基层文化服务的特殊性，为建设符合时代要求和社区群众需求的社区图书馆而继续探索。

第二节　社区图书馆学的学科性质

厘清社区图书馆学的学科性质，有利于发现各关联学科及社会各要素与社区图书馆学之间的关系，以便于进一步开展社区图书馆学的研究。社区图书馆学是图书馆学的一个专门研究领域，社区图书馆学学科性质的界定主要分为两个方面：一是社区图书馆学置于科学分类体系中的社会科学属性；二是社区图书馆学相较于图书馆学学科性质的特色属性。

一、学科性质的理论依据

（一）社会科学学科分类理论

20世纪60年代至今，在科学技术迅猛发展的大背景下，学科体系的部类更加精细，且层次更加深化，按照文献分类、学科教育、学术研究、学科关

---

① 高林,唐澈.重新定义社区图书馆功能[J].图书馆研究,2013（4）:8-11.

系、学科应用等维度，学科的体系结构呈现不同的形态与内涵①。纵观各类学科分类体系结构，其基本框架主要分为三类：社会科学、哲学、自然科学。这三类基础学科随着主观世界与客观世界的发展不断分化、综合，形成了相对独立的应用学科和集成的学科群②。

就社会科学而言，国内外的各种分类体系也存在差异。例如美国的《学科专业目录：2000 版》(Classification of Instructional Programs：2000 edition，CIP2000) 将人文社会科学分为七个学科，分别是：英语语言文学、外国语言文学、哲学与宗教、社会科学、心理学、历史学、区域种族文化与性别研究。以上七种主要是学术研究型学科，管理学和图书馆学单列于人文社会科学之外，均属于应用型学科。在我国，现行的涉及人文社会科学的学科分类有五种，分别为《GB/T 13745—2009 中华人民共和国学科分类与代码简表》《学位授予和人才培养学科目录（2011 年）》《普通高等学校本科专业目录（2012年）》《国家社会科学基金项目申报数据代码表》《中国图书馆分类法（第五版）》。其中，国家技术监督局、国家社科基金和中国社会科学院将图书、情报与文献学单独列为一类，其他分类法将其列入管理学范畴。

（二）图书馆学的学科性质

当图书馆学被列入社会科学的学科范畴时，说明图书馆学具有社会科学学科性质的共性特征。由于管理学既可以归为社会科学体系，也可以归为自然科学体系，当图书馆学作为管理学下设的一个分支学科时，图书馆学便具有社会科学与自然科学的综合属性。从图书馆学的发展历程来看，早期图书馆学研究是从图书馆的具体实践中抽象而来的，既有学术型的理论研究，也对图书馆学的实践应用研究有所涉猎，所以图书馆学兼具学术研究和实践应用学科的双重性质。

吴慰慈教授在综合分析前人对图书馆学性质的研究后，将当前图书馆学的学科性质概括为四个特性：社会科学性质、应用科学性质、管理科学性质、综

---

① 袁曦临,刘宇,叶继元.人文、社会科学学科分类体系框架初探[J].大学图书馆学报,2010,28（1）:35-40,55.
② 华勋基.十九世纪以来科学分类体系的演变及其趋势[J].图书馆学研究,1983（5）:101-104.

合性科学性质[①]。图书馆学学科性质的研究主要依据图书馆学的研究对象、图书馆学的研究方法、图书馆学的研究内容、图书馆学学科的发展趋势等方面进行界定。随着科学学科分类体系的演变、图书馆学自身的发展和经济技术时代背景的变迁，图书馆学的学科性质会相应地有所改变，因此图书馆学的学科性质具有相对性。

二、社区图书馆学的学科性质界定

以社会科学学科分类理论和当前图书馆学的学科性质为基础，结合当前社区图书馆的实践研究，社区图书馆学具有图书馆学的社会科学性质、应用科学性质和综合性科学性质三个学科性质。

1. 社区图书馆学具有社会科学性质

由于社区图书馆学研究对象的性质具有社会性，社区图书馆实体、社区图书馆活动、社区图书馆事业以及相关的一系列信息文化服务工作均具有较强的社会性，所以社区图书馆学具有社会科学的特性。

2. 社区图书馆学具有应用科学性质

首先，社区图书馆学的发展源自快速发展的社会实践，社区图书馆学的理论是从创新的管理服务实践中抽象而来的，所以社区图书馆学的学术研究成果最终会应用于社区图书馆的实际工作中。其次，社区图书馆在文献分类方法、信息检索技术方面沿用了图书馆领域的先进理念，同时基于社区图书馆的功能定位、服务对象，积极研发适合社区图书馆管理服务的应用型技术，推进社区图书馆的数字化和网络化进程。

3. 社区图书馆学具有综合性科学性质

纵观社区图书馆学近年的研究热点，跨学科特征显著，如公共管理学中的社区图书馆政策研究、政社合作的体制和动力机制、政府公共文化服务职能的履行，社会学中的社区图书馆学领域社会工作、社会服务、弱势群体保障，建筑美学中社区图书馆功能区划与场馆设计规划，心理学中社区图书馆服务对象需求分析，教育学中社区图书馆学专业人才培养与教材编写，等等。社区图书馆学的学科交叉综合性顺应了当前学科体系的发展，也符合我国"十四五"时

---

① 吴慰慈. 图书馆学基础[M]. 2版. 北京：高等教育出版社，2017：45.

期对公共图书馆的要求，应运用社会科学、自然科学等领域优秀理论充实社区图书馆学。

第三节　社区图书馆学的研究内容

我国社区图书馆学研究内容主要包括社区图书馆学基础理论、社区图书馆应用理论与方法、社区图书馆现代化、社区图书馆标准化与规范化、社区图书馆学教育和社区图书馆发展概述等六个方面。

一、社区图书馆学基础理论

社区图书馆学主要由基础理论和实践应用两大部分组成。基础理论是学科发展的基石，用科学的理论指导实践应用，一方面可以提高社区图书馆工作效率，另一方面在一定程度上避免了社区图书馆学发展过程中可能出现的错误。故此要加强社区图书馆学的基础理论研究。

社区图书馆学基础理论研究主要包括：社区图书馆学研究对象，社区图书馆学体系结构，社区图书馆学研究方法，社区图书馆学发展趋势，社区图书馆的职能，社区图书馆学发展实务，社区图书馆与社会政治、法律、经济、教育、科学、文化的关系的研究，等等。

社区图书馆的基础理论研究首先要明确两个重要研究主题：社区图书馆的概念研究和社区图书馆的职能研究。从发展历程上看，社区图书馆的出现是群众文化需求增加导致的必然结果。我国早期社区图书馆的实践模式是以发展成熟的公共图书馆为模型，以宏观的图书馆学研究成果为理论指导的。当时，社区图书馆的基础理论尚未形成，无法对社区图书馆的建设服务产生针对性的指导作用。社区图书馆的概念研究为社区图书馆其他基础理论研究规范了研究客体，在社区图书馆基础理论研究中占据重要地位。从图书馆的服务对象看，社区图书馆的服务群体与公共图书馆的服务对象有重合点，但是社区图书馆的建设发展模式、服务创新体系、事业规划目标均有自己的独特之处。社区图书馆的职能研究最能突出社区图书馆与其他公共图书馆的区别。一方面，社区图书馆职能研究是对社区图书馆实践的总结；另一方面，社区图书馆的发展不能仅仅依靠已有的经验教训，必须理论先行，从而为社区图书馆的后续发展提供理论依据和指导，形成"实践发展—经验总结—理论升华—付诸实践"的良性发展循环。

社区图书馆的概念研究是社区图书馆学研究的基础。2016 年 3 月中华人民共和国文化部发布的《WH/T 73—2016 社区图书馆服务规范》将社区图书馆定义为：多由区（县）级政府主办，或社会力量捐资兴办，为社区居民提供教育、信息和文化休闲服务的小型公共图书馆[①]。社区图书馆的概念具有两个特性：基层性与公共性。①基层性。社区图书馆的基层性体现在对社区概念的界定。一般意义上的社区是指社会上有一定区域、人群、组织形式、生活服务设施等的居住区。学者在界定社区图书馆中的"社区"这一概念时，侧重于与公共图书馆体系中的国家级图书馆、省市级图书馆和其他专门图书馆有所区分，体现出社区图书馆地域的基层性、社区群众的针对性、社区生活方式与行为习惯的亲和性以及社区意识的独特性。②公共性。社区图书馆的公共性体现在社区图书馆在公共文化服务体系中的重要地位。《中华人民共和国公共文化服务保障法》第二章第十四条规定了公共文化设施的建设和管理相关内容，其中图书馆、乡镇（街道）和村（社区）基层综合性文化服务中心、农家（职工）书屋等均位列其中。社区图书馆在图书馆基本职能基础上还承担辖区内的公共文化服务相关内容。

社区图书馆的职能研究是社区图书馆学研究内容与时俱进的体现。随着社区图书馆实践的深入，社区图书馆功能逐步拓展。目前，社区图书馆具有政策宣传功能、生活科普功能、文化传播功能、休闲娱乐功能、素质拓展功能等。社区图书馆是我国公共文化服务体系的重要组成部分，是公共文化服务最前沿的基层阵地，承担着承上启下、覆盖基层、保障公民基本文化权益的责任。中共中央办公厅、国务院办公厅印发的《关于加快构建现代公共文化服务体系的意见》里提出，应"结合基层公共服务设施建设、制定村（社区）综合公共文化服务中心建设标准，充分利用现有城乡公共设施，统筹建设集宣传文化、党员教育、科技普及、普法教育、体育健身等多功能于一体的基层公共文化服务

---

① 中华人民共和国文化部. WH/T 73—2016 社区图书馆服务规范[S].北京:国家图书馆出版社,2016.

中心，配套建设群众文体活动场地"①。因此，社区图书馆一方面具有阅读推广和优秀图书推介等文化传播功能，另一方面还具有党的会议精神传达、政府的重要方针解读、社会民生政策宣传等拓展功能。2017年10月18日，中国共产党第十九次全国代表大会在北京开幕。与此同时，分布在全国各地的部分社区图书馆，组织馆员和读者利用社区图书馆的会议厅、活动室、馆前大屏幕等设备集中收看十九大开幕式，领会报告精神。社区图书馆在会后组织读者写（谈）观后感，举办"喜迎十九大"系列读书活动，将国家大政方针融入社区生活。

社区图书馆的服务对象广泛，根据读者工作与生活性质的不同，读者到馆或访问社区图书馆网络服务的时间段具有差异性。在工作日，社区图书馆的访问对象大部分是离退休职工、家庭主妇、学龄前儿童和老年读者。此时，社区图书馆应发挥其生活科普功能，推出生活科普宣讲会、时令养生健康讲座、儿童防灾减灾宣传等服务。在节假日，社区图书馆的服务对象主要是"上班族"、学生等。社区图书馆应发挥其文娱休闲功能，开展阅读推广、电影展播、体育及艺术培训等服务，以丰富社区读者的业余生活，提高读者的科学、文化、艺术、身体素质。

二、社区图书馆应用理论与方法

理论不仅可以解释客观事物的具体内容，还可以揭示客观事物的内部矛盾、内部联系、规律②。社区图书馆是面向读者服务的，由于社区图书馆服务对象类型多样，所以必须认真研究社区图书馆工作各个环节的理论与方法，从社区图书馆工作实际出发，注意总结社区图书馆可操作的实用方法，以期从实用方法中抽象出具有普遍指导意义的理论方法。

社区图书馆服务是社区图书馆应用理论研究的一个方面。周寰认为社区图书馆的服务特点有：服务对象家庭化、服务时间人性化、阅读兴趣导向化、

---

① 中共中央办公厅，国务院办公厅.中共中央办公厅、国务院办公厅印发《关于加快构建现代公共文化服务体系的意见》（全文）[EB/OL].[2019-07-24].http://www.gov.cn/xinwen/2015-01-14content_2804250.htm.

② 李惠珍.图书馆学及其研究对象[J].图书馆工作与研究,1980（2）:3-9.

信息服务多样化[①]。对社区图书馆服务特点进行总结，有利于后续社区图书馆服务开展的针对性，而这四大特点中，服务对象是社区图书馆服务开展的基础，研究社区图书馆的服务对象有利于提高社区图书馆服务范围覆盖的全面性。社区图书馆的服务对象与一般图书馆的服务群体有所区别，更具有基层特点，所以社区图书馆在开展服务时，必须先明确其面向的服务群体。文化部于 2016 年 3 月 11 日发布的《WH/T 73—2016 社区图书馆服务规范》和安徽省质量技术监督局于 2016 年 2 月 2 日发布的《DB34/T 2605—2016 社区图书馆（室）服务规范》均规定社区图书馆的服务人口指的是社区图书馆服务区域的常住人口[②]，主要包括：辖区内老年群体，辖区内学龄前儿童、青少年，辖区内特殊群体，如失业人员、残障人士、孤寡老人、困境中的留守儿童、具有特色文化习俗的少数民族群众和常住中国的外籍人士等等。2017 年 11 月 4 日，第十二届全国人民代表大会常务委员会第三十次会议通过的《中华人民共和国公共图书馆法》第四章第三十四条和第三十七条规定，"政府设立的公共图书馆应当设置少年儿童阅览区域"，"应当考虑老年人、残疾人等群体的特点，积极创造条件，提供适合其需要的文献信息、无障碍设施设备和服务等"，"不得向未成年人提供内容不适宜的文献信息"[③]。

《中华人民共和国公共图书馆法》规定，公共图书馆应当免费向社会公众提供服务，包括：文献信息查询与借阅，阅览室、自习室等公共空间设施场地开放，公益性讲座、阅读推广、培训、展览以及国家规定的其他免费服务项目。社区图书馆服务项目的研究是对一般公共图书馆服务的继承与发展，开展服务要符合社区基层特点和各类服务人群的特点。社区图书馆服务项目研究应注重服务的创新，将社区图书馆服务打造成富有亲和力、感召力的社区公共文化特色服务的主阵地。

---

① 周寰. 社区图书馆的建设途径及服务特点分析[J]. 老区建设,2008（12）:42-44.

② 中华人民共和国文化部. WH/T 73—2016 社区图书馆服务规范[S].北京:国家图书馆出版社,2016;安徽省质量技术监督局. DB34/T 2605—2016 社区图书馆（室）服务规范[S/OL].[2019-07-24].https://max.book118.com/html/2017/0202/151523038.shtm.

③ 中华人民共和国公共图书馆法[EB/OL].[2019-07-24]http://www.npc.gov.cn/zgrdw/npc/xinwen/2018-11/05/content_2065662.htm.

三、社区图书馆现代化

大数据、云计算、物联网、人工智能等现代技术正逐步改变图书馆的管理模式、工作服务方法。与新技术结合的社区图书馆学研究新课题不断拓宽社区图书馆学的研究范围，如：大数据环境下社区图书馆服务对象的个性化研究，社区图书馆中人工智能技术应用的必要性与可行性研究，社区图书馆数字化资源的搜集与利用等。

四、社区图书馆标准化与规范化

社区图书馆标准化与规范化，是实现社区图书馆科学管理、提高社区图书馆馆员素质、改善社区图书馆服务质量的重要内容。社区图书馆标准化与规范化的研究包括：社区图书馆建筑设计规范化、社区图书馆馆员管理标准化和社区图书馆管理模式规范化。

社区图书馆的建筑设计是由社区图书馆所具有的公益性决定的。社区图书馆的公益性要求社区图书馆面向社会公众免费开放，社区图书馆的建筑设计必须以公众的安全和便利为主要目标，在建筑设计规范的基础上注重功能区划创新、内饰美观、配置现代化和地域特色化。中华人民共和国住房和城乡建设部于 2015 年 8 月 28 日发布《JGJ 38—2015 图书馆建筑设计规范》，规定了基地和总平面、建筑设计、文献资料防护、防火设计、室内环境、建筑设备等一系列内容[1]。其中，防火设计中建筑的耐火等级、防火分区和建筑构造、消防设施、安全疏散部分内容必须参考《GB 50016—2014 建筑设计防火规范》强制执行。社区图书馆在馆舍建设时，一方面要遵守国家对图书馆建筑设计的总体规范，另一方面还要参照《WH/T 73—2016 社区图书馆服务规范》中的具体要求，从而保证社区图书馆工作顺利开展，保证书籍、设备的安全，保障馆内管理服务人员和群众的生命财产安全。

社区图书馆馆员既是图书馆工作的联结者，也是基层工作的参与者。社区图书馆馆员不但要求具有专业的图书馆素养，还要能够胜任社区图书馆的基层服务与沟通工作。鲍未萍提出，提高乡镇社区图书馆馆员的素质及其修养迫在

---

① 中华人民共和国住房和城乡建设部. JGJ 38—2015图书馆建筑设计规范[S].北京:建筑工业出版社,2015:17.

眉睫，社区图书馆馆员在管理和培训方面要考虑研究五项基本素养：良好的职业道德素质、良好的科学文化素质、较高的专业技术素质、民族平等意识和公关服务意识[①]。因此，在社区图书馆馆员管理中要注重馆员招聘和培训方面的研究。2016 年 3 月中华人民共和国文化部发布的《WH/T 73—2016 社区图书馆服务规范》第 9.3 条规定：社区图书馆工作人员可采取不同的用工方式保障其待遇，保持队伍的稳定性[②]。社区图书馆的馆员管理还要注重馆员职业等级晋升、薪资福利制度的研究。

社区图书馆按照管理模式可分为三种类型。一是由政府统筹管理的社区图书馆。此类社区图书馆的管理模式单一，资金来源主要是财政拨款。二是合作型分馆制、联合型的社区图书馆。此类社区图书馆由发展规模较大和发展水平较高的上级公共图书馆或高校图书馆协助管理。资金来源主要为财政拨款，上级图书馆或高校图书馆提供技术支持、资源和管理人员专业培训等。三是由政府主导，引入社会专门企业的资金、技术、人才等进行管理的社区图书馆。目前社区图书馆研究中的主流管理模式是第三种管理模式。政府采取招标竞聘的方式，向全社会公开购买服务，既保证了社区图书馆管理的专业性，又提高了公开性和透明度。

五、社区图书馆学教育

随着社区图书馆学研究的深入，社区图书馆实践发展迅速，急需社区图书馆专业人才，开展社区图书馆学教育的研究应运而生。社区图书馆从业人员素质是影响社区图书馆工作和服务质量的重要因素。社区图书馆学教育应包括图书馆学专业素养教育、现代化技术素养教育、社区沟通服务技能培训、基层公共文化素养教育等。主要研究课题包括：社区图书馆学教育体系的研究、社区图书馆人才素质要求与培训课程设置、社区图书馆学人才培养模式的研究等。

---

① 鲍未萍.提高乡镇社区图书馆馆员的素质及其修养迫在眉睫[C]//王兴成、陈贵.中国管理科学文献.北京:对外经济贸易大学出版社,2009:978-980.
② 中华人民共和国文化部.WH/T 73—2016 社区图书馆服务规范[S].北京:国家图书馆出版社,2016.

六、社区图书馆发展概述

我国社区图书馆实践发展历史较短，早期对社区图书馆的研究内容主要集中在社区图书馆建设的必要性与可行性探讨。社区图书馆建设从微观主体来看，对个人、社区、企业、图书馆界、政府均具有重要意义。对个人来说，社区图书馆的建设为公民的文化与休闲提供更多选择；对社区来说，有利于社区居民文化生活品质的提高；对企业来说，社会企业参与社区图书馆建设一方面丰富和发展了传统基层图书馆的服务内容，另一方面改善了政府与企业的社会分工，对社会资本的重构具有重要意义。宏观来看，社区图书馆建设有利于全民文化素质的提高和公共文化服务体系的完善。

随着社区图书馆实践的深入，社区图书馆建设方面的研究也进一步深入到建设的具体内容，主要内容有社区图书馆文献资源建设、社区图书馆基础设施建设和社区图书馆空间区位建设。社区图书馆文献资源建设方面的研究内容包括如何采购和选择贴近社区群众生活的纸质文献和电子文献；社区图书馆基础设施建设方面的研究内容包括如何设计和建设社区图书馆网站、新媒体账号等虚拟设施，适合社区各年龄段居民学习、休闲和娱乐的实体设施，社区图书馆公共宣传栏，等等；社区图书馆空间区位建设方面的研究内容包括社区图书馆的空间设计和社区图书馆的选址等。社区图书馆通常选择在紧邻社区综合公共文化服务中心或社区居民委员会的地方建馆，方便居民利用。在空间设计方面，社区图书馆的社区人文特色、环保意识和健康理念是研究的重要方面。

我国疆土幅员辽阔，社区图书馆的建设呈现出一定的地域特征。在研究社区图书馆建设时要考虑我国东部地区和中西部地区、大型城市和中小型城市、城市社区和乡村村寨的经济发展水平差异。同时，在少数民族聚居地区和跨国企业集中的地区要注重社区图书馆多元文化项目的建设研究。

社区图书馆发展现状研究主要采用实证研究、案例分析和比较研究的方法，分为社区图书馆的发展现状研究和社区图书馆的实证分析。根据地区经济发展水平高低，我国社区图书馆发展呈现东南沿海地区社区图书馆发展速度快、数量多、服务水平高，西北内陆地区社区图书馆发展速度慢、数量少、服务水平低的特点。广州罗湖文华社区的"悠·图书馆"、上海长宁区天山社区图书馆以及合肥滨湖世纪社区图书馆均为社区图书馆中的翘楚，是社区图书馆发展的典范。国外社区图书馆的发展研究可以选取发达国家和发展中国家的典型社区图书馆作为案例与我国社区图书馆进行比较分析，如美国、英国、日本、澳大利亚、乌干达等。在比较研究中，重点是发现国外社区图书馆的闪光点，以弥补我国社区图书馆发展中的不足。

社区图书馆的发展趋势研究为社区图书馆发展勾勒出未来的美好愿景，同时也对社区图书馆发展提出更高要求。社区图书馆的发展需要加强规范化研究，包括社区图书馆相关法律法规和行业规范的完善、社区图书馆监管评估体系的构建、社区图书馆馆员培训与职称评定等内容。社区图书馆发展需要加强多样化研究，包括社区图书馆管理模式多样化，鼓励多种社会力量参与社区图书馆发展建设、社区图书馆服务项目多样化等内容。社区图书馆发展需要加强均等化研究。国务院 2017 年印发的《"十三五"推进基本公共服务均等化规划》指出："基本公共服务均等化是指全体公民都能公平可及地获得大致均等的基本公共服务，其核心是促进机会均等，重点是保障人民群众得到基本公共服务的机会，而不是简单的平均化。"社区图书馆作为基本公共文化服务的承载单位，要求社区图书馆在发展过程中要注重缩小城乡、东西部差距，为广大群众提供均等的文化服务。

第四节　社区图书馆学的研究方法

"研究"可分为基础研究和应用研究两类。基础研究，即理论研究，是指全面理解某种现象的研究，不考虑如何应用研究成果。应用研究是指重实效的、为解决实际问题且目标专门化的研究。

图书馆学与社区图书馆学的研究均来源于实践，并从实践中升华和提炼相关理论，再用理论指导后续实践工作。图书馆学的研究方法是从定性研究向定量研究逐渐发展的。早期的图书馆学研究工作基本上是纯粹的历史研究和描述性研究。随着图书馆藏书增加、图书馆工作人员地位提升以及技术的进步，图书馆学研究的范围扩大，研究工作逐渐开始采用调查研究和实验研究的方法；同时，从定量的角度，可以设计运筹学的模型，以解决图书馆学领域的各类问题。图书馆学的研究方法从宏观到微观角度可以分为以下三个层次：哲学方法论、一般研究方法、特定学科的研究方法。哲学层面的方法论可以概括为研究方法的方法。它是人们观察事物、处理问题的方式，是认识世界、改造世界的根本方法。哲学对于宏观把握图书馆学的研究对象以及整个学科的发展具有深远的指导意义。一般研究方法是指非特定学科使用的通用性研究方法。逻辑方法、实验方法、调查方法、系统论方法、数学方法、观察法等均属于一般研究方法。特定学科的研究方法是指由于各学科研究对象的不同，根据学科特点而采用的专门研究方法。图书馆学的常用研究方法有图书馆统计法、读者调查法、移植法、比较法等。

社区图书馆学在宏观上属于图书馆学的范畴，所以社区图书馆学的常用研究方法与图书馆学科的研究方法的关系可表述为"和而不同"，主要有以下五种方法。

一、比较研究法

比较研究法是在预设的前提条件下，对同一研究对象的不同方面或不同研究对象进行研究的方法。通过比较相同点和不同点，进一步明确研究对象的性质，所以比较研究法在社区图书馆学研究中属于定性的研究方法。比较研究可分为纵向比较和横向比较。纵向比较研究是以时间为线索，与历史研究法类似；横向比较研究则以地域等范围为线索进行比较研究。例如，研究国内外社区图书馆服务内容时，就可采用比较研究的方法。

二、调查研究法

调查研究法在社区图书馆学研究中应用广泛。因社区图书馆服务对象的确定性，在对读者的各方面因素进行研究时，可使用读者调查法。读者调查法一般有两种调查形式：调查问卷法和访谈法。社区图书馆服务的读者范围广，年龄差距和学历差距大，在使用调查问卷法时首先要考虑问卷设计与研究课题的相关程度，其次要考虑被调查读者对问卷内容的接受程度，最后要考虑问卷的发放方式与反馈情况，以便后续数据的收集整理。访谈法是直接与读者交流的调查方法，需要注意访谈时的礼节与问题设置的科学性。

三、案例研究法

案例研究法，又称个案研究法或典型分析方法。是指结合文献资料对单一对象进行分析，得出事物一般性、普遍性的规律的方法。该方法在图书情报学研究领域应用广泛。案例研究法主要有以下几个步骤：①结合分析目的去选择代表性事件作为分析和研究的对象；②全面收集被选对象的相关资料，除直接资料外，还应当有间接资料，尤其要重视收集系统的数据资料；③系统整理收集到的资料，依据分析研究的项目和内容对收集到的资料进行分类；④逐项分析研究所要求分析的内容（如特征、属性、关系等）；⑤综合分析各项结果，探求反映总体的规律性认识。该法既可以被用来论证某种假说，得到的研究成果又可以成为更广泛研究的基础。从而在从个别到一般以及从一般到个别的认识过程中均能发挥作用。由于该方法存在其局限性，在社区图书馆研究工作中，应与其他研究方法结合起来使用[①]。社区图书馆学研究中应充分使用案例研究法，选取国内外社区图书馆优秀案例作为分析研究对象，将其成功案例经验总结推广至一般使用。

四、统计法

统计法是运用数学工具研究，揭示事物随机现象规律性的科学方法。统计法大致分为四个阶段：统计调查、数据的预处理、数据的整理分析、数据展示。统计调查是统计工作的基础阶段，是指根据一定的研究目的和任务，采用相对应的方式、方法，对某种社会经济现象进行有计划、有组织的搜集资料的过程。统计调查工作关系到后续整理分析工作的进行，所以在该过程中必须遵循真实、及时的原则，取得大量的以数字资料为主体的信息。在统计调查数据充分且真实的基础上，进入统计的第二阶段——数据的预处理。数据的预处理包括数据的审核、数据筛选、数据排序和数据透视表的制作。第三阶段为质量数据与数值数据的整理分析。第四阶段为选取合适的统计图表对统计结果进行展示。

社区图书馆学领域对统计法的应用是结合其他专业方法进行的，例如在社区图书馆学研究中的文献统计必须结合文献内容调研，单纯的数据无法反映社

---

① 李庆臻.科学技术方法大辞典[M].北京:科学出版社,1999:78.

区图书馆学领域的社会现象和本质问题。社区图书馆学在对其服务对象进行统计分析时，要结合实地调查、访谈、书面问卷等调查研究法。统计法与调查法是相互补充的。

五、移植法

移植法是一种将某个学科、领域中的原理、技术、方法等，在其他学科、领域中应用，从而为解决某一问题提供启迪、帮助的创新思维方法。一般是把已成熟的成果转移、应用到新的领域，用来解决新的问题，因此，它是现有成果在新情境下的延伸、拓展和再创造[①]。在具体应用时，移植法有以下几种移植方式：

（1）原理移植，即把某一学科中的科学原理应用于解决其他学科中的问题。例如，公共行政管理学中的新公共服务理论和新公共治理理论起初是应用在处理政府与市场关系的领域，在社区图书馆学研究中将西方行政学的基本原理移植到社区图书馆管理模式问题中，可引出对社会力量参与图书馆公共文化服务等问题的讨论。

（2）技术移植，即把某一领域中的技术运用于解决其他领域中的问题。例如，社区图书馆实践工作中运用的文献借阅检索系统、读者数据统计技术等均是将计算机软件技术引入，以满足社区图书馆领域的技术需求，形成服务社区图书馆工作的各类辅助技术。

（3）功能移植，即设法使某一事物的某种功能，让另一事物也具有，从而解决某个问题。例如，社区图书馆的服务范围是该社区内的居民，根据我国基层行政区划单位设置，社区设有居委会、社区服务中心等基层组织，这些组织的服务范围与社区图书馆的服务范围基本重合，将基层社会组织的功能移植到社区图书馆实践中，有利于深入了解社区居民的生活方式、人口结构等信息。社区图书馆可将基层组织多年探索的经验、令群众满意的服务方式应用到自身工作实践中，开展有针对性的图书馆服务。

---

① 路瑞红,金胜勇.论移植法在图书馆学研究中的应用[J].图书馆,2014（3）:21-23.

第二章　社区图书馆的概念、类型与社会角色

社区图书馆是为广大社区民众提供学习的公益性场所，社区图书馆服务于民众，贯彻以人为本的服务理念。近年来，为了充分利用馆藏文献资源，提升社区图书馆的服务水平，社区图书馆大力开展多种形式的阅读推广活动，这些活动极大地提高了广大居民的文化素养，使得社区图书馆的发展与我国基层公共文化建设结合起来，有助于和谐社会的构建。但是，在加强基层社区文化建设的同时，也会出现一些问题，如何解决这些问题，使社区图书馆更好地推动基层文化建设也是本章的重要研究内容。

第一节　社区图书馆的概念

一、社区图书馆的内涵

什么是社区图书馆？对这个问题，不少人会脱口而出："社区图书馆就是社区提供给读者的借还图书的场所。"这个定义涵盖了社区图书馆的一部分工作，但并不是对社区图书馆下的科学的、完整的定义。要想了解什么是社区图书馆，就必须从社区图书馆的内涵出发，充分了解社区图书馆的实质，从理性的角度去全面把握社区图书馆的系统结构，认识社区图书馆的建设发展。

由于社区图书馆的发展背景和条件不同，在不同时期、不同发展环境下对社区图书馆的定义也各不相同。我国最早关于"社区图书馆"研究的文章是广西社会科学院学者廖子良于 1992 年发表在《图书馆界》上的《建立社区图书馆刍议》。他指出"所谓社区图书馆，就是按社区设置的图书馆，如城市图书

馆、集镇图书馆、工矿图书馆、农村图书馆、特区图书馆、海港图书馆、林区图书馆，等等"①。在这个表述中，廖子良指出了社区图书馆的区域特性。王流芳和徐美莲在《社区图书馆的理论与实践》一书中提到"社区图书馆是指在社区中建立的主要为本社区居民服务，同时在条件允许的情况下可以适当向周边地区辐射的图书馆"②。这个解释不仅指出了社区图书馆的区域性，还进一步指出了社区图书馆的工作目的是给居民提供服务，强调了社区图书馆的功能性。霍国庆和金高尚认为"社区图书馆是通过文献信息的选择、组织和传递来为一定的地域内的所有的居民服务的图书馆"③，他们认为社区图书馆既是社区的有机组成部分，同时也是图书馆的一种特殊类型。此定义相比前者，进一步对社区图书馆的工作内容和服务对象做了明确界定。刘兹恒和薛旻在《论社区图书馆的功能、模式及管理机制》一文中对社区图书馆所下的定义较为完整地阐述了社区图书馆的内涵：社区图书馆是指建立在社区内，根据社区居民的需要，通过对文献信息及其他来源的信息进行选择、搜集、加工、组织，并提供社区居民使用的文化教育机构和社区信息交流中心④。这个定义突出了社区图书馆的文化教育功能和信息传递职能，并且兼顾了"社区"和"图书馆"的本质，解释了四个问题：第一，社区图书馆是社区的一部分，社区图书馆的建立需要社区提供场所；第二，社区图书馆的工作程序是对各种书刊等信息资料进行选择、搜集、加工、组织，然后提供给读者，为其提供各种服务；第三，社区图书馆是一个社区信息交流中心和文化教育机构，社区可以利用社区图书馆向社区居民提供信息资源，提供公共服务，增进彼此之间的交流联系，从而促进社区的文明发展和居民精神文化水平的提升；第四，社区图书馆并不拘泥于一般的公共图书馆形式，由于各区域的文化背景、经济发展进程不一致，每个社区图书馆的模式也各不相同，因此社区图书馆都有各自社区的特色，在一定意义上是一种特殊形式的公共图书馆。

北京大学吴慰慈教授曾指出，在给某一学科的基本事物下定义时，不仅要

① 廖子良.建立社区图书馆刍议[J].图书馆界,1992(4):4-8.

② 王流芳,徐美莲.社区图书馆的理论与实践[M].北京:中国民族摄影艺术出版社,2002:32.

③ 霍国庆,金高尚.论社区图书馆[J].中国图书馆学报,1995(4):54-59.

④ 刘兹恒,薛旻.论社区图书馆的功能、模式及管理机制[J].中国图书馆学报,2002(5):32-35,60.

考虑其历史发展的过程，同时还要具有较强的适应性。由于国内社区图书馆的发展还不够成熟，相关理论性的成果也不够全面，因此社区图书馆的定义还需根据发展状况不断完善。本书认为，社区图书馆承载着社区文化，是社区公共文化服务体系的重要组成部分。它是根据该社区的具体发展情况以及相应的居民需求建立起来的。社区图书馆会对文献信息及其他来源信息进行选择、搜集、加工、组织，并提供社区居民使用，从而发挥了信息资源中心、文化交流中心和休闲娱乐中心的作用。

二、社区图书馆的构成要素

社区图书馆的构成，主要包括馆舍建筑及工作设备、工作人员（志愿者）、读者、文献信息资源等基本要素，这些要素共同构成了社区图书馆这个不断发展的"有机体"。

1. 馆舍建筑及工作设备

馆舍建筑是社区图书馆存在的基本物质条件。社区图书馆作为社区内的文化设施及文化场所，是社区文化的主要阵地。社区图书馆承担着传递社会信息、引导终身学习、开发闲暇时间、贮存社区记录和培育社区文化等功能[①]。因此，社区图书馆的馆舍建筑必须适应本社区的发展状况以及服务功能，馆舍建筑适宜，便于图书馆工作人员有效展开信息服务工作，有利于增进与读者之间的有效沟通，推动社区图书馆的快速发展；反之，馆舍建筑不当，就会影响社区图书馆的服务功能。与此同时，工作设备是社区图书馆存在的硬性条件，所以设备的选择必须能保证图书馆的工作质量，并且符合各项工作标准。

2. 工作人员（志愿者）

工作人员是保证社区图书馆正常运行的管理者，也是社区图书馆开展读者服务、使各种文献信息资源能够被有效利用的关键。进入知识经济时代，图书馆现代科技应用得多了，服务创新项目多了，对馆员的专业能力、创新能力、服务能力和社会协调能力要求也更高了[②]。社区图书馆工作人员不仅要懂得相关专业知识，拥有较强的业务水平；同时，考虑到社区工作面向读者群体的广

---

① 王若慧.社区图书馆的创建与管理[M].哈尔滨:黑龙江科学技术出版社,2007:4.
② 陈近,周淼龙.图书馆生长论[J].高校图书馆工作,2016,36(5):15-18,58.

泛性，工作人员本身还应具有较高的人文素养和乐观积极的个人特性，以便推动社区图书馆的物质、精神文明双重发展。

除此之外，不少社区图书馆基于发展的需要，主动或依靠自身影响吸纳了不少志愿工作者，他们虽然不是专业工作人员，但大多具有较强的实践能力，与社区居民保持良好的沟通联系，为社区图书馆的建设和发展出谋划策，这也已经成为不少社区图书馆的一大特色。

3. 读者

读者是社区图书馆的服务主体，也是推动社区图书馆各项工作发展的内在动力。由于社区特有的地域性、群体性和社会性，社区图书馆的读者类型注定是多种多样的：他们可能是群体，也可能是个人；他们拥有不同的社会背景、不同的价值观念、不同的知识结构、不同的信息需求。近年来，随着我国公共文化事业的快速发展，广大读者的知识文化素养不断提高，对图书馆的信息资源需求、对图书馆工作人员专业水平的要求都在不断提升，这也就印证了社区图书馆是一个不断发展的"有机体"，而读者就是检验社区图书馆工作质量的标准。在未来，"读者至上"的服务理念将会更加深入各个社区图书馆，读者对社区图书馆的参与度会越来越高。

4. 文献信息资源

文献信息资源是构成社区图书馆工作的物质资源基础。文献信息资源，是以文字、图形、符号、声频、视频等方式记录在各种载体上的知识和信息资源，具体包括图书、连续出版物（期刊、报纸等）、小册子以及学位论文、专利、标准、会议录、政府出版物等[①]。国家标准《GB 3469—83 文献类型与文献载体代码》根据实用标准，将文献分成期刊、专著、论文集、专利、标准、技术报告、学位论文、报纸、光盘、磁带、磁盘。社区图书馆文献信息资源是社区图书馆拥有或收藏的文献信息的总和，通过被加工、存储或链接等方式呈现给社区图书馆的读者，从而方便他们随时使用、分享。

总而言之，社区图书馆是一个不断发展的"有机体"，由以上要素构成，缺一不可。各要素间相互影响、相互促进，随着社区图书馆的不断发展而不断进化。

---

① 唐圣琴.现代文献信息资源检索[M].贵阳:贵州大学出版社,2017:14-16.

第二节　社区图书馆的类型

社区图书馆的类型直接决定了其性质、功能定位、管理和服务目标等，将会对其自身的发展具有重要的指引作用。伴随着我国城镇化建设步伐的不断加快，各种类型的社区图书馆应运而生。研究社区图书馆的类型，正是站在公共图书馆事业不断繁荣发展的角度，对推动社区图书馆建设步入符合时代特征的良性发展轨道的有益探讨。

从社区图书馆自身建设角度考虑，研究社区图书馆的类型划分有助于各类型的社区图书馆更加清晰地认识自身的性质、特征、定位和读者的信息需求，以便合理地确定馆藏文献资源、管理机制、服务模式以及未来的发展方向等。从图书馆事业发展角度考虑，准确划分社区图书馆的类型，为国家主管部门进一步了解社区图书馆的布局，因地制宜地解决社区图书馆建设存在的实际问题以及未来发展政策的制定，提供了科学的依据。

按照社区图书馆服务地点划分，可以分为城市社区图书馆、农村社区图书馆、社区流动图书馆和街区自助图书馆。

一、城市社区图书馆

（一）城市社区图书馆简介

随着经济的快速发展和人民生活水平的不断提高，人们的精神文化需求也越来越高。在城市社区，广大社区居民需要丰富多彩的社区文化、教育及娱乐活动，城市社区图书馆正是为了满足居民这种多样化的需求而存在的。回顾我国城市社区图书馆事业的发展历史，最早是20世纪五六十年代的街道及居委会图书室。这些图书室通常和其他各种民间文化设施处于一个文化站（室）内，是公共图书馆系统最基层的服务场所。它的出现为城市居民提供了一个学习文化知识、了解国际形势、掌握党和国家政策的阅读场所。随着改革开放的不断深入和社会的发展，城市社区图书馆的内外部环境也在不断发生变化，所具备的功能也不断增加。作为社区建设的重要组成部分，城市社区图书馆与时俱进，结合需求持续创新，优化服务，对于提升社区居民的文化素质、构建和谐社会具有重要的意义[①]。

（二）城市社区图书馆的特点

1. 规模小、分布合理

社区图书馆占地面积小至一百平方米左右，大至一两千平方米，藏书数量也从几千册到上万册不等。建设社区图书馆的经费投入相对较低，而且建设速度和藏书更新速度都较快，也更容易在社区内、社区间开展书刊流通与信息交流。与此同时，社区图书馆按社区分散建设，一般一个社区建设一个图书馆，在一些较大的社区中可以设置几个图书流通点，贴近群众，让社区居民甚至只需要几分钟就可以从家到图书馆借阅图书[②]。

2. 建设方式多元

现阶段社区图书馆建设多采取共驻共建方式进行。主要途径有：一是各级政府部门拿出一定的资金，统一建设公益性的社区公共图书馆；二是通过社区辖区内的有关单位捐助或有关单位图书馆（室）对社区居民开放等形式，联合组建社区图书馆；三是社区居民自助，在社区居委会的倡导下，以捐资、捐物、捐书报刊等形式自建社区图书馆[③]。

3. 服务灵活、效益突出

社区图书馆和其他社区信息服务及其他文化教育娱乐活动之间可以协同配合，开展形式多样的服务；同时还可以与读者近距离沟通感情，并及时得到关于服务效果的反馈。同时，为适应我国地域辽阔、人口众多、文化基础设施薄弱的情况，将城市图书馆发展的重点锁定在社区图书馆不仅非常必要，也较为合理，并能取得良好的办馆效益[④]。

（三）城市社区图书馆的作用

城市社区图书馆在城市建设和居民的生活中扮演着重要的角色，主要表现在以下三个方面。

1. 社区的信息传播机构

当前，我国城市化进程不断加快，人们对信息的需求量不断增加。城市社

---

① 曾湘慧.略论推进城市社区图书馆建设[J].图书馆论坛,2006（4）:70-72.

② 李联豹.试论社区图书馆及其管理[J].图书馆学研究,2002（11）:4-6.

③ 尚晓红.浅谈社区图书馆的建设与发展[J].西域图书馆论坛,2006（2）:21-23.

④ 塔娜.新时期图书馆文化建设[J].内蒙古图书馆工作,2006（2）:9-10.

区图书馆不仅要向社区居民传播先进的科学文化知识，还应该依据居民的现实需求，提供各种各样的信息和服务。这些信息主要包括以下四个方面：①宣传性信息，主要包括党和国家的政策方针以及法律法规、国际动态等。②告知性信息，主要包括经济信息、时政信息、就业信息和社会民生信息等。③生活性信息，主要包括居家生活、旅行休闲、健康养生、烹饪装修等。④个人需求信息，根据居民个人的需求，收集、帮助其解决现实问题的信息和资料。

2. 社区的文化休闲中心

随着我国城市居民生活水平的提升，为了缓解生活和工作的压力，提高生活的品质，人们往往在空闲之余选择参加各种各样的休闲活动。城市社区图书馆一般位于人口比较聚集、相对繁华的地方，并因其特有的文化氛围和便利的资源条件，而成为居民日常生活中理想的休闲场所。这个休闲场所不仅是居民放松身心的地方，也是提升居民自我修养、培育社区文化氛围的中心。城市社区图书馆在提供图书借阅、阅读指导和信息咨询等传统服务的同时，还联合社区相关单位和政府有关部门，开展各种便民、利民的文化活动。例如，组织社区居民开展书法、绘画、唱歌、舞蹈等比赛；在周末或寒暑假结合学生的兴趣，为社区儿童举办知识讲座、开展亲子活动等。

3. 社区的再教育基地

我们正处于一个终身学习的时代，在当前社会中，知识渗透于社会生活和工作的方方面面。人们必须时刻学习新的东西，才能适应社会发展变化的需要。人们对知识的渴求并非随着学校教育的结束而终止。城市社区图书馆能够弥补传统学校教育的不足，在人们走出学校后，它应该成为人们获取知识的第二课堂、接受终身教育的重要场所。

案例 2.1 以居民需求为中心的合肥市滨湖世纪社区图书馆服务 [①]

（一）建设背景

滨湖世纪社区图书馆为安徽省首家整体服务外包的社区图书馆，秉承"政府主导、社会化运作、一体化运行、项目化考核、可持续发展"的理念，以政

---

① 蔡国画.政社合作背景下安徽省公共图书馆整体服务外包风险控制研究[D].合肥：安徽大学,2021.

府购买公共文化的创新机制委托给专业机构进行整体运行管理。主要内容包含：图书馆日常管理和运行，文化活动策划和执行，阅读品牌的规划、宣传和推广，并针对特殊人群开展专项服务，对社区下辖的八个居委会读书社活动开展的指导和协助，社区阅读民办非企业组织的培育和推广等。

自 2015 年运营至今，滨湖世纪社区图书馆已经形成健康良好的阅读氛围和环境，也举办了以社区图书馆为中心的各类文化主题活动，一体化打造社区各项文化活动，同时结合了社区人群结构特点，做到年度有规划、月月有主题、周周有活动，致力于建设一个网络健全、结构合理、发展均衡、运行有效、惠及全民、具有较强代表性的公共文化服务示范点，为滨湖世纪社区辖区居民提供丰富多彩的文化盛宴。

（二）功能建设

滨湖世纪社区图书馆人流量较大，图书馆馆舍面积近 1000 平方米。2015 年 6 月，合肥市包河区政府面向社会公开招标，将滨湖世纪社区图书馆整体外包服务委托给一家专业的公共文化设施全流程服务外包公司。应包河区政府要求，运营商首先对原先杂乱的图书馆功能区重新进行划分，科学合理地整合有限空间，突出馆内综合阅览室、儿童阅览室、电子阅览室三大功能区。整体服务外包后，该馆图书一部分由社区图书馆经费购入，为滨湖世纪图书馆所有，另一部分由安徽省图书馆提供，印有安徽省图书馆章，摆放在图书馆的中心区域，主要为文学、历史、地理类图书，安徽省图书馆每两周对图书进行一次更新。

（三）阅读推广

外包公司将自己的文化活动策划和执行经验运用到滨湖世纪社区图书馆，针对该社区学校密集、教育资源丰富等特点，快速建立了社区阅读品牌，并与附近的中小学校园合作，有针对性地开展宣传推广活动，为社区居民提供了丰富的文化生活，快速建立核心读者群。该公司在区政府的号召下积极开展阅读推广活动，在社区形成了积极踊跃的阅读氛围和环境，阅览室的座位常常一座难求。外包公司为了做好线上线下一体化服务，做到"7×24"服务，建立了与社区读者交流的微信群，读者在群中发消息并@工作人员即可完成图书续借活动报名等操作，便捷高效，受到广大读者的拥护，目前已发展为 6 个工作群。

（四）志愿服务

滨湖世纪社区图书馆所在的滨湖世纪社区位于滨湖新区腹地，人口密集，周边有合肥市屯溪路小学滨湖校区、合肥市师范附属第二小学、合肥市师范附属第三小学、合肥市滨湖启明星幼儿园等众多中小学幼儿园，教育资源丰富。滨湖世纪社区图书馆长期举办的"超级零零侠——义务小馆员志愿服务"面向的参与群体是辖区青少年，是为了让青少年走进图书馆，了解图书馆工作，通过参与志愿服务加入志愿者群体，感受志愿者精神。

（五）品牌打造

品牌活动"四点半课堂"是针对社区小学生的课后辅导，在父母下班前为孩子营造一个安全舒适的环境完成课后作业。每周日定期举办的厚德学堂通过朗读经典系列活动帮助亲子家庭重视传统文化的培养，发扬中国经典文化精髓。针对青少年和亲子家庭群体，不定期举办"世纪讲堂""世纪有约""世纪影音""世纪佳节"等系列主题活动。

二、农村社区图书馆

农村社区，又称农村社会区域共同体，是指以自然村或行政村为主，社区居民以从事农业生产为主要谋生手段的区域社会。根据《中国统计年鉴2016》中的数据显示，我国仍有约6.03亿人生活在农村，占全国总人口的43.9%。农村社区发展的快慢直接影响着我国现代化的进程。相对于城镇居民而言，农村人口的整体文化水平偏低。这也是当前制约农村社区发展的主要因素。在农村社区建立图书馆，恰恰可以有效缓解这一问题。因为社区图书馆能够为居民提供其需要的知识和信息，帮助农村人口提升综合素质和工作技能，有利于带动农村经济的发展。

（一）农村社区图书馆简介

农村社区图书馆是根据农村社区的性质、特点和居民读者的最大需求，选择、组织和传递文献信息，服务农村社区居民的基层公共图书馆，一般指乡镇及乡镇以下的图书馆[①]。1951年，文化部提出了发展农村图书馆网的任务。自此之后，全国各地拉开了农村社区图书馆（室）建设的帷幕。改革开放以后，政府逐渐开始重视发展图书馆事业，并陆续出台了一系列措施，加强包

---

① 董瑞敏.农村社区图书馆与农村社区发展[J].科技情报开发与经济,2005(10):1-3.

括图书馆在内的农村地区文化建设，农村社区图书馆事业得到蓬勃发展。

（二）农村社区图书馆的特点

1. 规模较小，组织结构简单

农村社区图书馆是社区图书馆网络中的基层网点，也是我国今后需要重点发展的图书馆类型。农村社区最主要的社区形式是村落，村民数量和家庭数量有限，因此农村社区图书馆的规模较小，组织结构相对简单。

2. 建设选址位于人口集中的居民点

农村人口分布具有密度稀疏、较少流动的特点。农村社区图书馆主要选择人口较多的居住地建设馆舍，通常是与农村文化教育设施紧密相连，如设在农村社区中小学旁边，或社区文化站内。

3. 馆藏文献资源以服务三农为主

农村社区居民对养殖、种植、农产品加工等信息有广泛的需求，所以农村社区图书馆实体馆藏以通俗读物、实用技术与三农主题图书为主。许多农村社区图书馆配备了电脑，为读者使用数字图书馆、公共数字文化工程资源提供了条件。

4. 服务农村农业发展是其特色

农村社区图书馆主要根据农业生产和农村文化生活的需要开展服务，同时结合农村社区的生活方式、风俗习惯、道德传统，为弘扬优秀传统文化、破除封建迷信服务，为农村社区的家庭文化生活服务。

（三）农村社区图书馆的作用

农村社区图书馆是农村居民在日常生活中能够比较方便地获取知识的公益性场所，其作用主要有以下两点。

1. 培育农村文化

尽管自改革开放以后，我国农村地区的风貌发生了很大的变化，经济建设得到了长足发展，但农村精神文明建设还有待进一步加强。目前，农村地区仍然存在着各种落后的观念、封建的思想以及一些不良之风。其原因在于社会发展的不平衡，农村地区的文化基础设施建设比较薄弱，农村居民获取知识的途径较为匮乏。农村社区图书馆的建立有效弥补了农村文化基础设施薄弱的缺陷，拓宽了农村居民获取知识的渠道。同时，农村社区图书馆通过开展丰富多彩的文化活动，为居民传播了健康的文化观念，有利于消除封建落后的思想，培育积极向上的农村文化氛围。

2. 推动农村经济建设

2013 年 11 月，习近平总书记在湖南湘西考察时，首次提出了"精准扶贫"，强调扶贫要实事求是，因地制宜。目前，多数农民的科学文化素质较低，缺乏文化知识和科技信息。从根本上讲，农村地区的贫困不仅仅表现为经济方面的贫困，知识贫困才是使农村居民长期处于贫困状态的深层次原因。知识贫困是指获取、吸收和交流知识的能力不足或途径的匮乏。处于知识贫困的社会群体缺乏知识生产能力和获取知识的途径，不能正常获得和使用信息交流工具同外界联系[①]。这也是当前农村发展过程中面临的主要障碍。因此，科学文化才是农民真正摆脱贫困的基础，只有改善贫困的文化环境，才能从根源上消除贫困。农村社区图书馆作为收集、存储及利用文献信息的机构，是农民的第二课堂，应通过开展多种知识服务，为农民介绍和引进先进的技术、经验、产品，使他们的技能和素质得到全面提升，从而依靠他们自己的能力实现脱贫致富。

案例 2.2 黄山市黟县碧阳镇碧山村农家书屋 [②] ....

黟县碧阳镇碧山村农家书屋，是黄山市"全国示范农家书屋"。碧山村农家书屋于 2011 年 6 月建成，占地面积 108 平方米，有藏书 3000 多册，报纸杂志 30 余种，各类影像光碟 200 余张。图书管理人员由村里的退休教师担任。为了让农家书屋运转好，他们坚持做到图书、借书证、登记簿三方统一；同时，为了满足高龄村民的阅读需求，他们还会把图书送到借阅者的家里。他们从不懂电脑到现在能熟练打字、播放光盘、下载文件，几位退休的乡村教师紧跟时代，一直在努力学习，现在还学会了使用 QQ、微博等新媒体，为书屋增加关注度。一个深藏于山村的农家书屋，在几位时尚老者的悉心经营下，与世界进行着时时联通。

村一级的农家书屋，除了图书借阅功能，还承担着一定的教育功能。在寒暑假期间，镇、村团支部、妇联、青年志愿者依托农家书屋共同创办了"阳光之家"和"留守儿童之家"，经常举办各类中小学生喜爱的免费辅导班，组织

---

① 董瑞敏. 农村社区图书馆与农村社区发展[J]. 科技情报开发与经济, 2005（10）: 1-3.

② 安徽日报. 农家书屋村民的幸福港湾[EB/OL]. [2015-08-14]. http://inews.ifeng.com/44 428954/news.shtml?&back.

孩子们做游戏、猜谜语、画画、进行读书比赛、参观气象台、参观消防大队等活动。村里的儿童不仅可以看到有趣的图书，拓宽知识面，而且可以有机会与志愿者老师、假期返乡大学生等进行交流，开阔眼界。"阳光之家"和"留守儿童之家"等活动进一步开拓了孩子们的视野，同时又帮助一部分农村家庭排除了暑期安全问题的困扰。农家书屋不仅是儿童的乐园，更是整个乡村文化活动的主阵地。农家书屋的建成，有力地推动了当地文化活动的开展。例如，在农家书屋里，村民一起切磋风筝放飞技巧，利用大屏幕投影仪学习广场舞，共同探讨龙狮舞的编排等。

按照国家统一标准，每年每个农家书屋有2000元经费，其中1600元是购书经费，400元为活动经费。这400元，在碧山村农家书屋被用得恰到好处：定期开展知识竞赛、读书征文，乃至其他各类形式多样的文化活动，提高了农家书屋的利用率，进一步培养农民的阅读习惯，提高农民的文化科技素质，也能促进家庭和睦，树立文明和谐的村风。

农家书屋工程，是社会主义新农村建设的一项重要举措，是培育新农民、新文化的基础工程、民生工程。由于当地政府部门全力推动，志愿者乐于奉献，社会各界人士热心捐助，黔县碧山村的农家书屋办得有声有色，并于2012年被评为"全国示范农家书屋"。

三、社区流动图书馆

（一）社区流动图书馆简介

流动图书馆，又称车船图书馆，是指用交通工具装载文献，按一定的路线为偏远地区，或为没有设馆的地区的居民提供借阅等服务的图书馆服务设施。交通工具主要是改装过的汽车，送书至岛屿时会使用船舶。将流动图书馆应用到社区中，就是社区流动图书馆。社区流动图书馆是社区图书馆服务体系的组成部分，也是公共图书馆服务的延伸，除出借图书外，社区流动图书馆还开展预约登记、参考咨询等服务。社区图书馆的建设是一个循序渐进的过程，不可能一蹴而就。因此，在一些没有建立固定图书馆的社区，应由地方政府或相关主管部门协调各方资源，在社区设立流动图书馆，开展服务，弥补社区图书馆建设空白，同时满足居民的阅读需求。这是公共图书馆提供平等、开放服务理念的体现。

图2-1　河北省孟村回族自治县图书馆流动图书车开进小学

（二）社区流动图书馆的特性

1. 流动性

社区流动图书馆的规模一般较小，因为这种类型的社区图书馆不需要建设专门的馆舍，只需要一个能够容纳流动文献资源的空间即可，如汽车、船等。只要留有足够的供读者活动的空间，这些运载工具本身就是一个小型的图书馆[①]。其中，汽车图书馆是流动图书馆最主要的形式之一，应用最广泛。如今的汽车图书馆一般由大型客车改装而成，车内设图书存放区、办公服务区、读者阅览区三大功能区块，配备无线上网本、条码扫描仪、图书充消仪、投影仪等现代化设施，电脑安装图书馆自动化管理系统，通过无线上网等现代通信技术与图书馆实时互联，实现读者借阅一体化和对电子信息资源的使用[②]。

2. 社区性

社区流动图书馆的建设投资少、周期短、见效快，与兴建固定图书馆相比，可以节省大量资金，减少诸多中间环节，还可根据当地居民的要求，因地制宜、机动灵活地开展各种服务活动，具有很强的社区性。除了借还图书，流动图书馆还可以随车举办展览、提供咨询、播放音像资料等，充分发挥其社会服务职能。

3. 便利性

社区流动图书馆的理念是向社会全面开放，保障公民文化权益，缩小文化

---

① 王倩,吴卫荆,毛秀梅.社区流动图书馆研究[J].情报科学,2008（3）:364-368.

② 赵军.汽车图书馆为新农村建设服务模式探析——以哈尔滨市图书馆为例[J].农业图书情报学刊,2014（12）:183-186.

素养鸿沟。社区流动图书馆的出现，是为了将便民服务做得更好，最大限度地减少读者往返图书馆及到馆后的查阅时间，让居民无须再花费过多的时间和精力去县、市图书馆寻找需要的书籍，真正做到了惠民服务，方便社区居民获取知识。

（三）社区流动图书馆的作用

1. 传递信息资源

社区流动图书馆是居民身边的图书馆。在市、区、县级公共图书馆中有许多流通率较高、适合社区居民阅读的书刊，如科学、人文、经济、实用技术等图书。流动图书馆根据居民的现实需要，将居民喜闻乐见、种类丰富多样的文献传递到社区供居民使用，不仅能够重新利用这类文献资源，使其得到充分的共享和流通，而且也有利于丰富基层社区的文化资源，让社区居民享受获取更多知识的机会和条件。

2. 开展咨询服务

社区居民只有获取足够的知识，才能解决生活中遇到的问题。社区流动图书馆可以面向居民提供方便快捷的定点、定时服务，开展借阅证注册、书目查询、图书借还、电子文献阅览等服务项目的咨询。此外，社区流动图书馆提供的咨询服务还可以增强居民的工作能力，让居民在获取科学文化知识的过程中逐渐树立正确的人生观和价值观，提高自身的文化素养和知识技能。

案例2.3　西宁市社区流动图书馆①

为了在全社会营造全民阅读的文化书香氛围，西宁市图书馆围绕"服务社区、方便读者"的宗旨，创新馆外流动服务与馆内资源借阅相结合的服务模式，不断丰富公共文化服务内容，拓宽公共文化服务范围，打破传统图书馆单一的服务手段，为社区居民提供了多样的文化惠民服务。西宁市图书馆积极利用流动图书馆作为服务的主要阵地，充分发挥流动图书馆灵活便捷的特性，将服务延伸到社区，开展流动服务，建立起以西宁市图书馆为枢纽、馆藏文献资源为依托、四区三县为服务辐射面、社区居民就近享受服务的公共文化服务体系。社区流动图书馆定期向居民配送图书，市民只要去自己社区所在的流动图书馆

---

① 西宁晚报.延伸图书馆服务 书香飘进百姓心[EB/OL].[2015-07-16].http://www.qh.gov.cn/zwgk/system/2015/07/16/010171504.shtml.

（站）办理借书证，就可以免费在阅览室里看报纸或借阅图书、杂志。不仅如此，除了提供内阅外借服务，社区流动图书馆还积极开展丰富多彩的读者活动。自2007年起，创建社区流动图书馆（站）工作被市政府列为"为民办实事"项目之一。2015年，西宁市图书馆通过资源优化方式对四区社区流动图书馆进行整合，并根据各单位现有条件创建3个各具代表的社区流动服务站点。具体办法是在已创建的36个社区流动服务站点中进行筛选，根据西宁市四区的人文环境及地域特色，每区挑选出3个社区流动服务站点来承担本辖区内市民阅读的借阅工作。同时，社区流动服务站点配合市图书馆开展形式不同的读书益智活动，并作为市图书馆的分馆服务节点。针对不同的服务对象开展图书借阅工作及读书活动，充分发挥图书馆的公益性和便民性，取得了良好的社会反响。

四、街区自助图书馆

（一）街区自助图书馆简介

街区自助图书馆是以RFID技术为核心，集各种高新技术为一体，通过图书配送、网络互联，在遍布城市街区的终端提供24小时全天候开放的图书借阅自助服务网络节点。自助图书馆服务机系统、图书馆网络中心监控系统、资源组织与服务保障系统、物流管理系统，这四个部分是街区自助图书馆系统的主要构成。

图2-2　合肥市城市街区自助图书馆　　图片由合肥市图书馆提供

（二）街区自助图书馆的特点

街区自助图书馆融合了图书馆服务和现代信息技术、自动化技术，是国内外图书馆行业近年来广泛应用在图书馆行业的一种馆外现代自助图书馆方式。自助图书馆为读者办证、借还图书、查询信息等提供了便利，与传统实体图书馆相比，在个性化、人性化、便利性等方面具有明显的优势，主要有以下四方面的特点。

1. 借还图书方便

街区自助图书馆是互联网和现代信息技术的产物，它通过自助服务机、互联网和物流系统，使居民借助相关的提示信息，可以轻松地完成借还、预约、续借图书等操作。

2. 覆盖范围广泛，能够 24 小时提供全天候服务

居民通过操作机器设备可以自行实现办理借书证、借还图书、查询信息资源等功能，打破了传统图书馆服务在时间和空间上的局限。

3. 前期建设须投入较多的资金

街区自助图书馆服务的正常开展需要图书存储货架、RFID 设备、操作系统、电子计算机等软硬件设备的支持。这些系统和设备都是现代信息技术的产物，因而街区自助图书馆往往需要较大的资金投入。

4. 运营管理过程有社会力量参与

国内的街区自助图书馆运营管理的基本模式是由中心图书馆负责自助图书馆布点、推广、宣传及实施监督管理等工作，服务设备、物流管理系统的维护以及图书物流配送则采用业务外包的形式由专业公司承担。

（三）街区自助图书馆的作用

1. 促进图书馆服务现代化

随着信息时代的到来，现代科学技术不断进步，图书馆不再仅仅是单纯提供借还服务和阅览场所的建筑，而是发展成为能够满足读者多样化、全方位知识需求的智能化系统。自助图书馆的出现是社会信息技术不断进步、信息时代不断发展的产物，是我国图书馆现代化发展的必然趋势。

2. 拓展公共图书馆服务职能

街区自助图书馆借助先进的计算机技术、网络通信技术等，能够突破现有的局限和传统借阅方式的弊端，拓展服务方式，是构建学习型社区的重要措

施。街区自助图书馆的建设进一步延伸了公共图书馆的服务职能，能够让人们更加方便地获取所需要的知识信息，享受多样化的公共文化服务，是城市社区公共文化服务的新探索。

案例 2.4 深圳街区 24 小时自助图书馆 ①

随着深圳公共图书馆事业的快速发展，图书馆的服务理念和办馆模式也在不断创新。城市街区自助图书馆是深圳市建设"图书馆之城（2006—2010）五年规划"重点项目，是深圳市公共文化服务体系的重要组成部分，也是一项由政府出资兴办的社会公益事业。城市街区自助图书馆走进街区，深圳市民可就近借书、还书、申办读者证，享受图书馆预借送书等各项免费服务。①自助借书。持具有外借功能的深圳图书馆读者证（含少儿读者证）可在任意一台自助图书馆服务机上借阅图书。②自助还书。读者在深圳图书馆借的图书或在自助图书馆借的图书均可以归还到任何一个自助图书馆。③申办读者证。市民可以凭二代身份证在自助图书馆服务机上申办深圳图书馆读者证；不再使用读者证时可携身份证到深圳图书馆及各区图书馆服务台办理退证并返还借书押金和预付款。④预借服务。读者通过自助图书馆查询机或登录深圳图书馆网站查到所需图书，凭具有中文文献外借功能的深圳图书馆读者证可提出预借请求；图书馆工作人员会在两天内将读者预借的图书送达读者指定的自助图书馆，并通过短信方式通知读者；读者收到取书通知后须在两天内凭本人读者证到指定自助图书馆取书，过时不取，此书将开放供现场借阅。⑤续借服务。读者可在自助图书馆服务机上办理图书续借手续。⑥查询服务。读者可通过自助图书馆查询机访问深圳图书馆网站（http：//www.szlib.org.cn），查询图书馆信息和馆藏状况，提出中文图书预借请求。⑦电子图书扫码阅读服务。市民扫码即可免费阅读 10 余万种电子图书。2000 年 5 月，全市已有 110 余台自助图书馆开通扫码服务。

深圳自助图书馆于 2008 年"4·23 世界读者日"正式揭幕并投入使用。

---

① 深圳图书馆.城市街区自助图书馆[EB/OL].[2019-10-21].https://www.szlib.org.cn/libraryNetwork/view/id-5.html；深圳图书馆首推"城市街区24小时自助图书馆系统"[J].图书馆论坛,2008（4）:52；马璇.深圳"文化惠民"工程深入推进——市民在家门口享受文化服务[N].深圳特区报,2016-06-02（A1）.

截至 2017 年，全市已经有 240 个自助图书馆，分布于各个社区，吸引了超 15 万人办理读者证，借还图书约 580 万人次、超 1350 万册次，预借图书超 145 万册次。依托于深圳图书馆庞大的馆藏文献资源库，自助图书馆兼具自助借书、自助还书、申办读者证、预借图书服务、查询图书服务、资源响应、中心监控等图书馆的基本功能，通过在城市人流密集区和偏远地区设立自助图书馆，将阅读送至市民家门口，市民可不受图书馆开放时间的限制，随时随地通过自助图书馆借书、还书、办理借书证和预约借书，最大限度扫除公众阅读的障碍，提高文献资源的使用效率，进一步保障公民的文化权益。

第三节　社区图书馆的社会角色

一、社区图书馆的社会职能

1. 终身教育职能

1972 年，联合国教科文组织终身教育部部长埃特里·捷尔比（Ettore Gelpi）提出："终身教育应该是学校教育和学校毕业以后教育及训练的统和；它不仅是正规教育和非正规教育之间的纽带，而且也是个人（包括儿童、青年、成人）通过社区生活实现其最大限度文化及教育方面的目的，而构成的以教育政策为中心的要素。"[1]

在终身学习的时代背景下，社区图书馆不仅是社区生活的中介，还肩负着沟通社区信息、服务社区成员、为社区成员提供终身学习场所的重要责任。社区图书馆继承了公共图书馆"公共、公开、共享"的精神[2]，凭借自身优势为社区居民提供灵活、简便、快捷的服务。在社区图书馆中，社区居民可以采取就近原则，方便地获得自己所需要的信息与知识，从而使社区居民不断地获取、更新知识、技能和观念，实现终身学习。终身学习要求学习方式具有灵活性，任何需要学习的社会成员可以不受时间、空间的制约，接受不同形式的教

---

[1]　焦春林. 捷尔比终身教育思想研究[J]. 成人教育,2009,29（3）:17-18.

[2]　程焕文,周旭毓. 权利与道德——关于公共图书馆精神的阐释[J]. 图书馆建设,2005（4）:1-4,42.

育 ①。社区图书馆中丰富的信息资源和基础设施能够保证社区居民自由地选择学习的时间、地点、内容与方式，社区图书馆的服务特性符合终身学习时代的要求，因此社区图书馆在终身教育中具有不可替代的作用。

2. 信息中心职能

社区图书馆是社区居民之间交流沟通的重要中介，同时也是社会信息交流中的重要一环，为社区居民提供其所需要的社区信息。"社区信息"是指帮助个人或团体解决生存和日常生活问题的信息，包括健康、教育、住房、法律保护、政治权利和社会经济重大发展等方面的信息以及参与社会、政治、文化、法律和经济发展活动的信息 ②。信息中心应当具有信息流转、信息存储、信息共享、信息处理以及信息查询的服务能力。在社区中，社区图书馆作为社区信息的主要集散地，收藏着大量的文献信息资源；作为传播文献信息的重要枢纽，通过信息传递实现信息交流与服务 ③。

社区图书馆利用自身优势，针对社区受众构成及其对信息需求的特点，结合当地社区的民俗风情，因地制宜地开展社区服务 ④。社区图书馆不仅要向居民提供传统的文献、期刊等纸质资料，建造符合社区需求的阅览场所，提供适当的阅读指导等，还要了解社区居民的信息需求，采集满足居民需求的信息，适当开发数字资源，改进数字网络信息技术，开展读者培训等服务。在"互联网+"的背景下，社区图书馆可以依托先进的基础设施，建设多媒体、跨平台、多终端的文化信息资源共享平台，使社区图书馆成为融信息查询、文化传播、交流互动为一体的社区信息资源交流中心，为社区居民提供越来越丰富、便捷的信息服务 ⑤。

党的十八大将"文化强国"首次上升到国家战略的层面和高度，并且强调要坚持把"贴近实际、贴近生活、贴近群众"作为原则。社区图书馆作为最基

---

① 陈俊.基于"终身学习"理念的大学生休闲教育路径的探析[J].教师,2016(11):18-19.

② 李晓新,付璐,陆秀萍.社区图书馆社会资本凝聚力研究——基于苏州市四个社区的研究[J].图书与情报,2014(6):37-45,68.

③ 刘兹恒,薛旻.论社区图书馆的功能、模式及管理机制[J].中国图书馆学报,2002(5):32-35,60.

④ 王丽娜.从社区受众构成谈图书馆服务——以福州市为例[J].图书馆论坛,2008(5):109-111,14.

⑤ 张洁.浅谈社区图书馆的数字化服务[J].图书馆杂志,2012,31(7):51-53.

层的公益性文化机构和学习机构，与社会大众的文化素质的提升密切相关①。社区图书馆应充分利用信息中心这一职能，培养社区居民良好的阅读习惯，提高社区居民的信息素养，传播信息与知识，以此提高社区成员素质和生活质量，扩大社区图书馆的信息辐射圈，促进社区成员的全面发展和社区可持续发展。

3. 社区文化构建职能

社区文化是构建公共文化的基石，是社区建设管理的灵魂，社区文化构建可以推动社区实现自我管理，促进社区居民文化素质的提升，助力居民产生认同感和归属感②。社区图书馆通过传播优秀的社区文化，引导社区居民追求正确的价值观念、生活方式、行为方式、群体意识，同时也将社区文化导向一个积极的发展方向。

社区图书馆通过满足社区居民文化需求，为社区居民提供信息知识，以期逐渐培育具有社区特色的思想观念、思维方式、价值取向、道德情操、行为方式、生活习惯等。与此同时，社区图书馆充分发挥自身职能，加强对社区文化的收录采集、整理汇编，以专业的方式保存和传播。在信息传播和社区居民相互联系的过程中，社区文化借助社区图书馆的教育职能，为社会民众所认同，并在此基础上进一步规范社区居民的行为，改善人与社区、人与集体、人与人之间的社会关系③，创建和谐的社区文化氛围。

社区图书馆能够发挥社区文化建构职能，主要是因为其具有以下两方面优势。一是社区图书馆可以为居民提供种类繁多，贴合居民实际需求的信息资源，这在一定程度上对推动社区居民阅读，传播正确的文化价值取向，起到积极的导向作用④。二是社区图书馆在社区文化建构中具有教育融合的优势。在引导居民树立正确的人生观、价值观、世界观的基础上，社区图书馆能够对社区中出现的多元文化，甚至是文化冲突进行潜移默化的整合，从而在一定程度

---

① 郑直,张欣.基于公共服务理念的社区图书馆服务体系建设研究[J].图书馆工作与研究,2016(4):33-36.

② 彭一中,陈希.发展社区文化的基础是发展社区图书馆[J].图书馆,2009(2):95-96,102.

③ 杨容.社会转型期社区图书馆建设探索[J].经济体制改革,2012(5):178-180.

④ 刘曜檀.社区图书馆在阅读推广活动中的角色及发展措施[J].农业图书情报学刊,2017,29(6):66-68.

上形成符合社会发展，有利于社区和谐的社区文化氛围。社区图书馆发挥文化导向职能，需要了解社区主体的文化需求，发挥社区图书馆自身的优势特点，倡导健康的民风民俗，培养社区居民的道德情操，提高社区居民的文化素养，提升社区居民的精神境界，增强社区居民文化的归属感，维系社区良好的文化传统，传播正确的文化价值取向。

4. 休闲娱乐与交流职能

现代社会中，居民之间面对面交流的机会越来越少，人们的工作强度与来自社会、家庭等诸多方面的竞争压力越来越大，家庭、职业以及社会结构等诸多方面发生了巨大改变，人们的思想观念也发生了巨大变化，社区居民越来越注重提高休闲生活质量，追求更高层次的精神生活品质。越来越多的人渴望从繁重的工作中获得一种相对自由的生活。伴随着社会的不断发展，社区图书馆作为社区中的"第三空间"，没有等级、地位的差异，可以帮助社区居民把真正的自我释放出来，成为一个自由的交流平台。不仅如此，在生活节奏紧张、人与人交往愈加困难的大城市里，社区图书馆这种空间也是人们用来发展非功利性社会关系的理想场所，可以让人暂时从电子产品中脱离出来，面对面交流。社区图书馆将发挥"第三空间"的重要作用[①]。

社区图书馆丰富多彩的藏书、舒适高雅的氛围、安静优美的环境吸引着广大以"读书看报"作为休闲娱乐的居民；同时，其开展的各种文化娱乐活动更深深地吸引着社区的男女老少积极参加，使社区图书馆具有文化娱乐的功能[②]。社区图书馆作为社区文化休闲娱乐的重要场所，不仅为社区居民提供了安逸高雅的阅读场所[③]，同时还针对社区不同的读者群体开展各种类型的读者活动[④]。在社区图书馆中，读者可以阅读传统的纸质资料，如报纸、期刊、书籍；还可以享受数字信息资源，如可以通过信息资源共享平台，享受音乐、影视、戏剧等文化产品。与此同时，社区读者还可以参加丰富多彩的读者活动，

---

① 刘晓雨.图书馆第三空间服务探究[J].大学图书情报学刊,2016,34（5）:19-22.

② 计俊.文化休闲娱乐:图书馆服务功能的拓展与延伸[J].山东图书馆季刊,2006（1）:12-15.

③ 刘兹恒,薛旻.论社区图书馆的功能、模式及管理机制[J].中国图书馆学报,2002（5）:32-35,60.

④ 刘婷婷.社区图书馆建设模式研究[D].济南:山东大学,2017.

如讲座洽谈、读者沙龙、亲子阅读、艺术鉴赏等活动[①]。在社区图书馆中，一系列丰富多彩的活动加强了社区居民之间的联系，培养了和睦的邻里关系，丰富了社区居民的精神生活。

5. 文化服务职能

《中华人民共和国公共文化服务保障法》总则第二条规定：公共文化服务，是指由政府主导、社会力量参与，以满足公民基本文化需求为主要目的而提供的公共文化设施、文化产品、文化活动以及其他相关服务。社区图书馆是公共图书馆网络体系的末端节点[②]，其植根于社区，面向社区，通过提供符合居民需求的文化产品和服务打通了获取文化服务的"最后一公里"[③]。

社区图书馆本身具有灵活、简便、快捷的特点，有利于面对社区居民开展丰富的文化服务。根据我国相关法规的精神，社区图书馆可以通过引入社会力量完善基础设施建设，针对社区居民不同的价值取向和文化需求提供不同的文化产品及服务方式。社区图书馆应当根据不同读者群体提供服务，如针对青少年社区居民，可以开展手工制作、民间艺术展览等传承文化的教育活动；针对社区待业人员及外来务工人员，可以举办免费的各类技能培训班；针对老年读者，可以开展书法、绘画、插花、盆景展览等陶冶情操的活动；针对残疾人士，可以开展如生活技能培训等活动。同时，社区图书馆还可以根据社区居民的个性化需求来开展服务，例如，开展社会保险咨询、医疗保健咨询、法律法规咨询等[④]。

文化服务职能要求社区图书馆为居民提供不同类型、贴合居民实际需求的文化服务活动。社区图书馆可以根据社区的发展水平以及居民需求，将自身打造成一个具备多种功能的、综合性的、全方位的文化服务中心。

6. 优秀传统文化传承职能

文化是指人类社会生存方式以及建立在此基础上的价值体系，是人类在社会历史发展过程中创造的物质财富和精神财富的总和。

[①] 关京伟. 呼和浩特市社区图书馆建设现状与思考[J]. 内蒙古师范大学学报（教育科学版），2017,30（8）:28-31.

[②] 高小军. 以社区为中心的现代社区图书馆服务模式研究——以深圳市罗湖区"悠·图书馆"为例[J]. 图书馆论坛，2017,37（3）:57-66.

[③] 严贝妮,孙贺,李永钢. "保罗的口袋"变身"市民的口袋"——合肥市"口袋图书馆"案例研究[J]. 图书馆建设，2017（5）:94-100.

[④] 梅洪. 我国社区图书馆个性化服务探析[J]. 大学图书情报学刊，2015,33（6）:84-90.

社区图书馆能够贴近其所在社区，在社区传统文化的采集、整理、传播方面具有独特的优势。因此，社区图书馆往往成为传承本区域内优秀传统文化的重要场所。社区文化在个体、集体、社会的联系中潜移默化地被整个社区所接受和吸收，在文化培养的过程中得到社区居民的继承。

总的来说，社区图书馆的文化使命是：保存图书文献，助力文化传承；丰富文化生活，陶冶高尚情操；提供文化服务，引领社会风尚[①]。社区图书馆作为社区居民获取知识信息的主要渠道，拥有灵活、简便、快捷的天然属性，它可以因地制宜地传承中华优秀传统文化、传播先进文化知识，也能充当向社区不同类型的居民开展文化教育和传播活动的良好平台。社区图书馆的社会职能不是静态和一成不变的。随着时代的发展，人们的受教育程度、文化修养、生活习惯、心理等都会发生变化，对社区图书馆的需求也会随之改变。因此，社区图书馆会随外部环境的变化，不断扩大或加强其相关社会职能。

二、社区图书馆与阅读推广

（一）社区图书馆与阅读推广的关系

阅读推广是指通过提供阅读资源，营造阅读氛围，改善阅读环境，从而引导缺乏阅读意愿的人爱上阅读，训练阅读能力不强的人学会阅读，帮助阅读有困难的人克服阅读的困难[②]。近年来，阅读推广活动进行得如火如荼，并取得了巨大成就。研究表明，我国的综合阅读率、图书阅读率、数字阅读率等数据均有所增加，这表明阅读受到国民的广泛关注并得到充分发展。国民对阅读的需求日益增长，个人阅读需求和公众对公共文化服务的需求不断增加，这意味着全民阅读活动在未来有着良好的发展机遇。

社区图书馆作为国家公共文化体系的重要组成部分，由于更加贴近社区居民，因而可以比一般的市、县、区图书馆发挥更强的影响力。社区图书馆实施阅读推广对推进全民阅读具有重要意义。2012年，党的十八大报告提出了"开展全民阅读活动"，2014年至2022年，"全民阅读"连续九年写入国务院政府

———————————

① 李晓新,付璐,陆秀萍.社区图书馆社会资本凝聚力研究——基于苏州市四个社区的研究[J].图书与情报,2014(6):37-45,68.

② 范并思.阅读推广与图书馆学:基础理论问题分析[J].中国图书馆学报,2014,40(5):4-13.

工作报告，2017 年的政府工作报告提出了"大力推动全民阅读"，2018 年 1 月 1 日起施行的《中华人民共和国公共图书馆法》指出，公共图书馆应当免费向社会公众提供阅读推广服务。可以说，促进全民阅读，开展阅读推广工作，已经上升为国家战略，社区阅读推广工作是社区图书馆的一项基本服务，是社区图书馆履行社会教育职能的一项重要手段，对满足社区不同人群的工作、生活与学习需要具有不可或缺的引导与辅助作用。

开展阅读推广工作是社区图书馆服务民众的必然选择。阅读推广是社区图书馆生存发展的需要，开展阅读推广工作能够提高社区图书馆的效益，提高社区图书馆的利用率，塑造社区图书馆良好的公共形象。良好的效益、利用率和公共形象是社区图书馆持续存在和彰显社会价值的重要基础，同时，社区图书馆可以为全民阅读推广工作提供优质的文献资源、优雅的阅读环境、人性化的公共服务、专业的阅读推广人，社区图书馆积极开展阅读推广工作，有助于构建书香社区，为推动全民阅读贡献力量。为了实现书香社区、全民阅读的目标，我们不能单靠个别的社区图书馆进行推广，而是需要国家各地不同社区图书馆的共同努力，让全国各地的图书馆联合起来，同时动员各界人士积极支持阅读推广工作。只有这样，阅读推广工作才能达到预期的效果，并最终使阅读成为居民生活中不可缺少的一部分。

（二）社区图书馆阅读推广的意义

1. 广泛揭示和宣传社区图书馆馆藏文献资源

按照普遍均等的原则，向任何一位有需求的读者提供服务，最大限度地满足读者对图书馆文献信息服务的需求，是现代图书馆工作的基本理念。社区图书馆的一切阅读推广活动应该紧密围绕馆藏文献资源来展开，向社会公众广泛揭示和宣传图书馆的馆藏文献资源[1]，引导读者了解文献，促进馆藏文献的流动，发挥文献的社会价值。社区图书馆采用多元化的阅读推广方式，可以吸引读者亲近阅读、参与阅读、热爱阅读。让读者在参与阅读推广的过程中提升阅读兴趣，养成利用社区图书馆的好习惯，这是扩大社区图书馆资源影响力，凝聚更多读者对象的重要途径[2]。

---

　　① 杨霄.图书馆阅读推广实践的基本理念及多元化趋势[J].图书馆学刊,2017,39（7）:20-23.

　　② 宋松.浅谈公共图书馆阅读推广的发展趋势[J].科技经济导刊,2016（13）:159.

2. 有效提升社区图书馆的基本服务效能

以文献为主的信息服务和以活动为主的读者服务是社区图书馆的基本服务项目，这要求社区图书馆一方面应该提高馆藏文献资源的质量与利用效率，另一方面应该提高读者活动的吸引力与参与度。开展阅读推广工作能够将信息服务与读者服务有机结合在一起。社区图书馆通过举办书刊宣传、讲座展览、教育培训、征文比赛等阅读推广活动，围绕"读什么""怎么读"进行具体的阅读指导，有利于激发社区读者的阅读主动性与积极性、提高社区图书馆的阅读推广品质，达到提升社区图书馆基本服务效能的目的。

3. 提高社区居民的文化素质和道德素质

知识是提高民众文化素质和道德素质的重要条件，阅读是民众获取知识、使用知识的重要途径。社区阅读推广不仅仅是为了提升社区居民的到馆率、馆藏文献的流通率，更是为了培养社区居民的阅读习惯。随着互联网技术的发展，社区居民的阅读途径更加多样、复杂，人们的阅读行为正逐渐改变，移动阅读及碎片化阅读正在成为趋势，借助社区图书馆阅读文献、获取信息已经不再是一种主流的方式。社区图书馆阅读推广的主要作用是在社区图书馆工作人员的介入下，逐渐改变知识的传播路径，可以将居民个人的自主阅读转变为居民之间的互动阅读。将单向的接收转变为多方的共享，提升居民的阅读技巧，拉近社区居民之间的距离，在相互借鉴、共同交流的过程中提高社区居民的综合素质。

（三）社区图书馆阅读推广的类型

社区图书馆阅读推广的类型主要有以下三种划分方式：第一种是按阅读媒介划分为纸本阅读推广、数字阅读推广；第二种是按阅读内容划分为经典读物阅读推广、大众读物阅读推广；第三种是按阅读主体划分为少儿群体阅读推广、中青年群体阅读推广、老年群体阅读推广、进城务工人员阅读推广、残疾人群体阅读推广。社区图书馆的阅读推广工作可以通过举办讲座论坛，组织展览展出，组织读者培训，策划推荐书目，举办读者比赛和演出，开展影视展播工作，组织图书捐赠、漂流和交换，举办读书节等活动进行，将三种推广内容融合在一起，实现社区图书馆阅读推广的最大效能。

1. 按照阅读媒介划分

（1）纸本阅读推广。纸本阅读推广也可以称为传统阅读推广，是以社区图书馆图书、报纸、期刊等实体馆藏文献资源为主要内容开展的阅读推广活动，注重提升纸质图书资料的收藏、利用、推广、研究、开发①。

（2）数字阅读推广。数字阅读推广包括对社区图书馆数字馆藏文献资源的阅读推广、利用数字化手段对馆藏文献资源进行阅读推广两大部分内容。前者是指采取"线下推广"的方式对数字馆藏文献资源进行定期的介绍与推广，如邀请数据库培训讲师到现场为读者推介数字资源，对相关功能进行现场演示，解答读者在使用数据库过程中遇到的问题等；后者是指采取"线上推广"的方式对纸本馆藏文献资源或数字馆藏文献资源进行定期的宣传与推广，如合肥市的滨湖世纪图书馆即通过微信订阅号推送书单。

2. 按照阅读内容划分

（1）经典读物阅读推广。经典读物阅读推广是指社区图书馆为促进社区居民阅读经典图书而开展的相关活动。相较于其他阅读推广活动，经典读物阅读推广更突出推广内容的经典性②。经典读物一般是经过历史选择的、有较高价值的书，具有权威性或者典范性，经久不衰。阅读经典有助于从传统文化中汲取精神的力量，对文化传承与人文修养的提高具有重要作用③。

（2）大众读物阅读推广。大众读物阅读推广是社区图书馆以大众读物为主要内容开展的阅读推广活动。一般来说，大众读物在社区图书馆所占的比重较大，具有生活性、娱乐性、通俗性等特点，容易受到社区居民的喜欢。大众读物阅读推广对提高社区图书馆的馆藏流动量有着较为明显的作用。

3. 按照阅读主体划分

（1）少儿群体阅读推广。少儿群体阅读推广是指将少年儿童作为阅读推广对象开展的阅读推广活动，它的核心理念是鼓励少年儿童阅读经典作品，同时尊重少年儿童自主选择读物的权利，通过各种方式引导少年儿童进入图书的世界，并将少年儿童阅读指导融入社区图书馆的日常工作④。

（2）中青年群体阅读推广。中青年群体阅读推广是指将中青年群体作为阅

①　郑丽君.高校图书馆纸本阅读推广现状及发展策略研究[J].大学图书情报学刊,2014,32（2）:97-101.

②　李西宁,张岩.图书馆经典阅读推广[M].北京:朝华出版社,2015.

③　徐雁,李海燕.全民阅读知识导航[M].南京:南京大学出版社,2016.

④　黄洁,陈慧娜.我国少儿图书馆研究[M].北京:国家图书馆出版社,2015.

读推广对象开展的阅读推广活动。在一个社区中，中青年往往是人数最多、行业分布最广的群体，因此这类人群的阅读推广既需要突出普遍的共性，也需要凸显行业的个性。只有这样才能发挥出阅读推广的价值，提升阅读推广活动的效果。

（3）老年群体阅读推广。老年群体阅读推广是指为满足老年群体精神文化需要而开展的阅读推广活动。阅读能够滋养心灵，提高老年人的精神境界、文化素养。养成良好的阅读习惯，能够使老年人加强与社会的沟通，提高其生活品质[①]。

（4）进城务工人员阅读推广。进城务工人员阅读推广是指以满足进城务工人员精神文化需要而开展的阅读推广活动。由于空闲时间少，来回路程远等原因，不少进城务工人员对图书馆的利用率并不高，因此社区图书馆面向这类人群所开展的阅读推广活动主要有：工地现场服务、构建自助图书馆和流动图书馆等。

（5）残疾人群体阅读推广。残疾人群体阅读推广是指将视力残疾、听力残疾、言语残疾、肢体残疾、智力残疾等社区残疾人群作为阅读推广对象而开展的阅读推广活动。社区图书馆通过指导、组织残疾人开展多种形式的读书活动，促使残疾人多读书、读好书，提高自身素质和生活技能，平等共享公共文化服务，从而更好地融入社会[②]。

（四）社区图书馆阅读推广的实施

1. 明确阅读推广活动的主题

任何阅读推广主体开展阅读推广活动，都应有明确的主题、既定的目标、鲜明的特色，独具特色的活动主题能够吸引居民参加并产生思想共鸣。社区图书馆阅读推广活动主题主要可以围绕以下两方面展开：一是优秀传统文化，如举办诵读经典活动、推荐经典读物活动等与传统文化相关的阅读推广活动，既弘扬了中华传统文化，又有助于提高居民的人文素养和文化品位；二是时代精神，如利用网络进行阅读推广，开展奥运知识竞赛等主题活动，吸引居民积极

---

① 高清艳. 全民阅读背景下老年人阅读推广策略探究[J]. 新闻研究导刊,2017,8（16）:249-250.

② 陈俭峰. 残疾人阅读推广现状、问题及对策[J]. 国家图书馆学刊,2012,21（6）:72-76.

参与。确定阅读推广主题前应做好前期调研，了解阅读推广对象的阅读状况、阅读需求、阅读期望与阅读兴趣。

2. 选择阅读推广活动的形式

社区图书馆阅读推广要实现"书香社区"，倡导全民阅读，保证活动顺利开展，就必须选择适宜的阅读推广活动形式。社区图书馆首先要根据活动主题选择活动形式，其次要根据居民读者的需求选择活动形式，最后还需依据所要达到的效果调整活动形式。阅读推广的形式可以说是各式各样的，给阅读推广者留下了极大的创新空间。常见的阅读推广形式有三种：一是以读者为切入点，如阅读沙龙、读者达人秀等。要特别关注目标群体，了解目标群体，深入分析目标群体的构成特点、水平层级、工作需求等特性，根据阅读人群的特征、水平、需求等确定阅读推广形式，这样才能提高推广的有效性。二是以读物为切入点，如图书漂流、经典诵读等，必须依托于一定的载体，既要明确其媒介和运作形式，也要考虑其组织形式和过程。三是以阅读环境为切入点，如线上"共读一本书"活动，线下"阅读马拉松大赛"等。需要不断改善读者的阅读条件，重视阅读推广效果，避免形式大于内容。在活动形式确定以后，应通过宣传海报、宣传手册、报纸、图书馆网站和新媒体平台等途径，发布相关信息，便于读者掌握服务的时间、地点、内容和相关情况，从而吸引更多民众参加。

3. 争取社会资源的支持与参与

社区图书馆的书刊、经费、物资、场地、人员、设备等相应的硬件和软件是开展阅读推广活动必不可少的基础。社区图书馆在统筹安排各种资源后，若发现阅读推广活动无法独立完成，就应当考虑引入社会力量合作开展阅读推广活动，针对可能出现的问题及时进行沟通、协调和解决，从而保障活动的顺利开展。

4. 引进专业化的阅读推广人

阅读推广人是指具有一定资质，可以开展阅读指导，提升读者阅读兴趣和阅读能力的专业或业余人士[1]。顾名思义，阅读推广人的主要作用就是推广阅读，传递阅读观念，帮助读者培养阅读兴趣，提高阅读能力，为推动全民阅

---

① 王余光.书外赘语：《阅读推广人系列教材》的编纂[J].图书馆杂志,2016,35（4）:11-12.

读做贡献。阅读推广人作为影响他人阅读的人，应当不断积累，以具有较强的阅读能力和理解能力。社区图书馆阅读推广，从规划和设计到根据需求策划活动，再到后续如何跟进和提升等[①]，都对阅读推广人的素养提出了更高的要求，因此培养并加快形成一批由专职馆员、社会志愿者、社区读书爱好者等人员组成的具有系统知识的阅读推广人队伍是十分有必要的。

三、社区图书馆与基层文化建设

（一）基层文化建设的内涵与社区图书馆参与基层文化建设的意义

1. 基层文化建设的内涵

基层文化是指基层人民群众在业余时间，参与、开发的社会性文化。它是人民群众以自身为主题，以娱乐为主要内容，以满足自身精神文化生活需求为目的的文化活动。基层文化建设是中国先进文化建设的重要组成部分，是推动先进生产力发展的重要因素，也是实现广大人民群众根本利益的重要途径[②]。

2. 社区图书馆参与基层公共文化建设的意义

（1）有助于满足人民的文化需求。通过建立健全基层公共文化服务体系，人民群众可以根据自己的需要享受各种各样的公共文化服务和产品。社区图书馆、社区文化活动中心、基层文化站等公共文化机构的建设为基层群众享受文化服务提供了物质基础。很多乡镇、农村都开始建立农家书屋、综合文化室、文体广场等基础文化服务设施，还组建了专门的文化服务团队，定期组织村民观看电影，开展人民大众喜闻乐见的文化活动等，极大地丰富了群众的文化生活。这对于保障社会基层稳定，推进和谐社会建设具有积极的推动作用[③]。

（2）有助于繁荣基层群众文化。基层公共文化服务体系具有公益性，加强基层公共文化服务体系建设有助于促进基层群众文化工作的开展，推动基层群众文化的繁荣。基层群众文化建设主要就是为了满足人们日益增长的文化需求，丰富群众文化生活方式，使基层群众的文化生活更加丰富多彩。社区图书馆、社区文化活动中心、基层文化站、农村书屋等基层文化组织机构在基层公

---

① 邱冠华. 公共图书馆阅读推广需要关注的两个问题——从主编"阅读推广人系列教材"中的两本教材说起[J]. 图书馆建设，2017（12）：22-24.

② 李铮. 论基层文化建设的困境[J]. 艺术百家，2015，31（S1）：295-296.

③ 杨斯华. 县级公共文化服务体系建设研究[D]. 昆明：云南财经大学，2014.

共文化服务过程中，通过组织开展丰富多样的群众文化活动，赋予基层文化以时代特色和区域特色，进而繁荣基层群众文化生活[①]。

（3）有助于构建和谐社会。在新形势下，提升基层公共文化服务职能，构建基层公共文化服务体系，是加快推进和谐社会建设与发展的基本要求，也是落实政治、经济、文化、社会、生态"五位一体"科学协调发展的基本内容和重要方式[②]。基层群众文化建设为我国建设社会主义和谐社会提供了保障，是构建和谐社会强大的后盾。重视基层文化建设，开展丰富多彩的文化活动，有助于为和谐社会的建设和发展创造良好的条件[③]。

（二）我国基层文化建设的现状

1. 十八大以后我国基层文化建设的概况

十八大报告不仅提出要提高公共服务效能，还提出了到 2020 年实现"公共文化服务体系基本建成"的目标。此后，我国基层公共文化建设取得了新进展，农村公共文化服务设施建设力度大大增强，这主要是通过以下五大工程实现的：一是农村广播电视"村村通"向"户户通"工程不断推进。截至 2016 年底，全国农村广播、电视人口覆盖率分别达到 97.8%、98.5%，农村开通有线广播电视的用户数达到 8093 万户。二是乡镇综合文化站工程，已基本实现乡镇、街道文化站的全面覆盖。截至 2016 年底，全国共有 41175 个乡镇（街道）综合文化站，组织文艺活动 827953 场次。三是农村电影放映工程深入推进，保证农民每个月能免费看到一场电影，全国每年为农民放映电影 800 多万场。四是农家书屋工程不断推进。截至 2012 年，共建成农家书屋 600449 家，覆盖了全国具有基本条件的行政村。五是公共数字文化工程的建设，公共数字文化工程基本建成了国家、省（自治区、直辖市）、地级市（自治州）、县（区）、街道（乡镇）、社区（农村）六级公共数字文化服务网络。这五项工程迅速提升了基层公共文化服务能力，同时也为基层人民群众提供了丰富的公共

① 齐万里. 基层公共文化服务体系建设及对策研究[J]. 鄂州大学学报,2017,24（1）: 47-48,64.

② 陈敏.基层公共文化服务体系建设模式研究——以济南市为例[J].农业图书情报学刊, 2013,25（5）:181-184.

③ 于波.强化基层文化建设对和谐社会发展的积极影响阐释[J].才智,2018（1）:221.

文化服务 ①。

2. 十八大以后我国基层文化建设理念的进一步发展

在不断推动基层社区文化建设的过程中，党中央、国务院及地方政府的文化管理理念也在不断发生变化，从注重由政府投资和单方面供给文化产品和服务的方式逐步转变为由政府投资、社会力量参与基层公共文化产品和服务供给的方式，表现出了政府对于社会力量提供公共文化服务、参与公共文化服务事业极大的支持态度。

2015 年 1 月，中共中央办公厅、国务院办公厅《关于加快构建现代公共文化服务体系的意见》再次提出"坚持社会参与"的原则，要求政府要简政放权，减少行政审批项目，引入市场机制，激发各类社会主体参与公共文化服务的积极性，提供多样化的产品和服务。

2015 年 10 月，国务院《关于推进基层综合性文化服务中心建设的指导意见》在第六项"创新基层公共文化运行管理机制"中，明确指出要积极探索社会化建设管理模式，拓宽社会供给渠道，丰富基层公共文化服务内容。

2016 年 12 月，第十二届全国人大常委会通过了《中华人民共和国公共文化服务保障法》。其中，第十三条提出国家鼓励和支持公民、法人和其他组织参与公共文化服务；第四十九条提出国家采取政府购买服务等措施，支持公民、法人和其他组织参与提供公共文化服务。

2017 年 2 月，《文化部"十三五"时期文化发展改革规划》提出：坚持政府主导、社会参与、重心下移、共建共享，以基本公共文化服务标准化均等化为突破口，立足人民群众基本文化需求……推动公共文化服务社会化发展，促进公共文化服务项目化管理、市场化运作、社会化参与。

当前，基层文化服务是我国公共文化服务的重要环节，形成政府主办、社会参与、功能互补、共建共享的多元化现代公共文化服务组织体制，发挥社会力量在公共文化服务中的作用，形成公共文化服务供给的社会参与机制，有利于基层公共文化服务管理更加科学、服务更加规范、运营更加富有效率。

---

① 梁玉菊,李雨书. 供给侧改革视角下基层公共文化建设浅析[J]. 统计与管理,2017（10）:135-137.

（三）我国基层社区文化建设存在的问题

1. 政府投资力度不足

目前，社区文化建设投入主要来源于以下四个方面：一是地方政府预算投入；二是地方政府临时投入或单项投入；三是社区自己的投入；四是社会捐赠[①]。总的来讲，这四个方面的投入都明显不足，特别是政府预算投入不足，这主要是由当地经济发展水平决定的。与发达地区的社区文化建设相比较，欠发达地区的社区文化建设投入力度就相对较小。由于投入不足，部分社区文化基础设施普遍落后且严重缺乏，数量和质量都远远不能满足社区居民的物质文化需求，建立的社区文化设施与社区居民需求不符等现象也普遍存在。投入不足是社区文化建设发展缓慢的主要原因之一。

2. 居民参与意识不强

我国社区文化建设的主要推力是政府，政府在社区建设中起主导作用。这就在一定程度上削弱了社区居民的主动意识和主动机会，社区居民参与社区建设更多地表现出被动性。具体表现为：一是作为社区参与主体的居民的参与意识很薄弱。社区居民本应是主体角色，但是往往没有认识到自己真正意义上的角色和地位，没有树立起应有的角色意识，缺乏相应的责任感和义务感。二是本应该是骨干力量的中青年和专业技术人员的参与意识薄弱，参与人员主要是老年群体，这就限制了社区文化人才队伍的发展，不能调动全体社区居民的使命感和责任感，社区文化的建设与运行也就缺少了根本的动力[②]。

3. 开展的文化活动不丰富

社区图书馆举办活动的次数往往较少，开展时间较为分散，没有形成具有一定规模和影响的主题活动、品牌活动，对上级交办的基层文化建设任务力不从心，造成社区图书馆社会影响力不足，基层辐射面不广，居民入馆热情不高。究其原因：第一，没有专业的活动组织团队。由于工作人员普遍分布在行政、借阅与外借窗口，没有专门人员或团队能够承担起活动组织工作，只能在活动举办时通过任务分解和人员调配，完成活动的筹备和执行。第二，开展的社区文化活动千篇一律，缺乏创新，不能吸引广大居民积极参与，没有突出社

---

① 韦殿华,王寿丽.农村社区文化建设困境与对策[J].继续教育研究,2018(1):46-49.

② 王健.十七大以来城市社区文化建设研究[D].济南:齐鲁工业大学,2014.

区文化活动对社区发展的巨大作用[①]。

4.缺乏专业的人才队伍

目前社区图书馆的人才队伍建设还处于起步阶段，缺少专业化的管理人才。社区文化建设的管理力量较为薄弱，基层文化管理岗位吸引力不足，人员遴选、奖补、考核、管理、培训等方面的机制均有待进一步完善，导致基层文化管理队伍的专业能力和整体素质无法得到保障[②]。在现阶段的社区文化工作者中，老年群体充当了社区文体活动的主力军，大多数文化工作者都是一些爱好文娱的离退休老同志，社区文化建设队伍缺乏有经验、有能力、专业且又热心社区文化的骨干力量。

（四）社区图书馆推动基层文化建设的策略

1.加强社区图书馆建设，促进文化融入基层群众生活

要想真正实现基层文化建设的价值和目标，必须高度重视社区图书馆的建设。在投入建设方面，应该加大政府对社区图书馆的财政扶持力度，形成政府划拨、企事业单位支持、个人赞助、社区文化建设活动的受益者或参与者出资相结合的模式[③]。应在加大基层公共文化设施建设力度的同时，推进资源下移、重心下移，加强社区图书馆的建设。应按照统筹整合和共建共享的思路，加强社区图书馆建设，补齐基层文化建设短板，打通基层公共文化服务的"最后一公里"，更好地满足社区居民的文化需求，促进文化真正融入基层群众生活。只有让文化真正融入基层群众生活，社区图书馆才能承载"以文化人"的功能，才具有旺盛的生命力[④]。

2.切实提高社区图书馆的文化产品和服务供给质量

目前，人民群众对于文化的需求呈现出多样化的特点，如果基层文化建设的内容不符合人民群众的需求，势必会造成社会资源的浪费。因此，社区图书馆的文化产品和服务供给内容要契合社区居民的实际需求，社区图书馆工作人员有必要对社区居民相同的文化需求及差异性需求进行实际调研。应有针对性

---

① 刘慧敏.我国当前社区文化发展所面临的困境[J].才智,2015(12):342,344.

② 吴存兰.姜堰区社区文化建设的困境与对策[J].产业与科技论坛,2017,16(20):230-232.

③ 汤卢芸,徐翀.论社区治理中的社区文化建设[J].四川劳动保障,2017(S2):58-59.

④ 杨永恒.新时代我国文化建设的使命和任务[J].行政管理改革,2018(1):35-38.

地提供文化服务内容，并动态跟踪、收集、统计、分析社区居民的意见，根据社区居民文化需求变化及时更新文化产品和服务的供给内容，提高基层文化产品质量和内容的精准度[①]。

3. 挖掘社区图书馆的特色资源，提供贴近实际的文化服务

社区图书馆要进一步加大"进小区、进学校、进企业、进机关、进军营、进工地"的活动力度，做到基层群众喜爱什么送什么、基层群众需要什么送什么，提高社区图书馆送文化的影响力和渗透力。社区图书馆需要坚持贴近实际、贴近生活、贴近群众，不断创新内容、创新形式、创新手段，根据群众的文化需求和审美习惯，从群众最关心、最感兴趣的地方入手，组织开展健康向上、通俗易懂、形式新颖、群众喜闻乐见的文化活动，不断提高文化活动的吸引力和群众的参与率，不断提升基层群众的综合素质[②]。

4. 健全社区图书馆人才队伍建设，保证文化服务供给专业化

基层文化建设不仅要有足够的财力、相应的物力，还要有一支专业的人才队伍。社区图书馆应该形成一支有凝聚力、影响力、战斗力的队伍，依靠这支队伍，有效保障社区图书馆文化设施和场地的开放与使用。基层文化建设中，改革是动力，人才是根本。社区图书馆在建设人才队伍的过程中，应该摒除年龄老化、能力弱化、知识退化等与新时期基层文化服务建设不相适应的一面，立足于人才队伍的年轻化、专业化、知识化，推进社区图书馆人才队伍的健康发展，这也是社区图书馆推动基层文化建设的重大战略选择[③]。

---

①　梁玉菊,李雨书.供给侧改革视角下基层公共文化建设浅析[J].统计与管理,2017（10）:135-137.

②　张小林.基层文化建设中的问题及对策[N].山西党校报,2012-12-25（S2）.

③　胡劲军.加强基层文化建设关键在改革[N].中国文化报,2015-03-06（7）.

第三章 国内外社区图书馆事业的建设与发展

社区图书馆是社区基础设施之一，欧洲、美国、南非等图书馆事业发展较好的地区存在着分布较广的社区图书馆，同时制定了与社区图书馆相关的法律政策，为社区图书馆的建设与发展提供了法律上的支持和保障，以便更好地为社区居民提供服务，满足社区居民的多元需求。近年来，随着我国经济、文化水平的不断提高，人们对文化的需求也不断提高，社区图书馆作为社区的重要组成部分在社区文化建设中发挥着重要的作用。

第一节 国外社区图书馆事业的建设与发展

一、国外社区图书馆的产生及发展

欧美地区的社区图书馆起步较早，这些国家和地区的发展特点与中国不同，更早地实现了机械化，聚居地也早已社区化。20 世纪 60 年代，社区图书馆作为新的阅读中心在美国许多地区发展起来；20 世纪 70 年代社区图书馆就已经在美国得到了普及[①]。发达国家为社区图书馆的蓬勃发展建立起了一系列的保障措施。如今，发展中国家的社区图书馆也在迅速建设和发展，它们从发达国家的社区图书馆建设中获得了丰富的经验，同时根据本国的国情，形成了具有各国特色的社区图书馆事业。

根据联合国教科文组织、国际图联发布的《联合国教科文组织公共图书馆

---

① 石烈娟.美国社区图书馆服务及其启示[J].图书馆,2009（2）:70-72.

宣言（1994）》，每一个人都有平等享受公共图书馆服务的权利，公共图书馆应不分年龄、种族、性别、宗教信仰、国籍、语言或社会地位，向所有人提供服务。公共图书馆必须为那些因各种原因不能利用普通服务的读者，例如小语种民族、伤残人员、住院人员、被监禁人员，提供特殊的服务和资料[①]。城市公共图书馆虽然不断发展，但文化资源无法辐射到偏远地区、农村地区，再加上偏远地区、农村地区与城市社区对阅读资源的需求不同，因而社区图书馆亟待发展。社区图书馆的存在就是为了方便读者，同时也成为公共图书馆的一种主要形式。

美国的社区图书馆由点及面地覆盖了美国的各个角落，由州政府作为建设主体，按照各州的法律建设总馆以及总馆下的各个分馆。一般由城市的中大型公共图书馆作为总馆，社区图书馆作为其分馆，深深根植于社区中。总馆十分重视社区图书馆的馆藏，注重社区图书馆的使用，从而使社区图书馆拥有丰富的信息资源，能够为社区居民提供多种多样的服务。

英国对农村的基础设施和公共服务建设非常重视，作为全球城乡差别最小的国家之一，英国于20世纪初将公共图书馆向农村地区延伸。从最初的农村公共图书馆，逐渐发展成为以市、郡为中心设总馆，下设分区（镇）中心馆，再设分馆和汽车图书馆的网络。总馆负责统一管理、统一图书采编加工等工作，分馆主要是办理阅览和外借等工作。这样，经过一个多世纪的发展，英国公共图书馆完成了从单一的城市公共图书馆到城乡结合的社区图书馆体系的转变[②]。

除了欧美地区的社区图书馆事业，新加坡、泰国等亚洲国家以及非洲地区国家的社区图书馆事业也在蓬勃发展。日本的社区图书馆建设起步也较早，在法律保障、服务思想、读者理念、总分馆制以及儿童读者服务方面较为先进。

二、美国社区图书馆的建设

（一）美国社区图书馆概况

美国公共图书馆历史悠久，其在美国的社会生活中占有重要的地位。行走

---

① 吴慰慈,董焱.图书馆学概论[M].4版.北京:国家图书馆出版社,2019:310-312.
② 王流芳,徐美莲.社区图书馆的理论与实践[M].北京:中国民族摄影艺术出版社, 2002:55.

在美国街道上，随处可见公共图书馆的标志，这是美国文化的一种重要体现。美国的公共图书馆由市馆、分馆和图书馆流动书车组成，包含了城市、县和地方图书馆，覆盖了城市内的大小社区。1854年，美国成立了第一家由政府税金支持建造的波士顿公共图书馆，它面向公众提供阅览和借书服务，得到了慈善团体的支持，为美国公共图书馆事业的发展奠定了基础。美国是一个以社区作为基本生活单位的国家，社区图书馆的存在对美国文化教育事业的发展起到了重要作用。

至19世纪70年代，美国的各个州都已经在其州政府所在地建立了图书馆，图书馆是作为州政府的一部分来建设的。到了19世纪末期，州图书馆局的成立为全州的公共图书馆服务奠定了基础[①]。20世纪初期，在慈善团体、社会成员等组织的资助下，公共图书馆的服务出现了新的发展，开始从城市延伸到城市周边的乡村社区，通过电话咨询、流动书车、邮寄图书等方式为社区提供服务。其中，卡内基对美国图书馆事业的发展起到了重要作用。卡内基提供图书馆捐赠的原则非常简单：只要一个社区陈述其公共图书馆建设的必要性，提供建筑用地，并承诺当地至少从税收中拿出多于卡内基捐助费用的10%的经费用于维持图书馆的运行即可。卡内基规定，各地捐助额的大小取决于当地人口的数量，并按人均2—3美元的配额计算捐助数额[②]。1881—1919年，卡内基和其基金会提供4000万美元，在美国的1412个社区内建造了1689所公共图书馆[③]。

随着第二次世界大战的爆发，美国公共图书馆事业的发展也受到了影响。第二次世界大战结束后，人们由于战争的原因搬到了郊区，美国联邦政府或州政府对图书馆的财务补贴也逐渐增多，为郊区公共图书馆事业的发展提供了动力，使得战后美国公共图书馆的数量迅猛增长。1948年，由于洛杉矶居民分散，中央馆无法很好地为读者提供服务，于是出现了一系列的区域性分馆制度。分馆以中央馆的馆藏为支柱，促进了图书的流通，吸引了更多的读者。20

---

① 王流芳,徐美莲.社区图书馆的理论与实践[M].北京:中国民族摄影艺术出版社,2002:55.

② 郑永田.卡内基图书馆计划的回眸与反思[J].中国图书馆学报,2010,36(1):111-118.

③ 翟艳芳,赵喜红.美国钢铁大王卡内基与图书馆[J].图书与情报,2007(4):131-134.

世纪六七十年代，美国公共图书馆为了适应城市居民从城市中心迁移到郊区的变化，很多市中心的图书馆与郊区图书馆开展了"联保"或"合并"，对图书馆网络进行了调整，取得了良好的效果①。

美国社区图书馆如今承担着社区教育中心、社区信息中心和社区文化中心的职能。2019 年 6 月 5 日，美国博物馆与图书服务署发布《2016 财年美国公共图书馆调查报告》②。根据报告，美国有 9057 个公共图书馆总分馆系统，共有 17227 个服务场馆，其中，中心图书馆和分馆 16568 个，流动图书馆 659 个。报告显示，美国公共图书馆的馆藏文献资源也十分丰富。2016 年，美国公共图书馆馆藏总量达 14.6 亿册 / 件，人均拥有藏书量 4.69 册 / 件，较 2007 年增长 3.14 册 / 件。在公共图书馆总分馆系统中占据重要地位的社区图书馆已经遍布在美国的各个角落，大多数社区图书馆都建立在交通方便的地方，市民离家后平均每两千米就有一个社区图书馆。

美国社区图书馆数量众多，覆盖了美国的绝大部分人口。在第二次世界大战之后，公共图书馆的数量快速增长，其增速甚至超过了人口数量的增长速度。在美国，平均每一万人拥有一个图书馆。社区图书馆的馆藏丰富，拥有不同语言的图书，方便各国的读者使用。读者可以从社区图书馆查询人员招聘、交通、娱乐、金融、商业等方面的信息，也可上网购物，了解纳税、购房、应聘、选举、征兵等方面的信息。社区图书馆还有一个功能是社区的教育辅助中心，有的图书馆还设有热线电话，辅导中小学生的家庭作业③。2020 年 4 月 20 日，美国图书馆协会发布《2020 年美国图书馆状况报告》。报告指出：2019 年，美国成年人人均访问图书馆 10.5 次④。美国的社区图书馆作为美国公共图书馆的分馆，其运行和管理都在美国的法律规范之下。美国各地方政府利用税收对图书馆事业提供经济资助和政策、法规引导，赋予各州及图书馆相对多的

---

① 王流芳,徐美莲.社区图书馆的理论与实践[M].北京:中国民族摄影艺术出版社,2002:55.

② 国家图书馆研究院.《2016 财年美国公共图书馆调查报告》发布[J].国家图书馆学刊,2019,28(4):41.

③ 常铁英.美国社区图书馆的服务探析[J].新世纪图书馆,2009(4):75-77.

④ ALA releases 2020 State of America's Libraries report[EB/OL].[2020-04-23].http://www.ala.org/news/state_americas_libraries_report_2020.

自主权 ①。社区图书馆与社区服务互相融合，为社区图书馆的服务项目建设提供了帮助。社区图书馆是社区的安全锚，它为社区居民提供公平免费的宽带接入技术和数字内容访问渠道。同时，社区图书馆还会提供教育培训、纸质书、电子书、数据库、会议空间以及新技术的使用说明等服务，也提供会议室、兴趣小组、故事时间、免费使用的计算机等设施和服务 ②。

（二）美国社区图书馆的服务

1. 美国社区图书馆的社区信息服务

美国巴尔的摩市的伊诺克帕特免费图书馆于 20 世纪 70 年代最早提供了社区信息服务（Community Information Service，CIS）。社区信息服务现在已经成为美国公共图书馆的标准服务。20 世纪 80 年代，互联网的出现使得电子社区成为可能。社区信息服务是面向特定社区，帮助人们获取有关处理日常生活问题和推进社区发展的信息资源的服务，其范围广泛，包括提供医疗保健、社会福利、政治参与、法律制度、家政管理、就业求职、金融援助、住房供给、娱乐休闲等方面的信息以及本土文化与社区记忆的建设，社区规划与社区事务的咨询服务等。美国社区图书馆社区信息服务历史悠久，在美国图书馆协会和公共图书馆协会的规范下，社区信息服务不断完善 ③。美国社区图书馆在提供当地政府和市民信息方面是最活跃的机构，社区机构和当地历史（家族）系谱排在其后 ④。互联网的不断发展，为社区信息服务的发展提供了帮助。美国的社区图书馆在其网页上发布其收集的社区信息，并结合信息的内容和类型，设计出不同的栏目，提供全天候的检索，方便社区居民查阅。社区图书馆作为社区信息集散中心和社区文化中心，拥有大量反映社区生活及事件的各类动态信息，贴近社区居民日常生活，关注特殊群体和弱势群体，成为社区居民了解社区的重要途径。同时，美国的社区图书馆鼓励社区成员参与社区记忆的保存，以多种媒体、多种记录方式搜集、组织、保存本土文化资源和社区记忆，并提供服务，使图书馆成为社区文化保护与传承的中心，从而促进社区认同与社区文化

---

① 曹雪梅.细节决定形象 外力促进发展——美国图书馆之行带来的思考[J].图书馆工作与研究,2011(11):48-51.

② 汪其英.美国社区图书馆延伸服务及其启示[J].国家图书馆学刊,2016,25(6):52-57.

③ 胡立耘.美国公共图书馆社区信息服务的特点[J].图书馆建设,2009(5):74-77,83.

④ 苏瑞竹.美国社区图书馆信息服务简介[J].科技情报开发与经济,2006(5):25-27.

发展①。社区图书馆馆员是提供社区信息服务的主要人员，在维护社区信息服务的日常运行中起到了重要作用。发展至今，美国包括社区图书馆在内的公共图书馆在提供社区信息服务时不仅采取数字化的方式，而且在社区信息专门数据库的开发和完善方面也有了相当显著的进步②。美国社区图书馆的社区信息服务扩大了社区居民的交往范围，提高了居民获取信息的能力，改善了社区环境。

2. 美国社区图书馆的志愿者服务

美国的社区图书馆志愿者服务活动开展广泛，为图书馆的运营和服务起到了良好的补充与支撑作用。从 20 世纪 70 年代开始，志愿者就已经广泛参与到了美国公共图书馆的工作当中，并逐渐融入人们的日常生活③。联合国将志愿者定义为自愿进行社会公共利益服务而不获取任何利益、金钱、名利的活动者。美国的图书馆志愿者服务已经形成了一定的规模，并拥有良好的志愿者管理制度。1971 年，美国图书馆协会在其会刊《美国图书馆》（*American Libraries*）上发表的《图书馆志愿者管理指南》（"Library Volunteer Management Guide"）中，就提出了图书馆志愿者管理的 17 项原则，这成为志愿者管理的一项标志性成果④。"美国志愿者"官方网站公布的数据显示，2013 年美国志愿者服务主要集中在社区图书馆、社会教育、慈善募捐、公共服务等 12 个领域，社区图书馆志愿者服务占全国志愿者服务总量的 7.20%，2014 年美国注册志愿者人数约 6260 万人，全年累计服务时长达 80 亿小时⑤。

志愿者管理制度包括由美国政府制定的志愿者的奖励制度和由图书馆制定的志愿者的人身安全保险制度。在美国，成为社区图书馆志愿者主要有两种方式：一种是根据社区图书馆网站发布的招募信息联系相关部门；另一种是由社区图书馆联系志愿者管理部门来招募志愿者。志愿者应聘成功后接受图书馆的培训即可。社区图书馆的志愿者除了协助社区图书馆提供日常的服务，还在社

---

① 胡立耘.美国公共图书馆社区信息服务的特点[J].图书馆建设,2009（5）:74-77,83.

② 肖永英,潘妙辉.美国公共图书馆社区信息服务的发展及其启示[J].图书馆论坛,2003（6）:178-181.

③ 白兴勇,周余姣.试析美国图书馆志愿者的历史分期[J].国家图书馆学刊,2017,26（4）:100-107.

④ STINE W F. An empirical analysis of the effect of volunteer labor on public library employment[J]. Managerial and Decision Economics,2008,29（6）:525-538.

⑤ 杨晶.美国社区图书馆志愿者管理模式探析[J].图书馆建设,2017（2）:90-96.

区开展了很多特色公益服务，包括为当地社区提供便民的信息咨询服务，帮助社区整理、撰写地方志，依据社区实际情况开展特色图书馆文化活动，等等[①]。美国社区图书馆志愿者的管理是有组织和法律保障的。1997年，《美国志愿者保护法》正式实施，该法律对志愿者服务范围、内部管理、志愿者个人权益保护等做出了明确规定，同时对志愿者行为做出了有效规范和约束[②]。

美国的公共图书馆志愿者服务与社区紧密相连，如西雅图公共图书馆的"西雅图公共图书馆之友"组织即是一个以社区为基础的非营利组织，代表图书馆进行款项筹集和宣传活动[③]。由学生和青少年组成的志愿者队伍在洛杉矶郡公共图书馆协助社区图书馆的项目和服务工作，具体包括：图书上架、排架，管理公告板，网络发放传单和书签，制作亲子活动的小礼物，回放视频，对处置丢弃的图书期刊进行打包，协助"图书馆之友"组织的建立或清理图书打折销售，帮助拆装箱和从仓库搬运等工作[④]。目前，随着生活水平的不断提高，社区居民对社区图书馆志愿者的知识素养的要求也逐渐提高。

3. 美国社区图书馆的读者服务

美国社区图书馆提供多样化的读者服务，还利用网络服务为社区居民提供便利。美国社区图书馆为社区居民提供图书和音像磁带等借阅服务，所有借阅书架都是开放式的，图书到期后如果没有看完可以通过电话或者上网续借[⑤]。在美国，至少有2/3的美国人拥有图书借阅证，图书馆将图书与生活紧密结合。社区图书馆借阅证的办理非常简单，只需提供一份能证明住址的证件和一张照片。部分社区图书馆对服务范围之内的居民提供免费办理借阅证服务，服务范围之外的居民则须交一定费用才能办理，否则只能到馆内阅览[⑥]。除了最基础的读者借阅和查询服务，美国社区图书馆的读者延伸服务也是多种多样的，尤其对于儿童读者和残疾人读者，给予了更多人文关怀。社区图书

---

① 白兴勇. 美国图书馆志愿者研究述略[J]. 图书馆, 2015（5）:46-52.

② 杨晶. 美国社区图书馆志愿者管理模式探析[J]. 图书馆建设, 2017（2）:90-96.

③ 薛静. 美国公共图书馆志愿者服务项目的分析及思考——以美国纽约、西雅图、洛杉矶公共图书馆为例[J]. 图书馆学研究, 2016（15）:97-101.

④ 于凝雨. 国外公共图书馆志愿者服务管理的经验与启示——以美国洛杉矶郡公共图书馆为例[J]. 新世纪图书馆, 2013（11）:79-82.

⑤ 刘洪艳. 美国社区图书馆服务分析及启示[J]. 河南图书馆学刊, 2016,36（5）:91-93.

⑥ 汪其英. 美国社区图书馆延伸服务及其启示[J]. 国家图书馆学刊, 2016,25（6）:52-57.

馆还设置了婴幼儿区、儿童区和青少年区以及青少年活动中心，为不同的兴趣小组，如摄影、烘焙、积木、缝纫、魔术等，提供活动场地。同时，针对不同年龄段的读者设置不同的读者活动，如故事时间、游戏比赛、摄影展览、电影欣赏、音乐会、艺术沙龙等丰富多彩的活动。如宾夕法尼亚州米兰佛·夏克（Milanof Schock）图书馆，除借阅服务、为居民提供公益活动场所外，该馆还制订了社区教育计划，每月开展多达 50 项活动，活动内容从婴幼儿阅读辅导到老年人电脑技术辅导无所不包[①]。美国社区图书馆同时利用网络及数字服务，为社区居民提供免费无线网络和免费电脑，同时提供办公软件、图片加工工具、社交媒体、多媒体应用课程等，可下载网络资源，缩小了社区数字鸿沟。

案例 3.1 美国爱达荷州凯彻姆社区图书馆 [②]

爱达荷州（Idaho）位于美国西北部，自然风景壮观，山高林密，拥有丰富的矿藏资源，19 世纪曾出现过一段"淘金"浪潮。凯彻姆（Ketchum）小镇位于爱达荷州中部的布莱恩县，毗邻阳光谷（Sun Valley），风景优美，吸引了很多的游客。凯彻姆社区图书馆建立于 1955 年，创始人是来自凯彻姆和阳光谷的 17 名妇女，她们设立了社区图书馆协会（Community Library Association，CLA）。社区图书馆协会是一个由私人赞助和私人管理的文化组织，根据创始人的想法，图书馆不依赖任何地方、州或联邦税收资助，这些创始人各投入了 1 美元，在一间小屋内开设了金矿旧货店，以赚取资金建设和经营图书馆。1957 年，新兴的社区图书馆在凯彻姆中心开设了一座面积达 4700 平方英尺（约合 437 平方米）的新建筑。1977 年，图书馆搬到了位于现址的 8500 平方英尺（约合 790 平方米）的场地，原来的图书馆建筑被改造成了金矿零售店。1986 年，图书馆的面积翻了一番；1989 年增加了一个讲堂和一个视听室；1997 年建成了少年儿童图书馆，同年扩大了参考咨询室和社区历史部。现在，凯彻姆社区图书馆建筑面积达 27635 平方英尺（约合 2567 平方米），服务几乎覆盖了整个街区。它拥有超过 12.7 万件收藏品，为 14 万人提供服务，提供 9 个充满活力的项目区，拥有近 15000 名全球图书馆持卡人，并设有博物馆。

---

① 石烈娟. 美国社区图书馆服务及其启示[J]. 图书馆，2009（2）：70-72.
② Ketchum Sun Valley Community Library[EB/OL].［2019-04-05］. http：www.comlib.org/.

凯彻姆社区图书馆认为，社区图书馆的使命就是把信息、想法和个体融合在一起，增进社区的文化生活。凯彻姆社区图书馆下设主图书馆、儿童图书馆、青年图书馆、阳光谷历史博物馆，提供的服务包括技术服务、计算机服务、数字服务等，同时包括一个金矿旧货店和一个社区历史部，社区活动丰富，设有课程、讨论组和研讨会，为社区居民提供了一个学习、休闲、娱乐中心。

（一）凯彻姆社区图书馆的主馆与分馆

1. 主馆

凯彻姆社区图书馆主馆共藏 4.5 万册图书，共有 15000 人持有凯彻姆社区图书馆卡。办理图书馆卡的方式十分简单，只需要带一张带照片的证件就可以，对是否在当地居住没有要求。持卡人登录图书馆网站即可享受在线服务。主馆的建设和馆内馆藏的所有内容和服务都得到当地居民的慷慨捐助和来自世界各地的用户的支持。在主馆内，除了核心印刷品收藏，还包括杂志、报纸、音乐CD、图书 CD、DVD 和电子图书。小说和有声读物都按作者分组，非小说书籍、有声读物和 DVD 按照杜威十进制分类法排列。在主馆内设有研讨室、计算机室和语言学习室，供读者使用多媒体和学习外语。主馆的核心收藏中包括旅游、娱乐、文学、艺术和手工艺、烹饪艺术、传记、社会问题和历史等类别。同时，读者对时尚、历史、传记、烹饪、建筑、艺术、小说等流行类别的新书有强烈的需求。主馆内设有五个新书展览区，在历史类图书展览区入口附近，收集了海明威的传记等。同时，主馆还创建了一个全新的收藏美洲原住民和前哥伦比亚时期的历史书籍的阅览室，与关于爱达荷州历史的书籍摆放在一起。

2. 儿童图书馆

凯彻姆社区图书馆的儿童图书馆致力于为孩子们提供优质的教育活动、文学作品等。儿童图书馆馆藏包括童话书、儿童杂志、家庭和教育电影、外语书籍、音乐 CD 和参考资料。儿童图书馆定期提供各种各样的儿童活动，如科学时间、爪子阅读、缝纫俱乐部、儿童和幼儿的故事时间等。此外，儿童图书馆在暑期推出了暑期阅读计划，鼓励孩子们在暑期阅读。

3. 青年图书馆

青年图书馆面对的群体是青年读者。青年图书馆提供了适合年轻人阅读的小说，有关年轻人的谈话书籍、电影和高质量的文学作品。青年图书馆为年轻人提供了一个具有吸引力的学习空间，同时提供了有声读物、DVD 光盘、电子书等。在青年图书馆中，年轻人可以真正参与图书馆的建设，他们可以加入青年作家的工作坊，也可以加入青年图书俱乐部参与讨论，也可以帮助青年图书馆开发青年社区文学杂志。青年咨询委员会是青年图书馆的智囊团，他们担负着促进青年图书馆发展的使命。青年咨询委员会为图书馆选择收藏的书籍，参与读者咨询、策划图书馆青年科技周等活动。

（二）凯彻姆社区图书馆的活动

1. 欧内斯特·海明威的研讨会

凯彻姆小镇作为欧内斯特·海明威生前的最后一个故居，欧内斯特·海明威研讨会是每年凯彻姆社区图书馆的焦点活动。2017 年的欧内斯特·海明威研讨会的主题是根据海明威的标志性小说《太阳照样升起》而定的。研讨会由《巴黎妻子》的作者保拉·麦克莱恩（Paula McLain）主讲，并在研讨会中研究海明威的小说以及麦克莱恩女士的畅销书《20 年代的巴黎和西班牙》中的主题：年轻的爱情、野心和背叛。诗人兼基韦斯特文学研讨会执行主任阿罗·哈斯克尔（Arlo Haskell）、海明威研究员艾玛·萨科尼（Emma Sarconi）和社区学校英语教师菲尔·哈斯（Phil Hass）也开展了关于海明威著作研讨的讲座。

2. 安·克里斯坦森（Ann Christensen）的科学时间

当地的博物学家安·克里斯坦森每周二会在儿童图书馆组织开展学习科学的活动，安·克里斯坦森会带着毛茸茸的小动物与小朋友们见面。安·克里斯坦森会教授小朋友们关于动物的一些知识，比如它们的栖息地、与人类的联系等。此外，还会教授孩子们一些关于自然世界的知识。

（三）凯彻姆社区图书馆的数字服务

凯彻姆社区图书馆能够为图书馆读者免费提供数字服务，包括电子书和有声读物、儿童电子书、技术培训视频以及语言学习、股票和行业分析、撰写研究论文、求职资源和战略指南等方面的数字服务，读者只要输入图书馆卡号及密码即可获取相应资源。

（四）凯彻姆社区图书馆的技术服务

凯彻姆社区图书馆技术服务部门致力于使图书馆采用最前沿的免费公共技术产品，借助免费访问的公共计算机、免费公共 Wi-Fi 以及 iPad 和自助结账服务，社区居民可以连接到互联网，找到要找的内容并体验新设备。图书馆的公共 Wi-Fi 系统可让读者利用他们自己的笔记本电脑、智能手机和平板电脑连接图书馆的互联网。公共社区图书馆在整个建筑内提供了 30 台最新规格的公共计算机，在儿童图书馆内设有儿童互联网和家庭作业站。

三、英国社区图书馆的建设

（一）英国社区图书馆概况

英国公共图书馆历史悠久，于 17 世纪中叶就出现了最早的公共图书馆。经过了数百年的发展，英国已成为目前世界上公共图书馆体系完善、建设较好的国家之一。英国社区图书馆的建设理念、法律规范和建设成果都是有目共睹的，对英国文化事业的推动和发展起到了重要作用。英国公共图书馆法于 1850 年出现，是世界上第一部全国性公共图书馆法。英国的公共图书馆事业得到了政府的有力资助，至 2012 年，这个仅有不到 6500 万人口的国家就有约 4000 个公共图书馆，每年借出约 2.6 亿册图书，政府每年为公共图书馆事业投入约 10 亿英镑的经费，60% 的英国人拥有借书卡，79% 的少年儿童长期使用公共图书馆提供的服务[①]。英国的公共图书馆作为信息传递和收集的中心，功能多样，社区服务就是其中一个重要的功能。

在英国，社区图书馆数量众多，网络化程度较高，是公共图书馆在社区服务的延伸。社区图书馆只负责图书的流通，而公共图书馆总馆则负责社区图书馆的采编，并为社区图书馆提供图书的配送。同时，为了帮助距离图书馆较远的读者使用图书馆的资源，英国的社区图书馆还设置了汽车图书馆服务，在一定的时间和特定的范围内为读者提供阅读服务。社区图书馆作为公共图书馆的分馆，各图书馆之间资源共享，活动丰富，为儿童、老人、特殊群体等提供不同的特色服务[②]。在英国伦敦，社区图书馆以连锁店的模式呈现，规模较大，吸引了较多的读者。

早在 1850 年英国就通过了《公共图书馆法》（*Public Libraries Act*），允许各地筹建公共图书馆，并向居民免费开放。1964 年修订的《公共图书馆和博

① 周力虹,黄如花,ZIJLSTRA T. 世界经济危机下英国公共图书馆的生存与发展[J].中国图书馆学报,2015,41（1）:16-27.

② 郝敏,蒋芳,刘顺宇.从运作理念看今日英国公共图书馆[J].图书情报论坛,2006（3）:30-34.

物馆法》（*Public Libraries and Museums Act*）也规定，地方政府应通过税收支持公共图书馆的建设，并由地方政府管理和维持运营[①]。社区图书馆贴近居民生活，是英国居民进行文化休闲活动的重要场所之一，但 2008 年爆发的世界金融危机给英国公共图书馆带来了严重的冲击，在经济紧缩和负债的压力下，英国政府决定大幅削减公共图书馆经费，导致数百所公共图书馆关闭，数千名图书馆馆员失业，社区图书馆面临严重的危机，图书馆界人士与社会舆论称之为"图书馆危机"[②]。面对"图书馆危机"，英国政府于 2013 年出台"未来图书馆"计划，提出要加强图书馆与社区的合作，让图书馆深入居民生活，成为社区与居民的纽带。社区图书馆逐渐成为英国的"社区中心"。

（二）英国社区图书馆的特点

英国的社区图书馆作为社区中心，是居民开展社区活动的重要场所，通常建立在交通便利的地方。社区图书馆建筑简约典雅，具有厚重的历史感，是居民学习知识、获取信息的重要场所。数量多、规模大是英国社区图书馆的重要特点，如：英国格拉斯哥市有 50 万人口，有 32 个社区图书馆和 3 个汽车图书馆；爱丁堡有 30 多个社区图书馆；剑桥大学所在的剑桥郡，除了大学本身的众多图书馆，还有 40 个社区图书馆和 5 个流动图书馆（汽车图书馆）；伦敦有 32 个行政区域，每个区都有十几个社区图书馆[③]。英国伦敦市公共图书馆采用总分馆制管理模式，公共图书馆的事务由当地的公共图书馆局负责，公共图书馆局通常在辖区内的市、镇、村设置规模不等的固定图书馆和流动图书馆，由此形成统一管理的公共图书馆系统（相当于一个总分馆体系）[④]。英国共有 208 个公共图书馆局，其中英格兰地区有 149 个，苏格兰地区有 32 个，威尔士地区有 22 个，北爱尔兰地区有 5 个[⑤]。如西敏市有 13 个社区图书馆，总藏书量超过了 100 万册，还有电子读物（光盘、录像带、录音带）、计算机，等等[⑥]。英国社区图书馆的藏

---

①　肖永英.英国公共图书馆的管理、服务与发展趋势[J].图书与情报,2009（4）:6-10.

②　周力虹,黄如花,ZIJLSTRA T.世界经济危机下英国公共图书馆的生存与发展[J].中国图书馆学报,2015,41（1）:16-27.

③　秦淑贞.英国社区图书馆见闻与中国的社区图书馆建设[J].中国图书馆学报,2003（3）:73-77.

④　张新兴.公共图书馆服务体系的信息资源建设模式研究[D].武汉:武汉大学,2012.

⑤　DAVIES S. Taking stock:the future of our public library service[R]. UK:Unison,2008.

⑥　秦淑贞.英国社区图书馆见闻与中国的社区图书馆建设[J].中国图书馆学报,2003（3）:73-77.

书丰富，各社区图书馆互相联网，将不同的资源联成一个整体。在英国公共图书馆总分馆制度下，社区图书馆全部实现网络化，免费为读者提供计算机、打印机，实现通借通还。

（三）英国社区图书馆服务

1. 英国社区图书馆的一般读者服务

英国社区图书馆的读者服务包括最基础的借阅服务和信息查询服务，居民可以免费办理图书馆读者证。在英国，持有读者证的居民超过 60%。居民办理图书馆读者证的方式简单快捷，出生几天的婴儿都可以办理，即使是非本镇居民，也可以免费办证，没有读者证的居民也可以参加社区图书馆的读者活动。英国社区图书馆允许读者借阅书刊、电子读物、唱片等资料。英国社区图书馆针对社区居民的信息需求设置了丰富的读者活动，社区图书馆还为儿童设置了专门的儿童阅读区域，区域布置具有童趣，充满趣味性，还会不定期地举办各种面向儿童的活动，如阅读指导、绘画讲座、文化知识介绍等。同时，英国社区图书馆针对特殊人群（如残疾人、老年人、病人）和距离城市较远的乡村地区的读者都开展了流动图书馆服务。英国社区图书馆每天接纳的读者人数非常多，图书馆工作人员除了正式员工，还有志愿者和临时工。英国社区图书馆的藏书资源多样，拥有多种不同语言的书籍，如英国上索普（Upperthorpe）社区图书馆的藏书以英语书籍为主体，还包含中文、阿拉伯语和乌尔都语等语言的书籍①。如西敏市的社区图书馆，设置有为各国侨民学习语言用的 spoken word 专用书架；在唐人街的社区图书馆里有 30% 的图书是中文图书；在爱丁堡中心图书馆有苏格兰民族文献阅览室、爱丁堡地方文献阅览室专架②。英国社区图书馆设置了专门的数字化图书馆空间，提供内容丰富的数据库，同时增加软硬件设备，更好地为读者提供服务。英国要求公共图书馆利用网络平台为社区居民提供广泛的数字化服务和设施，建设和维护当地的社区网站，为社区居民提供数字化文化资源，读者可以在社区图书馆上免费调阅英国的各种书籍③。

---

① 文蓉. 英国社区图书馆的服务和运行机制——以 Upperthorpe 社区图书馆为例[J]. 图书情报工作,2017,61（9）:74-79.

② 秦淑贞. 英国社区图书馆见闻与中国的社区图书馆建设[J]. 中国图书馆学报,2003（3）:73-77.

③ 郭丽娴. 国外社区图书馆建设经验及其对我国的启示[J]. 科技资讯,2015,13（17）:204-206.

2.英国社区图书馆的特色服务

在英国，社区图书馆除了发挥图书馆的功能，同时还承担了会议场所、社交场所、活动场所的功能，是社区居民相互交流讨论的社区中心。在英国伯明翰市的社区图书馆中，除了开展图书馆的读者活动，还有专门的指导服务和技能服务，如家庭作业辅导、计算机服务、移民服务等，满足社区读者多样化的需求。在英国，流动图书馆（汽车图书馆）已经把图书馆服务带到了全市各个不同的社区。居民可以使用流动图书馆所在市的图书证，也可以选择重新注册。流动图书馆图书资源更换频繁。在流动图书馆，读者可以访问完整的图书馆目录，并为读者提供免费预订服务，读者也可以在任何移动的站点返还本市其他图书馆的图书。同时，流动图书馆车辆也配有电动上行装置，方便残疾人和老年人使用。为了方便那些喜欢阅读，但因年龄、残疾或照顾老人而无法访问图书馆的居民，英国社区图书馆还提供了图书馆上门服务，有专门人员直接将书本送到居民的家门口。英国社区图书馆作为社区信息集散中心，为社区居民提供便捷的信息服务，包括为读者提供有质量保证的政府信息和非政府信息服务，如寻找工作、职业发展、继续教育等方面信息。在生活服务方面，英国社区图书馆提供的信息全面，获取便捷，如旅游信息、公交线路时间、火车时刻表、航班起落时间、房屋租赁、旧家具回收、乐器学习活动、手工制作活动、健身活动、展览讲座信息等[1]，充分发挥了社区图书馆的功能。

在经济危机的压力下，英国改变了公共图书馆的运营模式，吸收各种非营利组织，包括志愿者团体、慈善机构以及社会企业与学校的参与，如英国谢菲尔德地区的格林希尔（Greenhill）社区图书馆，与谢菲尔德大学建筑学院研究生合作，组织了"直播项目"（Live Project）活动，其中，观看《森林王子》（*Jungle Book*）户外电影是该活动的重要部分。英国部分社区图书馆的运营管理者也由政府变成了企业。如英国谢菲尔德地区的上索普社区图书馆，它是由赛斯特（Zest）企业托管的社区图书馆，除了图书馆服务，还提供一些营利性服务，包括游泳馆、健身房、咖啡、餐饮等都是由企业托管的商业服务[2]。

① 刘欣.英国社区图书馆建设和服务调研及启示——以伯明翰市为例[J].济宁学院学报,2016,37(6):106-110.

② 文蓉.英国社区图书馆的服务和运行机制——以Upperthorpe社区图书馆为例[J].图书情报工作,2017,61(9):74-79.

案例 3.2 英国格林希尔社区图书馆 [①]

谢菲尔德是英国的十大城市之一，位于英格兰南约克郡，坐落于整个英国的中心地带。格林希尔社区图书馆位于谢菲尔德地区格林希尔商店附近，位于享泊道（Hemper Lane）和雷内路（Reney Road）的交界处，对面就是格林希尔小学，交通便利。

格林希尔社区图书馆是由志愿者管理的社区图书馆，作为谢菲尔德市议会图书馆的分馆，它提供了与市议会运行的图书馆相同的服务，可以使用同样的图书馆证件借书。从外观上看，格林希尔社区图书馆的屋顶线就像是一本打开的书，屋外有开放式花园。格林希尔社区图书馆依靠志愿者和社会资助维持运营，但是在 2018 年 3 月以后，谢菲尔德市议会的补助开始逐渐减少，越来越依赖捐赠。目前，图书馆通过筹款活动和其他补助金来满足每月用于经营和维护建筑物所需的 1000 英镑费用。在格林希尔社区图书馆，读者可以免费使用电脑，参加丰富多彩的社区活动，也可以报名成为志愿者，参与志愿服务。格林希尔社区图书馆每周二、周四闭馆，每周开放五天，上午十点开馆，下午六点闭馆，周六闭馆时间为次日凌晨零点三十分，为读者提供充足的活动时间。每周五晚上七点，格林希尔社区图书馆还提供晚间活动，有乐队演唱、名人讲座等。

（一）丰富多彩的社区活动

格林希尔社区图书馆拥有丰富的社区活动，有针对儿童的读书俱乐部活动、儿童工艺品活动，还有针对幼儿和学龄前儿童的欢乐时光和讲故事活动，也有针对成人的电脑培训，工作人员会帮助参与者编辑个人简历，填写工作申请表格，搜索工作职位和准备面试，也有分别面向成人和儿童的电影活动等。在暑假期间，格林希尔社区图书馆每年还会举办夏季阅读挑战活动，使儿童度过书香暑假。同时，还有一些特色的社区活动，如农场和手工艺市场活动、疯帽匠茶话会活动、圣诞节庆祝活动等。其中，疯帽匠茶话会活动被誉为格林希尔社区图书馆迄今为止最好的社区活动。

1. 疯帽匠茶话会

疯帽匠茶话会是以电影《爱丽丝梦游仙境》中疯帽匠与三月兔的疯狂茶话会为原型，于 2017 年暑假在格林希尔社区图书馆举办的社区活动。疯帽

[①] Greenhill Library[EB/OL].[2019-08-17]. https://greenhill-library.org/.

匠茶话会是由红心国王（The King of Hearts）的扮演者苏济·希瑟赛（Suzi Hithersay）、疯帽匠的扮演者保罗·布莱克（Paul Black）和许多志愿者共同发起的，活动当天吸引了 1000 多名游客参加，向世界展示了格林希尔是一个宜居的好地方。参与组织活动的还有来自社区基金会的成员以及志愿者，他们穿着各种奇装异服。孩子们可以在脸部绘画、讲故事，还可以进行手工制作活动。图书馆为孩子们在草坪上准备了野餐食品，还提供奶油和果酱。参与活动的儿童的父母也花费了很多心血为他们的孩子制作了《爱丽丝梦游仙境》中的服饰，使整个疯帽匠茶话会更具有纪念意义。

2. 农场和手工艺市场

格林希尔社区图书馆的农场和手工艺市场是一年举办三次的常规活动，在活动开始之前，参与者通过下载活动申请表，填写并提供在市场上准备销售的商品的详细清单——如果是食物，还需要携带卫生许可证书。格林希尔社区图书馆通过筛选申请表，规划场地，审核资质，尽量做到不同商铺的商品没有重复。农场和手工艺市场包括室内市场和室外市场，参与者可以任意选择。在室外，格林希尔社区图书馆提供了固定的市场摊位和凉亭，但需要参与者自己提供电力。如果申请通过，参与者将在活动前六周收到通知。农场和手工艺市场受到社区居民的欢迎和支持。

3. 暑期阅读挑战活动

暑期阅读挑战是英国的全国性项目，格林希尔社区图书馆也积极开展活动，形成了长期性特色馆内活动。格林希尔社区图书馆为了使更多的少年儿童充分利用暑期时间阅读书籍，于 2017 年 7—9 月开展了名为"动物代理人"的暑期阅读挑战活动，鼓励 4—11 岁的少年儿童在暑期完成阅读六本书的计划。阅读的书籍来自"动物代理人"这一主题，格林希尔社区图书馆将会对完成这一计划的少年儿童颁发奖牌和证书，以此来鼓励少年儿童充分利用暑期闲暇时间进行学习。在 2017 年举办的暑期阅读挑战活动中，有 60% 的少年儿童完成了这一挑战任务。

（二）志愿者服务

格林希尔社区图书馆是一个由志愿者运营的图书馆，并且拥有一个志愿者管理委员会。志愿者管理委员会包括主席、秘书、财务经理、副主席和活动负责人以及志愿者成员，同时有一个运营经理。在格林希尔社区图书馆工作的志愿者的主要工作包括处理捐赠的书籍，帮助儿童团体，帮助筹款、清洁和维护等，他们分工明确，在不同的图书馆活动中根据自己的特长和爱好来担任志愿者，充分运用自己的技能为图书馆做出贡献。志愿者安·哈特利（Ann Hartley）担任志愿者管理委员会的运营经理，她每周在运营经理这个职位上的工作时间为 20—25 小时。安·哈特利管理社区图书馆的书籍并决定关键职位的配备，除了评估和接收新的志愿者，还要组织员工培训。志愿者们的精诚合作，成为提高社区图书馆工作满意度的重要因素之一。

（三）图书馆资金来源

格林希尔社区图书馆作为一个由志愿者运营的社区图书馆，资金成为图书馆运营的一个主要问题。格林希尔社区图书馆的资金来源主要包括以下三个部分。

1. 图书馆空间的租借服务

格林希尔社区图书馆提供了图书馆空间的租借服务，在图书馆公开开放时间以外，团体可以租用图书馆空间。格林希尔社区图书馆租借服务有三个收费档次，针对不同的群体和不同的活动以及不同的场地，费用都是不同的。收费档次 A 的活动包括学前班、成人教育、阅读和写作小组，这类档次在图书馆租用是免费的；收费档次 B 的活动包括志愿组织的活动，例如体育活动、休闲活动、青年团体或其他层次的教育团体组织的活动；收费档次 C 的活动包括具有私人社交功能的活动、营利企业和私营部门组织的活动。

表 3-1　格林希尔社区图书馆租借收费标准

收费档次	单个空间（成人或儿童图书馆）	整个图书馆
A	免费	免费
B	6 英镑	10 英镑
C	前一个小时 20 英镑，之后每小时 10 英镑	前一个小时 25 英镑，之后每小时 15 英镑

2. 销售捐赠的书籍

格林希尔社区图书馆将捐赠的图书进行排序，有一些图书用于出借，另一部分会在图书馆的书店里定价出售。同时，这些图书也会出现在农场和手艺市场的书摊，7 月份格林希尔校园国游会和 8 月份的低地音乐节（Lowedges Festival）上也会出售这些图书。2017 年，格林希尔社区图书馆有约 3000 本捐赠的书籍在流通，2016 年，书籍销售高达 3900 英镑。销售的书籍包括儿童和成人书籍，内容包括小说、烹饪、园艺、兴趣爱好、旅游、传记、辞典以及儿童教育类书籍，价格从 10 便士到 2 英镑不等。

3. 组织编织活动

编织活动是格林希尔社区图书馆每年在圣诞节前夕举办的筹集资金活动。格林希尔社区图书馆 2017 年的编织主题是"天使"，通过编织出一个真人大小的天使来筹集社区图书馆的资金，编织出来的天使将用于装饰社区图书馆的内部。每一个参与编织的居民都要尽可能多地找到赞助商，每编织 4 平方英寸（约合 25.8 平方厘米），赞助商将会赞助 1 英镑。社区居民可以通过访问图书馆网站或者直接到图书馆领取申请表参加活动，具体的编织说明在申请表中都已说明。格林希尔社区图书馆通过每年一次的编织活动，既为图书馆筹集到了资金，也丰富了社区居民的业余生活，将社区居民融为一个整体。

四、非洲社区图书馆的建设

（一）非洲社区图书馆概况

非洲的图书馆事业与西方的文化殖民有关。西方文化的入侵导致非洲地区公共图书馆的书籍以英文为主，且反映的大都是西方的价值观。而且，印刷的藏书没有考虑到非洲普遍存在的口头文化，这使得图书馆与读者脱节。主要为城区居民提供服务的公共图书馆使农村地区的人民无法获取信息和阅读材料，于是农村图书馆服务引起相关学者的重视。在非洲，社区图书馆（社区信息中心）的概念已经存在了数十年，20 世纪 60 年代，有学者提出，农民获取信息是十分重要的，应关注农民对信息的需求，从而出现了农村信息中心（Rural Information Center）的概念。在南非、加纳、肯尼亚等非洲国家，都有农村图书馆。社区图书馆就是农村的社区信息中心，其旨在为整个社区及时地提供教育信息、文娱信息，或者其他信息资源。社区图书馆必须提供前沿的信息，帮助社区积极地参与社会经济发展，以便为所有人提供更美好的生活[①]。社区信

---

① MOKGABOKI S N. Extending community library and information services to rural areas：the challenges that lie ahead[J]. South African Journal of Libraries & Information Science，2002，68（1）：78-79.

息中心的概念在非洲提出后，相继在非洲成立了一些农村社区图书馆，如博茨瓦纳的乡村阅览室、加纳的奥苏图书馆、坦桑尼亚的村庄图书馆等，同时还出现了一些农村社区项目为农民提供阅读服务，包括在坦桑尼亚的阅览室、津巴布韦村的学校和社区图书馆等，为农民提供阅读的空间和阅读的资源。加纳早在 20 世纪 40 年代就成立了"黄金海岸图书馆委员会"。该委员会旨在在众多国家的不同地区，建立、发展并运营图书馆。委员会发起的项目之一便是开展针对农村地区居民的"书箱服务"。所谓书箱，是能容纳 50 本书并被运送至农村地区的木箱。居住在农村地区的每个居民，都有权使用书箱提供的图书，这是这些地区图书的唯一来源。后来，加纳又出现了流动图书馆，满足了图书馆与读者更多接触图书的需求 ①。在非洲大部分地区，如加纳、尼日利亚和南非等国，农村社区图书馆作为信息中心，为当地的居民提供阅读资料，并作为向他们提供咨询信息的一个中介。

（二）非洲社区图书馆的发展

1. 非洲社区图书馆的服务与运行机制

20 世纪 20 年代，南非地区推出了书箱系统，即在各个地区间利用书箱来传递图书，这些书箱一般存放于当地的学校之中。书箱内图书的选择基于当地居民的需要，如社区、教师等的需求，约有 50 本书，覆盖多方面的内容。书箱的保管由学校的教师负责，并记录图书在当地的借阅情况。在南非地区的 50 个部落中心内只存在两个书箱，每一个书箱在一个部落中心只停留三个月，之后将被转移到另一个中心。20 世纪 40 年代，加纳也出现了针对当地农村居民的书箱系统，之后又出现了流动图书馆，并成立了阅读中心，提供了较为丰富的图书，受到当地居民的喜爱。流动图书馆仅仅为有识字基础的人提供了服务，但整个地区的识字率较低，文盲或者识字不多的人则很难使用这些资源，所以流动图书馆的出现仍不能体现图书馆的价值所在。

为了满足非洲农村地区人们的文化需求，非洲农村地区的社区图书馆应运而生。非洲的农村社区图书馆的前身包括农村阅览室、博茨瓦纳书箱服务、家庭读写项目、农村图书馆、乡村图书馆服务等。罗森伯格（Rosenberg）和其

---

① 陆和建,张芳源. 农家书屋理论与安徽实践研究[M]. 合肥:安徽人民出版社,2012: 86.

他学者为农村社区信息中心 / 图书馆提出两种服务模式。第一个模式把农村信息中心作为图书馆，提供阅读材料，并作为向当地公民提供咨询的中介。这种类型的机构得到了社区在财力和行政方面的支持。第二个模式是将农村信息中心和图书馆作为更大型公共图书馆系统的一部分，利用已有的服务模式提供服务并满足读者需求 ①。阿勒姆（Alemna）的统计数据显示，第一个模式更适合非洲大部分农村地区，并已在尼日利亚、加纳和南非等国尝试。图书馆学者为农村社区图书馆出现的问题提出了解决方法，如肯普森（Kempson）在 1986年通过为农村社区图书馆的创建和运作制定指导方针，从而对其进行了概念界定。肯普森列出了应该考虑的三个指导方针：①社区信息服务不仅仅是提供印刷材料，因为很多农村地区的读者不习惯使用印刷品；②任何类型的社区信息服务都应植根于社区，大部分工作由社区成员推动；③这些服务应当是一个向当地社区传递信息的渠道 ②。事实证明，这三个指导方针为非洲地区社区图书馆的建设提供了良好的运行机制。

社区图书馆馆员在社区图书馆的建设和发展中起到了重要的作用，在非洲农村社区图书馆中，图书馆馆员的作用尤为重要，他们对农村信息的需求有着丰富的了解。社区图书馆馆员对农村图书馆的发展、推广和运营负有重大责任。史迪威（Stilwell）在 1991 年提出，社区图书馆馆员一般住在社区，他们被社区成员所信任，承担着重要责任。社区图书馆馆员能够掌握当地的信息，这使他们在从事社区图书馆工作时有很大的优势。他们能够重新整理信息，为图书馆读者提供解释和建议，并在收集信息开发方面做出相关决定 ③。

2. 非洲农村地区的信息需求

在非洲许多农村地区，信息需求日益迫切。杜拉尼（Durrani）于 1985 年认识到需求评估的重要性，无论这个需求是基础的还是非基础的。他指出："虽然有象征性的信息服务，但这些服务不能提供居民所需要的相关信息，为此，农民所需要的信息形式和内容需要通过调查的方式来决定。除非结合口语系统

---

① ROSENBERG D. Rural community resource centres：a sustainable option for Africa？[J]. Information Development，1993，9（1/2）：29-35.

②③ DENT V F. Modelling the rural community library：characteristics of the Kitengesa library in rural Uganda[J]. New Library World，2006，107（1/2）：16-30.

和读者需求，否则现代化信息系统在农村就不会成功[1]。艾博艾德（Aboyade）于1987年指出，只要图书馆的服务"根据读者自己的信息需求结构量身定制"，无论是半文盲还是文盲，都可以学会利用图书馆。他尤其强调，提供信息的任何新方法都要与社区中已经存在的信息传递模式一致，而在许多非洲农村地区，这种方式是口头交流[2]。卡尼基（Kaniki）于1994年提出，"提供社区信息最困难的活动之一是评估信息需求，建立的信息中心必须是与信息需求相关的，因而必须定期进行信息需求的评估"[3]。满足农村社区图书馆的信息需求必须考虑已开展的服务所用的传递方法和能使社区信息最大化利用的方法。

大量的研究者经过实证研究证明，在非洲的农村地区，人们对信息的需求十分迫切。除了考虑信息的传递方式，还必须对社区内最重要的信息类型进行评估。一些研究人员通过案例研究和观察发现了非洲农村地区最普遍的一些信息需求。在为1981年的农村发展信息系统（Rural Development Information System，RDIS）项目研究文盲人群的图书馆使用情况时，艾博艾德指出六个信息需求领域，并记录了每一类读者的信息需求。这六个领域分别是：健康、日常生活问题、就业问题、政府与社会、娱乐休闲、教育宗教[4]。最突出的需求就是健康领域，具体要求包括疟疾的治疗、产前和产后保健、营养与不孕不育、就近医疗、吸烟的影响以及环境卫生和坑式厕所等。日常生活问题也排名靠前，具体要求包括供水、供电、道路。注重居民的具体需求能使得图书馆拥有更高使用率。

姆库布（Mchombu）于1996年提出了在博茨瓦纳、马拉维和坦桑尼亚农村社区进行研究的五大类信息需求：①与常见疾病有关的健康信息；②经济信息——关于小型企业发展和创收活动；③管理信息——支持自治、自主管理

① SHIRAZ D et al. Rural information in Kenya[J]. Information Development,1985（1）:149-157.

② DENT V F. Modelling the rural community library:characteristics of the Kitengesa library in rural Uganda[J]. New Library World,2006,107（1/2）:16-30.

③ KANIKI A M. Community resource centres and resource centre forums in the transformation and post-transformation era in South Africa[J]. African Journal of Library, Archives and Information Science,1994,4（1）:47-54.

④ 赵兴官.安徽省农家书屋可持续发展研究[J].合肥:安徽大学,2010.

和领导的信息；④环境保护和重建；⑤扫盲教育①。这几项是几个国家共有的。除此之外，不同的国家又存在着不同的信息需求。如在博茨瓦纳，社区成员有关于在酸性环境中提高粮食产量的信息需求；在马拉维和坦桑尼亚，社区居民有关于钓鱼方面（例如鱼类繁殖和迁移方式）信息的需求。

3. 非洲社区图书馆的目标

非洲的社区图书馆作为社区信息中心，其目的是为整个社区及时地提供教育信息、文娱信息或其他信息资源。1980 年，在由肯尼亚图书馆组织的农村居民图书馆服务会议上，菲利普提出了农村图书馆的六项目标。尽管这是就肯尼亚的情况提出的，但对非洲的其他国家来说具有可借鉴性。这六项目标是：①帮助农村儿童和成人获得知识；②帮助农民提高产量，提供诸如土壤结构、不同作物的市场情况、乳制品和家禽业、农业机械、土地利用、土地保护、不同植物（例如咖啡和茶叶等）的雨水和播种等信息；③帮助农村居民了解本地农村社会、政治、经济发展和国家上层政策；④为个体家庭的发展提供家庭计划、医疗保健的资料等；⑤提供信息使村民摆脱部落主义和地方主义意识；⑥激励农村居民阅读、利用书籍、享受教育和休闲活动②。

1984 年，艾博艾德在巴德库民众（Badeku Public）计划中阐明农村图书馆应该把为那些不识字群体提供服务，和为有读写能力的人们提供服务一样，作为主要目标之一。他指出，农村图书馆比起媒体和印刷材料等渠道更有优势，它可以为居民提供高度个性化的服务③。

案例3.3 基坦格萨社区图书馆④ ·······························

基坦格萨（Kitengesa）是乌干达东南部的一个村庄。这是一个小社区，直

---

①　MCHOMBU K J. A survey of information needs for rural development[J]. Resource Sharing and Information Networks,1996,12（1）:75-81.

②　DENT V F. Modelling the rural community library:characteristics of the Kitengesa library in rural Uganda[J]. New Library World,2006,107（1/2）16-30.

③　ABOYADE B O. Communications potentials of the library for non-literates-an experiment in providing information services in a rural setting[J]. Libri,1984,34（3）:243-262.

④　陆和建,张芳源,郑辰.非洲农村图书馆范例研究及启示[J]. 图书馆杂志,2012,31（6）:66-69,61;DENT V F. Modelling the rural community library:characteristics of the Kitengesa library in rural Uganda[J]. New Library World,2006,107（1/2）:16-30;Kitengesa community library，Uganda[EB/OL].[2011-09-22].http:// www.kitengesalibrary.org.

到 2004 年，自来水和电力服务仍未开通。直至今日，这些公用事业的开展仍然是有限的。基坦格萨是当地的一个贸易中心，并有几所小学和中学坐落在此。该社区的成员大多数是农民。该地区是艾滋病流行的地区，有大量的孤儿。基坦格萨地区的大多数人都可以阅读，一些居民可以阅读英文，但大部分人只能阅读卢干达语。1997 年，乌干达政府实行了小学义务教育，增加了识字的人数。然而，图书馆中的阅读材料仍然很少，其面临的挑战仍然是为新识字者提供阅读的材料。1999 年，基坦格萨综合中学的校长与在当地做研究的纽约城市大学亨特学院英语系教授凯蒂·佩（Kate Parry）探讨为学校建立一个图书馆，面向学生和该地区的村民。2001 年，在二人的不懈努力以及非洲农村图书馆之友（Friends of African Village Libraries，FAVL）组织的支持与帮助下，一个单间图书馆在该校成立。2004 年，该馆购买太阳能电池板，以在日落后能为图书馆提供有限的照明，目前读者晚上也能够在此阅读。2008 年，该馆新设了一个计算机中心。

（一）基坦格萨社区图书馆的运行机制

1. 馆藏结构

根据 2004 年的一份调查报告，基坦格萨社区图书馆有 27 类书籍，1283 本书。其中，179 本是用卢干达语编写的，此外有 1099 本英语书和 5 本斯瓦希里语书。它们大都是小平装本。该馆还提供外借服务。调查显示，最受欢迎的图书种类是"传统故事"和"现代故事"，其次是"健康"和"道德"——这类书大多数由非政府组织和宗教组织提供，其中许多是关于性教育的，是为了预防艾滋病流行而捐赠的。

2. 会员制度

2005 年 8 月，该馆拥有 503 位会员。之后，会员人数每年都在增长，2008 年新增 183 位会员，2009 年新增 215 位会员，截至 2010 年，该馆共有 1147 位会员，是 2005 年的两倍。会员中有学生、老师、村民，增长的会员中尤其以刚毕业的学生为最多。其中，综合中学的老师、学生自动成为该馆的会员，享受免费的服务；而该校周边的村民则要每年交 2000 乌干达先令的会员费才能成为会员，享有借阅书刊的资格；更远的村民要缴纳 3000 先令才能成为该馆会员。学校的老师和学生是该馆访问量最大的读者，周边学校的老师来此备课，学生周末来此阅读。该馆还开展识字方面的特色服务，为不会读写的居民提供教学，最著名的是为当地女性专门开展的读写识字教育培训。

3. 馆员结构

基坦格萨社区图书馆的组织结构简单，最初由六名图书馆工作人员组成。其中两名为固定馆员，另外四名非固定工作人员是学校的在读学生。非固定工作人员一般是得到捐助免除学费的学生，将为图书馆义务劳动作为免除其学费的回报。2007 年，该馆进一步优化馆员结构，除两名固定馆员外，五名学生馆员来自不同的班级，以免学生馆员同时毕业，馆员空缺的情况出现。在图书馆的兼职工作能够提高学生馆员的学习能力与社会实践能力——已经毕业的几位兼职馆员的毕业成绩都非常优秀。

4. 资金来源

基坦格萨社区图书馆自建立之日起，资金皆靠外来援助，不享受政府拨款。2001 年，基坦格萨社区图书馆成立的资金来自联合国百分之一发展基金。2004 年，该基金又给予基坦格萨社区图书馆一笔资金用于购买太阳能电池板；2008 年计算机中心是通过不列颠哥伦比亚大学（University of British Columbia，UBC）联系到一笔赠款并在许多慷慨捐助者和公益组织的协同努力下建立起来的。

表 3-2　基坦格萨社区图书馆接受外来资金概览

来源机构	提供资金与支持
基坦格萨综合中学（Kitengesa Comprehensive Secondary School）	为图书馆提供场地
联合国百分之一发展基金（United Nations One Percent for Development Fund）	2002 年捐资 2932 美元，用于图书馆的筹建；2004 年、2005 年分别捐资 3650 美元、1200 美元，用于建立太阳能供电系统；2009 年捐资 7500 美元，用于帕特·达菲项目和联合国语言项目
不列颠哥伦比亚大学（The University of British Columbia）	捐款 10000 美元，建立计算机中心
基坦格萨社区图书馆之友（Friends of Kitengesa Community Library）	从 2001 年开始每 18 个月捐资 2000—3000 美元
其他资金来源	会员费以及自行创收项目

（二）基坦格萨社区图书馆的服务模式

1.学校图书馆与农村社区图书馆二者合一

基坦格萨社区图书馆在基坦格萨学校成立，既面向学生又面向周边村民。由于其坐落在当地中学里，学生和老师可通过多种方式利用该图书馆。学生利用图书馆中的图书学习，做课堂活动和课后作业，并进行课后复习，在闲暇时间，他们可以借书阅读。老师们利用图书馆的资料补充教案，为学生们扩充知识，扩大其知识面，有利于其对课程进行深入研究。

基坦格萨社区图书馆作为一个农村图书馆，其主要旨在满足当地居民的需要。这主要表现在以下五点：第一，该馆根据读者需要，由馆员开办面向全体居民的免费识字教学。大量的当地居民在此学习英语和卢干达语，这项服务体现出其高度个性化服务方式。第二，对村民进行"需求评估"。馆员及志愿者通过上门走访的方式，对1000户左右当地居民的阅读习惯和阅读喜好进行调查。公共图书馆往往很难做到对读者需求进行有针对性的调查，该馆不仅做到了，调查结果还被应用于购置馆藏。第三，该馆与当地社区建立起良好的联系，又因其坐落于当地综合中学内，学校校长在管理中承担着重要责任。校长本人也是该社区的成员，这意味着他在图书馆管理层中扮演的角色可以看作社区成员代表。其中一名馆员亦是社区成员，与校长熟识，并经常向其提出关于读者需求和有关管理方面的建议。第四，图书馆努力让提供的信息都与读者直接相关：该馆订阅的当地报纸能够提供很多当地和本国其他地方的重要信息；当地出版社出版的刊物，例如《直言不讳》（*Straight Talk*）和《青年畅谈》（*Young Talk*），包括很多主题，如关于性健康、家庭关系的文章和信息——这些出版物极其重要，因为近年来一直困扰该国的艾滋病毒传播率有所上升。第五，该馆举办针对女性社区成员的讲座，旨在提供相关资源，推动建立和谐家庭。

2.设立创收服务项目

在资金来源方面，由于政府不为基坦格萨社区图书馆提供任何支持，所以图书馆需要开展有关项目自行创收，保证其持续运行。该图书馆结合当地特点和需求，利用有限的空间建立了几个项目进行创收，如表3-3所示，它们与捐款和基金一起构成图书馆运行的资金来源。

表 3-3　基坦格萨社区图书馆自行创收服务项目概览

项目名称	建立原因或条件	创收方式
非洲林业发展协会（Forestry for African Development Association）	树木养护	图书馆设立树木保育员，并招收周边村落学校的男生参与种树计划
卢旺达（南非祖鲁语）女子组织（Lwannunda Women's Group）	为女性识字班成立团队	向识字班内的女性出借小额贷款，用于支持她们发展的小型创收项目（例如养奶牛）
非洲护垫（Afri-Pads）	女孩因生理期缺少卫生用品而辍学	建造小工厂为当地女性生产一次性护垫并帮助她们学习缝纫，以供销售
手机充电	解决手机充电的问题	提供收费的手机充电服务
社区活动中心	解决缺少活动空间的问题	举办婚礼活动等收费项目

3. 开展形式多样的活动

由于当地居民识字率不高，所以该馆的建馆目标不仅在于馆藏丰富、服务完善，还在于举办尽量多的活动吸引人们来馆，借此提高广大居民对图书馆的认识程度。根据当地读者特点，该馆举办了下列活动。

表 3-4　基坦格萨社区图书馆开展的多样活动

活动名称	内容
儿童日	每个月邀请一所周边小学的老师，于周六上午带全体同学来馆听故事、读书、做游戏
游戏之夜	周六晚上当地居民和馆员一同在馆内做游戏
计算机教学	来自加拿大的志愿者讲授电脑使用技巧
二十本书挑战	读书比赛：如果一个月能读 20 本书，将得到一张奖励证书
家庭素养	女子识字班团队开展的家庭识字计划，每周三举行

第二节 我国社区图书馆事业的建设与发展

一、我国社区图书馆事业发展脉络

相较于中国来说，欧美发达国家较早地建立了公共图书馆体系。近现代意义上的公共图书馆最早诞生于欧洲，欧美发达国家通过总分馆模式、流动图书车、多类型服务等不同途径为社区居民提供文化服务。对于欧美发达国家而言，活跃在社区中的小型公共图书馆及其分馆就是事实上的社区图书馆①。

社区图书馆的概念在中国提出得比较晚。我国最早研究社区图书馆的学者是廖子良，他在 1992 年发表的《建立社区图书馆刍议》中提出要突破按行政区域设置公共图书馆的传统模式，建立社区图书馆②。新中国成立之前，我国图书馆事业因受当时的政治、经济、国家局势动荡等原因的影响，发展艰难曲折，但还是出现了现代社区图书馆的雏形。新中国成立后，我国街道（乡、镇）图书馆、居委会（村）图书馆的建设发展迅速，并且形成一定的规模。1956 年，全国乡镇、农村图书馆就达到了 18 万个。到了 1992 年，区（县）以下有乡镇、街道或民办公用的图书馆超过 35 万个。虽然这些图书馆并不被称为"社区图书馆"，但可视为社区图书馆的前身之一③。

本书按照基于中国社会历史分期的分类方法，对我国社区图书馆事业的发展进行分期。采用这种分期方法主要是因为社区图书馆在中国的诞生时间较晚且受近现代社会政治意识的影响较深，基于中国社会历史分期方法能够更清晰地展现社区图书馆的发展脉络及其与社会经济文化发展的密切关系。我国社区图书馆事业建设与发展的历史分期大致可以分为三个时期：萌芽时期、形成时期、发展时期。

（一）萌芽时期

社区图书馆的萌芽时期是指中华人民共和国成立之前的时期。在这个时

---

① 龚蛟腾.从社会视角看社区图书馆发展[J].高校图书馆工作,2013,33（6）:3-8.

② 廖子良.建立社区图书馆刍议[J].图书馆界,1992（4）:4-8.

③ 庄立臻.社区图书馆的建设与发展[M].杭州:浙江科学技术出版社,2009:159.

期，出现了一些被称为"平民图书馆""民众图书馆""汽车图书馆""茶园借书处"等的组织，虽然它们没有被统称为社区图书馆，但可将其视为现代社区图书馆的雏形。

社区图书馆的萌芽时期可以细分为两个部分：中华民国成立至抗日战争爆发前和抗日战争及战后时期。

1. 中华民国成立至抗日战争爆发前

早在中华民国初年，市、县以下的基层图书馆的建设和发展就在中国图书馆事业发展史上占据着重要的位置。此时的中国，社会动荡不安，政治、经济与文化发展都十分缓慢，图书馆的发展水平无论从数量还是规模来看都处于较低水平。这一时期，图书馆作为社会教育的主要场所，在传播科学知识、促进文明思想、启迪民众心灵等方面发挥着重要作用。

在这个阶段，图书馆更多发挥的是社会教育的职能。当时，一些基层图书馆以县图书馆为主体，附设了图书馆分馆、阅报所、巡回文库、流动书车等多种形式[1]，方便周围居民通过书籍获得知识，实现社会教育的职能，所以这一时期的图书馆已经具备社区图书馆的部分特征。乡村图书馆是基层图书馆的形式之一，在这个时期，从规模与功能上来说，它也可以被看作社区图书馆的雏形之一。如1916年10月，荣德生在江苏省无锡市西郊荣巷创建了大公图书馆，它不仅被认定为中国"第一个正式的乡村图书馆"，更被誉为"民国乡村图书馆的翘楚"[2]。这一时期比较接近现代社区图书馆模式的还有"民众图书馆"。陈训慈认为："所谓的民众图书馆，是指一切通俗性的县市区立或私立图书馆以及民众教育馆的图书部，也可以包括民众俱乐部之图书部及通俗书报处等在内。"从民众图书馆的服务对象和服务范围来看，与我国当今面向广大民众的基层公共图书馆存在着一些相通之处[3]。

民众图书馆设立的目标是：①充实各中心学校民众图书馆设备，增强成人教育；②促进文化活动普及农村，谋求人民生活的改善；③引入适合民众的基本书籍，培养公民意识，完成国民教育。1922—1931年，社会上掀起了建设

---

① 吴澍时.民国时期县市图书馆政策法规研究[J].图书馆,2017(8):38-44.
② 张峰.民国时期的乡村图书馆[D].长春:东北师范大学,2009.
③ 张书美.民国时期民众图书馆的规章建设及启示[J].国家图书馆学刊,2016,25(1):84-90.

民众图书馆的热潮，1922 年，中国只有 17 所民众图书馆，到 1931 年，已增至 890 所；1922 年，只有江苏、浙江、吉林等 9 省设有民众图书馆，1929 年民众图书馆已扩展至全国 31 省。近代著名教育家俞庆棠认为，民众图书馆是"社会教育活的中心"。图书馆学家杜定友认为，"当时除了一般学校图书馆及公立图书馆外，对于社会教育有直接贡献的就是民众图书馆"[①]。

军阀混战时期，政府很难把社会教育放在重要的发展位置，当时人民的教育离不开图书馆事业的发展。1927 年，开封作为河南的省会城市，仅有一座公共图书馆——河南图书馆，并且规模不大，其基础设施也无法满足居民的需求。当时主管河南的冯玉祥将军因此令省财政厅专门拨款 5 万元用于河南图书馆的扩建。此外，又新建了开封平民图书馆、中山图书馆、金声图书馆、开封市民图书馆等。特别是平民图书馆引发了各个地区人们的阅读热潮[②]。之后，各街、区也先后设立平民图书馆，这些图书馆为附近居民学习新思想、新知识，开阔视野提供机会，有助于在社会上形成良好的氛围。

虽然这类数目繁多的图书馆在硬件条件上相对简陋，但是凭借政府拨发的专门经费，也添备了一定数量的图书、报刊及相关设施，是具有一定规模的生命力极强的图书馆[③]。

这些具有社区图书馆特征的平民图书馆，在规模上与现代社区图书馆有较大差距，但其设立初衷和现代社区图书馆极为相似。在当时的开封市，这些平民图书馆的建立，可以说初步形成了基层社区图书馆网络。

表 3-5　1912—1931 年我国图书馆发展情况统计表

年份	图书馆数量	资料来源
民国初年	20 余个（不包括大学图书馆）	《中国近六十年来图书馆事业大事记》（台湾商务印书馆 1974 年版）
1916	293 个（包括巡回文库）	《中国现代图书馆概况》（广州图书馆协会 1929 年版）[③]
1918	176 个	《中国近六十年来图书馆事业大事记》

---

① 张书美.民国时期民众图书馆建设述评[J].图书馆建设,2014（5）:77-82.
② 李暖.冯玉祥主豫时期开封公共图书馆发展[J].黑龙江史志,2009（6）:57-58.
③ 李暖.谈民国时期的社区图书馆——冯玉祥主豫时期社区图书馆实践及其意义[J].学理论,2014（6）:152-153.

年份	图书馆数量	资料来源
1921	170 余个，通俗图书馆 286 个	《中国近六十年来图书馆事业大事记》
1925	502 个	《中华图书馆协会》（台湾育英社 1980 年版）
1928	642 个	《中华图书馆协会》
	557 个（缺甘肃等地数据）	《中国近六十年来图书馆事业大事记》
1929	1428 个	《中华图书馆协会》
	1131 个	《中国近六十年来图书馆事业大事记》
1930	2935 个	《申报年鉴》1935 年（申报年鉴社 1935 年版）
1931	1527 个	《中华图书馆协会》
	2953 个	《全国图书馆调查录》（龙文书店 1935 年版）

资料来源：谢灼华 . 中国图书和图书馆史 [M]. 3 版 . 武汉：武汉大学出版社，2011：390.

注：由于调查的方式方法及取舍标准等不同，同一年份不同资料来源的统计数字有的差异较大，现均列出，分行区别，便于分析、参考。

2. 抗日战争及战后时期

1931 年 11 月，中国共产党在江西瑞金的叶坪召开第一次全国苏维埃代表大会，成立了中华苏维埃共和国临时中央政府，中央政府所在地称中央苏区。1934 年，中央苏区和其他几个苏区经济文化发展迅速，出现了一些可以被看作社区图书馆雏形的基层图书馆，例如"列宁图书室""苏区俱乐部"以及一些基层图书馆、乡村图书馆。这些图书馆创造性地采取了各种面向群众的服务形式，在当地传播了先进的革命文化和传统文化，为今后建设和发展现代社区图书馆积累了宝贵的经验。

当时，中共中央的各部门、机关、团体、学校甚至厂矿企业都开展了文化建设运动。各地区掀起扫盲运动，列宁图书室、苏区俱乐部等基层图书馆进入了全面发展阶段。在各个机关组织和红军连队中，文化生活已经成为战后活动的重要组成部分，许多组织会依附于列宁图书室，开展群众性文化工作。整个苏区的俱乐部活动影响广泛。截至 1934 年 3 月，仅据中央苏区的统计，就有 1917 个俱乐部活动在江西、福建、广东等地开展，有 9.3 万个固定会员参加了这些俱乐部的文化活动。

1937 年卢沟桥事变标志着抗日战争的全面爆发。国统区的图书馆事业在困境中惨淡经营、萎缩衰退。在当时的国统区，除了一些转移出来的高等学校图书馆和一些国立、省立公共图书馆还在勉强维持，其他类型的图书馆基本消失了。在这种环境下，社区图书馆仍在艰难发展[①]。例如，20 世纪 30 年代，晏阳初为开展平民教育，在河北定县设立巡回文库，1937 年全面抗日战争爆发后，晏阳初在定县的平民教育被迫中断，巡回文库也随之中断，之后转战到湖南、四川等地。

全面抗日战争时期，各抗日根据地都相应地进行了政治、经济、军事、文化教育的政权建设，作为文化教育阵线窗口的图书馆，亦得到长足发展。在抗日根据地的图书馆中，陕甘宁边区的图书馆的发展尤为出众。从 1935 年中央红军到达陕北，到 1950 年陕甘宁边区撤销，在短短 15 年时间内，建立了中山图书馆、鲁迅图书馆、中共中央图书馆、子洲图书馆、延安图书馆协会以及各团体、学校等创办的图书室 100 多个[②]。

到 1942 年初，陕甘宁边区工厂已经增加到 82 个，拥有 1 万多名工人。在各级党组织和工会领导下，部分工厂相继设立了俱乐部和图书馆，开展了各种形式的阅读活动。随着农村民主政权的建立和对大众文化教育重视程度的提高，农村文化娱乐活动带来了新的文化氛围。一些农村地区以"流动图书馆"的形式解决了农民的阅读报刊问题，此外，乡镇干部下乡时会把图书分发给农民，直到返回时再收回，这个形式被《解放日报》报道并推广[③]。

1946 年全面内战爆发，尚未重建的图书馆事业再次受到冲击。解放战争时期，国统区图书馆普遍呈现衰落趋势，图书馆工作处于自发、分散、缺乏支援、勉强维持的状态。解放区图书馆则在艰苦的环境下蓬勃发展。在共产党的领导和支持下，解放区图书馆具有更广泛的群众性，能自觉地、有组织地为革命和战争服务，支援了革命战争[④]。1948 年 5 月下旬，人民解放战争连续取得胜利，解放区不断扩大。在取得胜利的同时，中共中央采取各种措施，全力保

① 杨玉麟.抗战时期国民党统治区的图书馆事业[J].四川图书馆学报,1999(5):59-65.
② 穆祥宇.试论抗战时期中国图书馆事业[J].科技情报开发与经济,2013(14):92-94.
③ 谢灼华.中国图书和图书馆史[M].3 版.武汉:武汉大学出版社,2011:382.
④ 马炎.中外图书馆发展史概论[M].北京:兵器工业出版社,2008:84.

护包括图书馆在内的教育、科学、文化机构。城市解放以后，中共中央大力恢复城市建设工作，开展图书馆的保护与维护工作，这对新中国成立后图书馆事业的顺利发展做出了贡献[①]。

（二）形成时期

我国现代意义上的公共图书馆始建于20世纪初[②]，随着我国公共图书馆事业的逐渐发展壮大，脱胎于公共图书馆的社区图书馆也因历史的选择逐渐进入人们的视野，并在我国的社会文化发展中起着积极的促进作用。我国社区图书馆事业的建设与发展的形成时期大致可以细分为三个阶段：1949年至1957年为第一阶段，1958年至1977年为第二阶段，1978年至1991年为第三阶段。

1949年至1957年为我国社区图书馆事业发展的第一阶段。这一时期，我国社区图书馆事业的发展紧紧跟随着中国整个图书馆事业的发展。新中国图书馆事业健康发展，稳步前进，我国社区图书馆事业也逐渐发展起来。

新中国成立后，在中国共产党的领导、整顿和改造下，全国图书馆事业走上了社会主义道路。1956年，文化部提出"提高质量，全面规划，加强领导，又多、又快、又好、又省地积极稳步地发展图书馆事业"的方针[③]，图书馆事业开始进入建设阶段。这一阶段主要是为了解决人民群众空前高涨的学习热情与落后的图书馆基础设施之间的矛盾，推动了图书馆在全国的普及。同时，国家出台了一系列政策，为图书馆事业的平衡发展奠定了基础[④]。

20世纪50年代，我国的各街道以及居委会相继建立了街道、居委会图书馆。1956年，全国乡镇、农村图书馆达到了18万个[⑤]。这些图书馆可以说是现代社区图书馆的前身。

1958年至1977年为我国社区图书馆事业发展的第二阶段。这一时期，我国整个图书馆事业遭遇了巨大挫折。1958年农村图书馆的兴办达到了高潮，

①　薛大为.略论解放前夕党中央对图书馆的保护措施[J].图书馆建设,2005（5）:109-111.
②　吴慰慈,董焱.图书馆学概论[M].4版.北京:国家图书馆出版社,2019:106.
③　吴晞.图书馆史话[M].北京:社会科学文献出版社,2015:219.
④　刘陆军.建国后我国图书馆发展战略思想演进特征分析[J].图书情报工作,2013,57（20）:41-45.
⑤　汤树俭.关于中国乡村图书馆（室）构建模式的探讨[J].农业图书情报学刊,2006（3）:43-45.

全国农村图书馆的数量发展到了 47 万个，但许多地区经济发展水平不足，无法为图书馆提供充分的物质支持，导致这些图书馆徒有其名，难以正常生存和发展。到了 1959 年，农村图书馆的数量直线下降到 28 万个，最后真正巩固发展和坚持下来的不到十分之一[①]。随之而来的三年困难时期，使农村图书馆事业处于停顿、瘫痪，甚至全面关闭的状态。

"文革"十年的图书馆事业史又可分为两个阶段：1966 年至 1970 年，图书馆事业陷入倒退的过程；1971 年至 1977 年，中央开展整顿工作，图书馆事业得到一定程度的恢复。1966 年到 1970 年，我国的图书馆事业几乎到了崩溃的边缘，社区图书馆作为我国图书馆事业的重要组成部分在这场浩劫中不可避免地陷入停滞，以致倒退。1971 年林彪反革命集团被粉碎，党中央在一系列的整顿工作中对"左"的错误进行了清算，恢复了相关国民经济和社会文化事业，图书馆事业在此环境下也得到了一定程度的恢复。

1978 年至 1991 年为我国社区图书馆事业发展的第三阶段。这一时期，我国图书馆事业发展翻开新篇章，我国社区图书馆事业也进入到一个全新的发展时期。

党的十一届三中全会后，我国社会的政治、经济、文化等各项事业进入了社会主义现代化建设的历史新时期，图书馆事业出现了前所未有的繁荣，社区图书馆事业也随之呈现出一片欣欣向荣的景象。

1979 年之后，国家恢复和建立街道文化站；1980 年，街道开始在原有的图书馆基础上建设文化站。这一时期的街道、居委会图书馆得到了长足发展，图书馆的工作得到了切实加强，读者对街道、居委会的图书馆的热情也极为高涨。以北京市东城区为例，在鼎盛时期的 1984 年，全区街道图书馆的借阅人次高达十余万人次[②]。据湖南省长沙市 1982 年统计，全市有街道图书馆 126 个，总藏书 26 万余册，其中街道中心图书馆 17 个，藏书 4 万余册；居委会图书馆 109 个，藏书 21 万余册[③]。

---

① 王宏鑫.我国农村公共图书馆体系建设的流变[J].图书情报工作网刊,2012(8):18-22.

② 董海.北京市社区图书馆事业发展的回顾与思考[J].图书馆工作与研究,2002(S1):92-93.

③ 万后铭.城市公共图书馆社区分馆建设初探[G]//中国图书馆学会,中国图书馆学报.21世纪中国图书馆建设与发展.北京:北京图书馆出版社,2002:2111.

当时这些街道、居委会图书馆为街道企事业职工、青少年和退休职工等各种类型的居民服务，服务对象类型多样。与同时期的公共图书馆相比，虽然这些街道、居委会图书馆规模极小且管理体制也存在着诸多问题，但是它们在公共图书馆所不能深入的社区为居民提供了各种服务。一些街道、居委会图书馆得到了群众的积极评价，人们认为社区图书馆虽小，但作用很大，是生活中不可缺少的"精神粮店"，是大家学政治、学文化、学科学的好课堂①。这一时期的街道、居委会图书馆在某种程度上改善了公共图书馆对社区居民文化服务不便捷的问题，克服了公共图书馆服务范围未能延伸至社区的局限性。

从 1949 年到 1991 年，新中国社区图书馆事业经历了 42 年的风风雨雨，其间虽然经历了重大曲折，但是经过一系列的调整后仍取得了巨大的成就，社区图书馆的数量不断增加，藏书质量、员工队伍、馆舍面积、硬件设施等也都得到全面提高。社区图书馆事业的巨大发展，促进了中国的经济建设和科学文化事业的发展②。这一时期的社区图书馆主要呈现出以下特点。

1. 基础设施落后，仍取得了丰硕的成果

1949 年至 1991 年，社区图书馆得到了一定程度的发展，但由于当时的社会现实条件所限，社区图书馆的发展面临着一个基础性问题——硬件条件和基础设施方面依然较为落后，甚至缺失。例如，1980 年天津市的街道、居委会图书馆就面临着最为基础的馆舍问题，而且社会上出现了一股挤占馆舍之风。当地的街道图书馆一般只有一栋房子，它不仅是书库，还是办公场所，馆舍拥挤狭窄。郭河东区郭庄子街道图书馆每天接待读者多达 130 余人次，但该馆馆舍后来被改为"水暖电焊服务站"，原来的阅览室被取消了。从当时的这些情况来看，街道图书馆连馆舍问题都不能解决，可想而知相关的配套设施更是难以获得③。

有的社区图书馆面临着不利的建设条件，图书馆建设困难重重，但仍积极创造条件为居民提供服务。比如，1984 年 8 月，南京市中华门街道党委决定建立街道图书馆、文化站，并且聘请一名退休教师和三名社会青年进行建馆工作。在初期，建设面临的主要问题就是房舍问题，图书馆只有两间房子，藏书

---

① ③ 周冰.救一救街道图书馆——关于我市街道图书馆现状的调查报告[J].图书馆工作与研究,1980(3):1-3.

② 李德娟.中国图书馆事业六十年发展的成就与问题实证分析[J].图书与情报,2010(5):42-45.

也只有 700 多本，远远满足不了群众的需要。图书馆人员就自己动手，把隔间的墙去掉三分之二，将节省出来的空间做成书架。同时把大门的上部破开，做成开闭式窗口，办理借书手续。附近的街道会议室不开会时，他们就摆好书报杂志，供大家阅览。从这个例子可以看出，即使在南京市这样较为发达的城市，街道、居委会图书馆都面临着这种比较基础的房舍问题。即使如此，这一时期的社区图书馆仍然顽强地发展了起来。

2. 馆藏文献和服务类型不断增加与扩大

在当时的社会条件下，街道、居委会居民的知识文化水平是较低的，教育力量分布也不均匀。广大的街道、居委会图书馆需要的是不断提升科学技术知识和文化知识教育工作，为更好地提高人民群众的科学文化水平提供保障。社区图书馆是以知识的交流传递为中心的社会性职能机构，这就对社区图书馆的馆藏文献的数量和种类提出了更高的要求。在读者服务方面，上海市街道图书馆帮助青年自学技术、提供技术工具书等，还举办阅读辅导讲座、读书讨论会，并针对部分读者的需要提供咨询服务。如徐汇区新乐街道图书馆依靠本街道退休知识分子，为本地区 38 个待业在家准备参加高考的青年给予复习指导[1]。对于当时上海市的离休干部、退休职工，上海市街道图书馆专门组织了老年人读书小组或老年人读书会，为老年人安排适合的"精神食粮"和活动[2]。

3. 管理方式方法愈加完善

党的十一届三中全会确立了解放思想、实事求是的指导思想，党和国家的工作重点转移到社会主义现代化建设上来。社区图书馆的相关人员也总结了之前的经验教训，对管理方法不完善的地方进行了反思。

以天津市为例，早在 20 世纪 80 年代初，一些主管部门便意识到强化街道、居委会图书馆管理的重要性。1986 年的天津市塘沽区街道图书馆在建设发展过程中总结出：街道图书馆快速发展的时期，必然是在建立独立的街道图书馆的时期。建立独立的街道图书馆系统很有必要，独立的街道自主图书馆管理是推动街道图书馆发展的必由之路。应恢复和建立独立的街道图书馆体制，让街道文化站、街道图书馆两个独立的部门各司其职而不相互掣肘，这样既有利于他

① 上海市图书馆研究辅导部.上海市街道图书馆近况调查[J].图书馆杂志,1984（4）:6-9.

② 林申清.上海市街道图书馆事业现状调查[J].图书馆学研究,1983（5）:50-52,163.

们的工作，也有利于社区图书馆的发展壮大 ①。

4. 馆员队伍不断扩大，馆员素质不断提高

随着街道、居委会图书馆的建立，图书馆对馆员的数量和素养需求也日益提高。比如 1984 年的上海市街道图书馆，街道、居委会图书馆的专职管理人员是相对年轻的，早期的"老干部"已经退休，现在的团队是由从集体企业借调过来的骨干组成的。这些馆员的政治素质很好，虽然工作条件差，工资低，但工作努力，具有奉献精神。上海市街道图书馆建议有关部门给予其照顾，提高他们的福利和工资。然而，这些馆员的文化水平有待进一步提高。工作团队中通过夜大、高考、自学考试等各种渠道，达到大学文化水平的有 31 人，占 4.6%，高中水平有 56 人，占 8.3%，但是仍然有很多人是没有达到初中文化水平的。这说明那时的街道、居委会图书馆馆员比较短缺，并且其专业素质需要提高，但不难看出图书馆馆员的业务素质问题已经得到了图书馆界的重视 ②。

（三）发展时期

1992 年以来，随着中国政治、经济和文化等条件不断转好，中国的社区图书馆事业进入快速发展的时期。在社会主义市场经济体制改革的大背景下，我国的经济高速稳定发展并带来了一个悄无声息的变化——城镇化不断推进。据 2021 年 5 月 11 日国家统计局发布的《第七次全国人口普查主要数据情况》显示，2020 年全国人口共 141178 万人，其中居住在城镇的人口为 90199 万人，占总人口比重为 63.89%，居住在乡村的人口为 50979 万人，占人口比重为 36.11% ③。城镇化进程推进的表现形式之一就是社区居民不仅要谋求生存空间的扩大，更重要的是对周边环境设施和物质生活以及精神生活质量的提高。为此，政府出台了相关文件促进社区文化的发展。早在 2000 年底，中共中央办公厅、国务院办公厅就转发了《民政部关于在全国推进城市社区建设的意见》，将有关社区建设方面的内容正式写入了《中华人民共和国国民经济和社

---

① 刘开业.街道图书馆建设中迫切需要解决的几个问题[J].图书馆工作与研究,1986
（4）:4-5.

② 上海市图书馆研究辅导部.上海市街道图书馆近况调查[J].图书馆杂志,1984（4）:
6-9.

③ 中华人民共和国国家统计局.第七次全国人口普查主要数据情况[EB/OL].（2021-
05-11）[2021-05-11]. http://www.stats.gov.cn/ztjc/zdtjgz/zgrkpc/dqcrkpc/ggl/202105/
t20210519_1817693.html.

会发展第十个五年计划纲要》，在相关政策的促进下，作为社区重要文化设施的社区图书馆建设在各地更加蓬勃地发展起来。发展时期的社区图书馆可以大致分成两类：一类是城市社区图书馆，一类是农村社区图书馆。

城镇化进程的结果之一是城市规模不断扩大，城市人口数量不断增加，街道中大量的图书室被改造成为社区图书馆。例如，北京市东城区北新桥社区图书馆就是 2000 年 8 月由原来的图书室改造而成的。东城区文化文物局曾经介绍，北新桥社区里建起社区图书馆，这在当时的北京市还是第一次出现。与北新桥图书馆一起改造的还有位于东直门、东华门、朝阳门等以前的图书室。这些社区图书馆在 2000 年时的馆舍面积都有 100 多平方米，藏书量达 1 万多册，年购书经费额可以达到 1 万多元，配备 1 名以上的专职管理人员和一套比较规范的管理办法①。

同时，一些新建的社区图书馆也不断涌现。有资料统计，1992 年我国区（县）以下由乡镇、街道举办或民办乡助的图书馆（室）超过 35 万个②。据《中国统计年鉴 2017》数据显示：2016 年乡镇（街道）文化站有 41175 个，这些文化站的藏书从几百册到几千册不等，分布于我国广阔的城市、农村，联系着千百万人民群众的读书生活③。

社区图书馆的发展是与政府的大力推动有关的，早期的社区图书馆的建设模式大部分是政府主导模式，也可以称之为地方政府模式。地方政府通过对本辖区内的社区图书馆进行合理的统筹规划，由地区、乡镇、街道办事处等各级行政部门建设本辖区内的社区图书馆，社区图书馆建设资金主要由地方政府拨付。当时一些社区图书馆建设受到政策因素的影响很大。1996 年，中共十四届六中全会又通过了《关于加强社会主义精神文明建设若干重要问题的决议》，报告中提出"全国各地广泛开展的群众性精神文明创建活动……建设社区文化、村镇文化、企业文化、校园文化"。这次报告对全国的精神文明建设起到了巨大的推动作用，社区文化建设的重要性得到了全国人民的关注。在这之后，社区

---

① 张松道，何鑫龙，李克征，等.图书馆的理论与实践[M].长春：时代文艺出版社，2006：433.

② 王维新.对我国社区图书馆发展若干问题的思考[J].山东图书馆季刊，1999（5）：88-90.

③ 中华人民共和国国家统计局.中国统计年鉴2017[EB/OL].[2018-04-29].http://www.stats.gov.cn/tjsj/ndsj/2017/indexch.htm.

图书馆的建设得到了政府的重视，各级政府对社区文化建设加大了投入力度^①。

随着国家政治、经济、文化的发展，我国社区图书馆的发展面临着整体发展水平不高、发展不均衡等诸多问题。从全国范围看，社区图书馆的建设发展与该地区经济发展水平成正比。在经济相对发达的东部地区，如上海、深圳这些城市的社区图书馆建设和发展极为迅速，但是在中西部地区以及比较偏远省份地区的社区图书馆建设和发展较为缓慢。

发展不均衡主要表现在地域间发展的不均衡：①东南沿海地区和西部地区的图书馆发展不平衡。这反映在东部沿海城市的社区图书馆建设要优于西北腹地的社区图书馆建设，华东、华南地区优于西南和西北地区。②大中型城市比小型城市的社区图书馆发展更为迅速。由于大中型城市经济发达，不仅发展条件较好，在图书馆的软硬件建设方面也较快较好，一些图书馆甚至基本实现了自动化、网络化、数字化。小型城市由于经济条件有限，技术条件落后，社区图书馆发展相对滞后。③同一地区局部之间的社区图书馆发展不平衡。例如，华东地区的山东省内，烟台、青岛这些大城市图书馆建设较好；广东省珠三角地区的图书馆发展较好。除经济因素之外，理念落后、人才匮乏、缺乏强有力的上级支持等也是不可忽视的因素。

在东部沿海地区的大中型城市中，社区图书馆发展较为迅速。其中，北京、深圳、上海等东部沿海地区的社区图书馆事业发展尤为发达，可以被看作中国社区图书馆事业发展的典型，亦可以被看成中国社区图书馆事业发展的一个缩影。

上海的社区图书馆发展迅速，社区图书馆建设发展水平很高。在 20 世纪 90 年代，上海市有街道（乡镇）图书馆共 324 个。上海市出台了一系列促进图书馆事业发展的相关政策，例如 1996 年上海市政府颁布的《上海市公共图书馆管理办法》中规定：街道（乡镇）图书馆阅览面积 100 平方米以上的，阅览座位应该达到 50 个，馆藏图书应该达到 1 万册。同时，上海还要建立公共图书馆的四级网络，并于 1999 年在全市所有公共图书馆（包括街道、乡镇图书馆）开通 IC 卡，将上海的图书馆带入计算机数字网络时代^②。

---

① 王红.浅议我国社区图书馆建设模式[J].农业图书情报学刊,2006(11):45-48.

② 王维新.对我国社区图书馆发展若干问题的思考[J].山东图书馆季刊,1999(5):88-90.

据 2007 年的统计，上海市的 207 个街道、乡镇图书馆馆舍总面积为 8.36 万平方米，藏书总量为 507.52 万册，图书采购总额 720 万元，平均每个街道和乡镇图书馆面积 403 平方米，馆藏图书达 2.45 万册，年购书经费近 3.5 万元。2008 年上海市评选的 50 个特级街道、乡镇图书馆的硬件设施则更为精良，图书馆平均建筑面积达到 521 平方米，藏书总量达 3.16 万册。根据上海市图书馆协会 2007 年对 74 个街道和乡镇社区图书馆的调查，88% 的图书馆拥有充足的网络和电脑硬件设施以及宽带上网条件；48% 的图书馆有 10 个以上的多媒体座位；47 个图书馆可以和社区文化信息化综合服务平台——社区信息苑实现资源共享。

2010 年，上海浦东陆家嘴图书馆在陆家嘴金融城推出了首个"24 小时自助图书馆"。"24 小时自助图书馆"具有小型实体图书馆的功能，可以登记、查询、预约、借书、还书、续借、支付逾期费用等。"24 小时自助图书馆"由服务器、物流系统、中心服务系统和监控系统组成，可存储 400 本图书。读者只需在自助服务机的查询系统或服务中心系统发出图书预约的请求，就可以在两天内在指定地点拿到书[1]。

在广大的农村地区，以农家书屋为代表的图书馆快速发展，解决了广大农民群众"买书难、借书难、看书难"的问题。改革开放以来，农村公共文化服务取得了巨大成就，但与城市相比仍有较大差距。为保障人民的基本文化权益，提高民众的文化素质，十八届三中全会提出"构建现代公共文化服务体系""推进基本公共服务均等化"等重大政策，2015 年 12 月，文化部等七部委印发《"十三五"时期贫困地区公共文化服务体系建设规划纲要》，提出到 2020 年，贫困地区公共文化服务能力和水平应有明显改善，群众基本文化权益得到有效保障。2016 年的中央 1 号文件提出要"全面加强农村公共文化服务体系建设，继续实施文化惠民项目"。农家书屋工程作为乡村公共文化服务体系建设的重要内容于 2007 年启动实施，并于 2012 年提前三年完成硬件设施建设[2]。在"十一五"期间，全国累计投入资金 120.24 亿元用于农家书屋的建设，其中中央财政下拨资金 58.56 亿元、社会资金 61.68 亿元；新闻出版部

---

① 曲蕴.面向学习型城市的上海社区图书馆建设研究[D].上海:上海交通大学,2011.

② 黄雪丽.农家书屋政策执行:困境分析与破解之道[J].图书馆论坛,2017,37(3):44-50.

门共向农家书屋配送图书 9.4 亿册、报刊 5.4 亿份、音像制品和电子出版物 1.2 亿件。全国农家书屋建设从 2005 年的 250 家，发展到 2012 年的 600449 家，覆盖了具备基本条件的行政村[①]。不过，由于农家书屋在建设方式上过于粗放、建设理念上重建轻管、制度设计上缺乏长效机制等，已有大量的农家书屋出现利用率低下的情况。今后农家书屋工程需要将建设重心从硬件转移到软件上来，把管理运营和可持续发展当成下一阶段的首要任务。

案例 3.4 上海市长宁区街道（镇）图书馆评估考核[②]

长宁区位于上海西部，面积达 38.3 平方公里，户籍人口 57.41 万。2021 年 8 月，长宁区成功创建第四批国家公共文化服务体系示范区，构建"10 分钟公共文化服务圈"，形成市、区、社区、居民区四级文化设施网络。2011 年、2016 年，长宁区通过开展街道、社区图书馆考核评估工作，加快推进了长宁社区图书馆事业的发展。

长宁区图书馆是沪上最大的城区图书馆，建筑面积约 16000 平方米，12 层，设计藏书 50 余万册，1000 余种中外报纸杂志，1200 个阅览座席。长宁区图书馆建有国际交流访问中心、新书展示区、读者休闲区、中外文报刊阅览区、展览展示区、图书借阅区、青少年图书阅览区、参考资料阅览区、多媒体图书阅览区、特色馆藏阅览区、教育培训中心、多功能演讲厅，集图书阅览、展览展示、教育培训为一体，并以科学的布局、完备的功能以及科学发展的定位理念，体现长宁的涉外功能和数字长宁的特点，成为长宁区域重要的信息收藏中心、传递中心和精神文明的传播基地，曾被文化部评为全国"读者最喜爱的图书馆"。

根据表 3-6 可以看出，在长宁区街道（镇）图书馆的发展过程中，政府对社区图书馆事业的投入稳步增长，购书经费不断上涨；馆舍条件不断改善，图书馆面积呈现扩大趋势；随着经费的增加，社区图书馆的馆藏也日益丰富。到 2021 年 12 月，长宁区基层公共文化服务体系建设取得了长足发展，街道（镇）

---

①　姚秀敏. 我国东部与中西部地区农家书屋现状调查与分析[J]. 新世纪图书馆,2014（4）:57-60.

②　长宁区图书馆简介[EB/OL].[2019-09-11]. https://www.cnqlib.sh.cn/brief/introduction/index.html;刘瑾. 基于第六次上海市社区图书馆评估后的认识与思考——以长宁区街道（镇）图书馆为例[J]. 图书馆学研究,2017（15）:8-11,17.

图书馆的服务环境、馆藏文献资源不断完善，更好地保障和满足了基层群众的精神文化需要。如，天山路街道图书馆总面积扩大到 887.47 平方米，藏书总量增长到 82648 册；新华路街道图书馆建成新馆，总面积达 1037 平方米；北新泾街道图书馆藏书量从 2016 年的 45130 册增加到 50789 册，并在 2021 年进入全市 216 家基层服务点前 30 强[①]。

表 3-6　上海市长宁区街道（镇）图书馆 2011 年、2016 年评估考核基本情况

馆名	评估时间（年）	馆舍面积（m²）	馆藏总量（册）	购书经费（万元）	从业人员（个）	开放时间（小时/周）
天山路街道图书馆	2011	593	35814	25.7	6	73
	2016	826.9	56049	18.9	7	73
华阳街道图书馆	2011	595	30293	9	6	76
	2016	916	50109	15.5	7	70
北新泾街道图书馆	2011	594	30520	9.2	6	70
	2016	707	45130	17.1	7	70
新华路街道图书馆	2011	600	31000	16.5	6	70
	2016	820	54229	19.4	7	70
仙霞新村街道图书馆	2011	500	30000	15	7	70
	2016	603	44249	14.4	7	70
新泾镇图书馆	2011	319.2	32105	8.7	7	63
	2016	918.8	49766	24.3	6	63
虹桥街道图书馆	2011	320	20642	7.1	6	56
	2016	850	45003	15.2	6	70
江苏路街道图书馆	2011	660	30758	12.7	6	70
	2016	710	40990	15.4	7	70
周家桥街道图书馆	2011	370	22400	6.2	5	56
	2016	306.9	36059	10.9	5	59.5
程家桥街道图书馆	2011	500.5	30558	12.3	6	70
	2016	379	33987	13.6	6	70

---

①　上海市长宁区人民政府.长宁各街镇的图书馆大变样了[EB/OL].（2021-12-21）[2022-03-06]. http://www.shcn.gov.cn/col7343/20211221/1207714.html.

随着社会整体发展水平的不断提高，社区居民的精神文化需求日益增长，单纯以政府为社区图书馆供给主体的单一化格局已经不能适应社会发展的需要，社会力量正逐渐参与到社区图书馆事业建设中来。2013年9月，国务院办公厅印发了《关于政府向社会力量购买服务的指导意见》，对进一步转变政府职能、改善公共服务做出重大部署，明确要求在公共服务领域更多利用社会力量，加大政府购买服务力度。政府向社会力量购买服务是创新公共服务提供方式、加快服务业发展、引导有效需求的重要途径，对于深化社会领域改革，推动政府职能转变，整合利用社会资源等都具有重要意义。

案例 3.5 佛山市尼奥斯自助图书馆

尼奥斯自助图书馆是广东省第一家众筹图书馆。该图书馆坐落于佛山市禅城区，于2017年4月23日"世界读书日"面向社会公众免费开放。2016年，佛山市图书馆开始把"众筹"的概念运用到图书馆建设上。在尼奥斯自助图书馆的前期建设中，佛山市尼奥斯建材有限公司为其提供场地和日常管理服务，众筹发起者佛山市图书馆提供设备、书籍和业务指导。图书馆建成后，再向社会众筹书籍。

该馆场地面积280平方米，藏书约8000册。该馆分上下两层，一层设儿童区，图书大部分为儿童书籍，二层设有活动区，供社会团体举办小型阅读或其他文化活动。固定座位80个（可临时增加座位），可容纳100人左右。馆内设有吧台餐饮点，配有4名工作人员，可供读者阅读之余享用饮品并协助提供活动现场所需的服务。

在"众筹"取得广泛社会影响的背景之下，2017年6月，该馆升级为佛山市"智能文化家＋"首批示范点，在原有自助借书机、电子报刊、投影仪等电脑设备基础上增配智能白板一台，咪哒唱吧两台。智能白板为阅读沙龙、读书分享会、讲座培训、影音鉴赏、展览展示等活动的开展与互动提供了硬件基础。咪哒唱吧让市民在饱览群书的同时，以优惠的价格享受听歌、唱歌、录歌等功能。截至2018年3月15日，开馆不到11个月的尼奥斯自助图书馆进馆人次数达36722，流通册次数达6241，举办免费公益活动88场，服务2145人次。

在为市民提供便捷、优质、智能的图书馆服务的基础上，升级改造后的场馆拓展了文化交流、娱乐互动、展览展示及新技术体验等功能，引入全市优质文化资源开展内容丰富、形式多样的文化活动，致力于将自身打造成为培育社区文化、传递实用信息、开展社会教育、满足群众文化休闲需求的多功能、综合性公共文化空间。

尼奥斯自助图书馆不仅是佛山首家采用众筹模式建设的图书馆，也是全国首次由公共图书馆发起、多方社会力量共建的众筹图书馆。在众筹模式中，佛山市图书馆承担发起者、倡议者的角色，场地支持方、图书支持方、活动支持方等社会力量协同提供公共文化服务，已成为佛山市引导社会力量参与公共文化建设的重要案例。图书馆众筹的内容不是资金，而是合作方、图书和活动，彰显了公共图书馆的公益属性和阅读推广的职能。该项目通过众筹社会资源，进行资源匹配与重组，达到资源利用的帕累托最优[①]，从而实现了图书馆、社会、读者三方共赢。

二、我国社区图书馆事业建设的原则

通过对我国社区图书馆事业的经验与教训进行总结，可以得出以下四点社区图书馆事业建设原则：

（一）满足社区人民群众的文化需求

建设满足社区人民群众文化需求的社区图书馆，需要坚持"以人为本"的理念，把人的全面发展作为根本的出发点和落脚点。建设社区图书馆的最终目的是为社区居民提供服务，因此，社区图书馆在制定发展战略、规划时，应将"以人为本"的理念贯彻始终，尊重和保障居民的文化权利。在硬件建设上包括馆舍、环境、设备、文献等，软件建设上包括思想、观念、管理、制度等都要充分考虑人的因素，以便最大程度地满足社区居民的需求。

（二）国家宏观调控与社会力量参与相结合

北京大学李国新教授指出，提供公共文化服务是现代政府的基本职能，在

---

① 帕累托最优是一种资源配置的最优条件，它将优化资源配置作为增加社会福利的措施，强调效率对公平的改进。参见：陈丹.上海市公共图书馆服务供给均等化研究（2008—2017）[D].上海：华东政法大学，2021.

公共文化服务保障中，政府应当发挥主导作用①。国家对全国的社区图书馆事业建设进行总体规划和宏观调控，有利于社区图书馆事业的协调发展，可以提高社区图书馆事业的投资效益，实现可持续发展。

社会力量参与社区图书馆事业的建设，可以提高社会力量参与国家文化事业建设的积极性，释放社会力量的巨大潜力。引入社会力量参与社区图书馆事业建设，可以在一定程度上缓和或解决社区图书馆存在的人力、管理等诸多问题，将国家、政府、相关管理机构的工作重点转移到监管监督等方面，实现从"办文化"到"管文化"的转变，实现一"引"多得②。

政府机构应当促进社会力量参与社区图书馆建设。政府应当制定各种政策来引导和鼓励企业积极投入公共文化事业，并在社会上形成重视公共文化事业，重视图书馆建设的社会氛围，吸引更多社会力量参与图书馆的建设③。政府主导建设，做好顶层规划设计，有利于整个社区图书馆或辖区的现代公共文化服务体系建设。在政府购买公共服务已经成为国家治理改革大趋势的背景下，政府的工作重心应放到研究制定发展规划、健全法规与政策、确立服务标准、开展履约绩效评价、加强监督问责等方面④。

（三）全面规划与因地制宜相结合

全国图书馆事业作为一个统一的整体，它的各个组成部分相互联系、相互协调，不论其隶属关系，均应以资源建设和读者服务方面的统一规划为行动目标，满足读者日益增长的文化需求。政府应该根据国家的现有经济实力和人力、物力及技术设备等条件，对社区图书馆事业发展的数量、重点、规模与速度做出全面规划，使人力和物力得到合理配备，使整个社区图书馆事业得到全面的发展。由于各地的政治、经济、文化背景不同，各地社区图书馆还需要在国家全面规划的基础上进行相应的调整。例如社区图书馆的布局，由于各地的

---

①　殷泓，王逸吟.为更好的公共文化服务保驾护航——聚焦公共文化服务保障法草案[N].光明日报，2016-04-28（7）.

②　沈丽红.引入社会力量参与基层图书馆建设探析——以杭州地区基层图书馆为例[J].图书馆研究与工作，2017（6）:48-51.

③　朱佳莉.社会力量参与公共图书馆建设问题探讨——以上海近代文献馆·杨浦馆为例[J].图书馆研究，2015，45（4）:28-31.

④　陈红.政府购买公共图书馆服务的障碍与未来方向[J].图书馆工作与研究，2015（10）:4-8.

人口、经济情况不同，不能用统一的标准衡量，需要根据各地实际情况决定。我国发布的《WH/T 73—2016 社区图书馆服务规范》规范了社区图书馆的服务资源、服务提供、服务管理等方面内容，各地社区图书馆应在此基础上根据本地的实际情况进行建设。

（四）发挥社区图书馆学的理论指导作用

首先，要重视和加强社区图书馆学的理论研究。社区图书馆事业的建设离不开社区图书馆学的研究。社区图书馆在我国的发展历史告诉我们，有正确的理论指导才能少走弯路。社区图书馆与其他图书馆相比更贴近人民群众的生活，社区图书馆学也应具有很强的实践性，因此在进行理论研究时要充分与实践相结合。这些实践所产生的理论成果又将反过来引导社区图书馆的发展。

其次，要开展社区图书馆学教育。社区图书馆学教育对社区图书馆的发展有着深远影响，社区图书馆工作人员是社区图书馆学理论的实践者，开展社区图书馆学教育，让社区图书馆工作人员理解有关理论，才能更好地发挥社区图书馆学的指导作用。

三、我国社区图书馆的管理体制

我国幅员辽阔，区域差异较大，面对社区居民文化需求多样化的发展趋势，社区图书馆管理体制的具体选择取决于多种因素，包括地方政府制定和实施的文化事业发展战略、社区图书馆的地理环境、社区图书馆的功能等。管理体制是指管理系统的结构和组成方式，即采用怎样的组织形式以及如何将这些组织形式结合成为一个合理的有机系统，并以怎样的手段、方法来实现管理的任务和目的[①]。图书馆管理体制是图书馆组织的结构形式，其实质是建立图书馆事业的运行机制。这种机制能有效地组织图书馆活动，对图书馆事业进行宏观管理和微观调节[②]。

（一）独立管理体制

国外公共图书馆外包出现于 20 世纪 90 年代。1995—1997 年，美国伊利诺伊州的芝加哥、加利福尼亚州等地的图书馆将图书馆业务外包给专业公司管

---

① 唐义.我国公共数字文化资源整合模式研究[M].武汉:武汉大学出版社,2017:79.
② 张联民.对图书馆管理体制改革的思考[J].图书馆建设,2010（5）:90-92.

理；日本于 2003 年出现类似的外包服务；2008 年，英国伦敦豪恩斯洛自治市将其图书馆与文化服务整体外包，成为英国第一个把图书馆服务整体外包给私营公司的图书馆。我国公共服务外包于 20 世纪末出现，对于提高公共服务效能、管理体制改革、满足公众需求有很大帮助，为实现"小政府、大社会"提供助力。在社区图书馆领域，2011 年末，广东省广州市南沙区尝试进行图书馆外包，即把社区图书馆的服务功能通过政府采购程序外包给企业，以合同的形式约束和细化社区图书馆的专业化服务，开启了我国社区图书馆外包的先河[①]。

21 世纪初，图书馆界就已经在讨论服务外包的问题，但是这种讨论仅仅局限于一些业务流程的外包，如采编、后勤等。近几年，社区图书馆的整体服务外包管理开始出现。采取整体服务外包，可以在一定程度上解决编制人员少、业务流程磨合困难、新旧人员交替和岗位调整等问题[②]。如安徽省芜湖市镜湖区图书馆于 2014 年 1 月实行整体服务外包，镜湖区政府外包内容包括：图书馆的日常运营、读者建设、组织开展活动、配合政府做好其他工作，除了图书馆馆舍建设及图书采购由政府出资完成，其余的管理工作全部由外包企业完成。镜湖区文化广电新闻出版局对图书馆的运营进行全面监督，引入第三方，制定了具体详细的考核指标、考核方法、考核路径。通过社区图书馆外包，完善了基层公共图书馆社会化管理体制，明确了政府职能，减轻了政府负担，提高了基层图书馆的服务质量和水平。引入社会力量参与社区图书馆建设的有益实践，能够在一定程度上缓解社区图书馆人员配备不足、专业程度不够和资金短缺的问题。引入专业管理机构参与社区图书馆的管理和服务，有助于利用社会力量、社会资源和人才提升社区图书馆的服务效率和读者满意度。同时，引入社会力量能够使政府的工作重心放在项目监督等方面，从而实现由"做文化"到"管文化"的转变。社区图书馆满足了社区居民文化需求，同时也协调了人与社区、人与集体、人与人之间的社会关系，充分发挥了社区居民的主体作用，使社区图书馆真正地成为社区内的知识中心。

---

① 徐文贤,康福婷.公共文化服务体系下的社区图书馆外包[J].图书馆论坛,2013,33（6）:67-71.

② 李红.实行整体外包服务的三个公共图书馆的建设[J].图书馆杂志,2017,36（1）:33-37,32.

（二）总分馆制

总分馆制是起源于西方公共图书馆的一种管理制度，指由同一个建设主体出资，同一个主管机构管理的图书馆群，其中一个处于核心地位的图书馆作为总馆，其他图书馆作为总馆的从属，实行人员、经费、资源的统一管理[①]。总分馆制是一种在国内外都受到认可的成熟管理模式，这种模式在以美国为代表的西方国家比较常见，我国一些发达地区社区图书馆建设主要也是采用这种模式[②]。2000年以来，我国公共图书馆界开始致力于图书馆总分馆建设和向基层延伸的图书馆服务体系的构建。实行总分馆制不仅能从专业化角度援助社区图书馆，更能使社区图书馆的服务向专业化、常态化迈进[③]。

进入21世纪以后，现代图书馆基本理念在中国完成重建，唤醒了图书馆人的职业精神，公共图书馆总分馆制建设在中国经济发达地区率先崛起[④]。中国图书馆总分馆制首先在佛山禅城区生根发芽。2002年9月，佛山禅城图书馆提出了"禅城区联合图书馆"的建设规划，即在禅城区建设1个主馆、6—8个分馆，从而保障本辖区内社区居民的文化需求。佛山禅城区采用的是"统一管理，多方投入"的管理与运行机制。"统一管理"是指各分馆使用统一的技术平台和资源，提供一致的服务模式与管理人员，管理人员由总馆派出，业务资金由总馆统一管理，各个分馆采用统一的装修风格和统一的分馆标识，馆名采用统一格式，即"禅城区联合图书馆——××分馆"。"多方投入"是指以区、街道、社区财政共同出资，以区财政为龙头，引导并鼓励社会力量参与图书馆事业建设。

2006年中共中央办公厅、国务院办公厅印发的《国家"十一五"时期文化发展规划纲要》明确提出，县、市图书馆逐步实行总分馆制，并进行全面推广，正式将公共图书馆总分馆制确立为国家文化发展策略。经过几年的发展，我国公共图书馆总分馆制的建设已经初具规模，并且形成了多个具有地方特

---

① 贺文蕾.公共图书馆总分馆制现状及建设可行性[J].才智,2013(26):287-288.

② 刘兹恒,薛旻.论社区图书馆的功能、模式及管理机制[J].中国图书馆学报,2002(5):32-35,60.

③ 李菊花.京津冀协同发展背景下基层社区图书馆均衡化建设探讨[J].图书馆工作与研究,2016(12):109-114.

④ 金武刚,李国新.中国公共图书馆总分馆制建设:起源、现状与未来趋势[J].图书馆杂志,2014,33(5):4-15.

色的总分馆制建设模式，如"苏州模式""嘉兴模式""广东移动图书馆模式"等，由总分馆构成的公共图书馆服务体系成为我国公共文化基础设施建设中不可缺少的一部分，也是我国公共数字文化工程的重要组成部分①。

我国图书馆总分馆制分为合作制总分馆模式、联合制总分馆模式、协同制总分馆模式。合作制总分馆模式可以说是总分馆制的初级形态。从严格意义上讲，这种模式不是真正的总分馆制。合作制下总馆与分馆之间是相互独立，不存在隶属关系的，各图书馆之间通过协议进行合作，以达到区域资源共建共享，完善公共文化服务体系的目的。联合制总分馆模式是目前国内使用最广泛的公共图书馆总分馆制管理模式，总馆和分馆之间具有紧密联系，但二者的产权是独立的，总馆对分馆是业务上的领导关系，对分馆进行技术和业务监督，统一负责文献资源的采购、集中编目和统一配置，总分馆之间实现资源共享、通借通还等，如天津的所有社区分馆采用的就是这种总分馆模式。协同制总分馆制模式下，总馆对分馆有绝对控制权，当某一个分馆出现问题的时候，总馆有权力也有能力使其资产、服务等转移，从而不影响整个总分馆系统的正常运转。目前，我国实行协同制总分馆模式的有深圳福田"图书馆之区"模式，佛山禅城"联合图书馆"模式②。

以联合制总分馆模式为例，社区图书馆加入总分馆制的优点在于：①总馆的支持可以在一定程度上弥补社区分馆在资金、设备、建设规模和人员管理上的不足。总馆对社区分馆进行统一管理。在资金方面，总馆拥有较大的资金优势，社区分馆可以得到总馆的经费或其他物质条件支持；在人力资源方面，可以统一人力资源，由总馆对员工进行管理和培训；在管理与服务方面，统一的管理与服务可以更好地服务社区居民；在技术支持方面，统一的服务平台与技术支持可以给予总馆与分馆更多的兼容性。②从人、财、物不同的方面来看，总分馆制发挥了规范化与标准化的作用，总分馆制为分馆提供丰富的资源，与此同时，分馆拥有一定的自主权，可以根据自身的实际情况采取不同的策略更好地发展，从而有利于整个地区的社区图书馆发展。

我国联合制总分馆模式的缺点在于：①管理体制不灵活。由于受公共文化

①　周萍. 我国公共图书馆总分馆建设模式研究[D].南京:南京大学,2017.
②　马岩,郑建明.图书馆总分馆制建设的模式、特色与思考[J].图书馆工作与研究,2015(7):42-45.

管理体制的约束，我国近年来发展起来的总分馆很少隶属于同一个建设主体和主管部门[①]，如果按每5万常住人口设置一个公共图书馆作为全覆盖的标准，我国大部分县级政府缺乏充分的财政支撑能力，到街道、社区就更没有这个能力了[②]。由于缺乏统一建设主体或主管部门的管理，社区分馆建设工作无法持续。②规章制度不完善。在基层图书馆总分馆建设中，没有政府的支持，各项建设工作就无法正常开展。政府的支持在很大程度上体现在法律法规或相应制度的安排和实施上。尽管我国颁布了《WH/T 73—2016 社区图书馆服务规范》，但关于社区图书馆参与的联合制总分馆模式建设方面的硬性规定仍有不足，加之管理体制不灵活，无法实现社区分馆服务效益的最大化。

（三）图书馆联盟制

图书馆之间的合作在20世纪初已经形成，早期的合作主要集中在建立联合目录、开展基于印本的馆际互借和文献传递等项目上。20世纪八九十年代，随着网络环境的形成和迅速发展，图书馆之间的合作与联合进入新的发展阶段，合作地域的跨度越来越大，合作的内容越来越广泛，合作的形式逐渐发展成为相对固定的、组织和管理相对规范的联盟形式[③]。图书馆联盟是指为了实现资源共享、利益互惠的目标而组织起来的，以若干图书馆为主体，联合相关的信息资源系统，根据共同认可的协议和合同，按照统一的技术标准和工作程序，通过一定的信息传递结构，执行一项或多项合作功能的联合体[④]。图书馆联盟突破了单一图书馆的发展模式，强调合作、协同、共享，带来了单一图书馆所不可比拟的群体优势。特别是在网络环境下，面对经费的有减无增，用最少的投入取得最大的回报，成为当今图书馆联盟建设的重要意义与目的[⑤]。

---

① 阮光册，杨飞.公共图书馆管理与服务[M].上海：上海科学技术文献出版社，2015：207.

② 陈嵘."苏州之路"诠释公共文化服务的现代化道路——苏州市创建国家公共文化服务体系示范区的探索和实践[M].苏州：苏州大学出版社，2016：10.

③ 杜杏叶，李亚峰，李贺，等.我国图书馆联盟管理与运行机制现状调查研究[J].图书情报工作，2014，58（9）：37-45.

④ 周婕，崔海媛，蔡祯.自发的地区性高校图书馆联盟发展构想——北京市高校图书馆联合体建设实践[J].图书馆论坛，2006（4）：147-149.

⑤ 王惠英.我国图书馆联盟研究进展与未来展望[J].图书情报工作，2013，57（16）：140-145，106.

表 3-7　我国图书馆联盟总体布局

以所在区域为标准进行划分： • 全国性图书馆联盟：如中国高等教育文献保障系统，中国高校人文社会科学文献中心，国家科技图书文献中心，中国数字图书馆联盟，中美百万册数字图书馆等； • 省级图书馆联盟：如首都图书馆联盟、北京高校网络图书馆、安徽省公共图书馆联盟、江西高校图书馆联盟等； • 地区性图书馆联盟：如西南地区图书馆协作网、福州地区大学城文献资源共享平台等	以所在系统为标准进行划分： • 高校图书馆联盟：如中国高等教育文献保障系统，江苏省高等学校数字图书馆等； • 专业性图书馆联盟：如全国外语学校图书馆联盟等； • 综合性图书馆联盟：如海南省高等教育文献资源共享网络系统、云南高校图书馆联盟文献共享服务平台等
以合作深度为标准进行划分： • 多项综合性合作联盟； • 单项合作联盟	以管理模式为标准进行划分： • 松散型联盟； • 紧密型联盟

　　资料来源：杜杏叶,李亚峰,李贺,等．我国图书馆联盟管理与运行机制现状调查研究［J］．图书情报工作，2014，58（9）：37-45.

　　社区图书馆参与图书馆联盟的基本模式是通过协商签订文献资源共建共享协议，或采用委托代管的分馆模式等合作形式，将分散的、隶属关系不一的县级以上公共图书馆、高校图书馆和社区图书馆联系起来，组合成正式的、相对固定的和联系紧密的图书馆网络体系，在统一组织、统一规划和统一行动的管理机制中，构建基于互联网的文献资源共建共享系统，形成一个系统的图书馆信息资源共建共享协作网络与信息咨询服务体系。

　　图书馆联盟是政府主导的松散区域型图书馆组织，社区图书馆参与图书馆联盟的优势在于政府可以充分发挥宏观调控作用，利用行政权力和政策，协调各方面关系，为社区图书馆发展提供良好的外部环境。同时，松散型的组织结构也要求社区图书馆与其他组织成员保持目标与行动的一致，遵循协议制约、平等互惠、共建共享的合作原则，把联盟整体的需要和利益放在首位，集中全力共同创建一个对各成员馆都有用的信息资源服务网络。

案例 3.6 广州市荔湾区社区图书馆 [①]

（一）荔湾区社区图书馆概况

荔湾区旧称"西关"。它集古代、近代和现代文明于一身，既是东西方文化交融的产物，也是岭南文化的典型代表。悠久的历史渊源、醇厚的人文风情、灿烂的岭南文化，使荔湾区在当代既是广州市的一个重要行政区域，也是广州市最具岭南特色的老城区之一。荔湾区社区图书馆的发展历史并不长，大部分社区图书馆设在各社区文化室中。2009 年，荔湾区共有 22 个街道，有社区 193 个，其中 111 个社区建有文化室、图书馆，社区文化室总面积为 5482.29 平方米，社区图书馆藏书总量为 86170 册，社区图书馆的总普及率为 57.5%，从广州市的总体情况来看要略好于其他区。

（二）荔湾区社区图书馆的运营现状

目前荔湾区社区图书馆的办馆模式主要有两种：一是总分馆制，二是独立管理体制。两种办馆模式优势互补，已基本形成了市、区、街镇三级图书馆服务网络。2009 年，荔湾区社区图书馆总藏书量为 86170 册。增滘社区图书室藏书量最多，为 11700 册。多数图书馆的图书较新，有些社区图书馆是荔湾区图书馆的分馆，如沙面街社区图书馆。沙面街社区图书馆是区特级文化站，又是广州市少儿图书馆分馆，藏书量高达 30000 册。上述这些图书馆藏书质量高，可读性强，但是大部分图书馆藏书量少，最少的才 20 多册，远远满足不了居民的阅读需求，此外，大部分图书馆没有形成藏书体系，更谈不上藏书特色。

社区图书馆大部分的读者为社区及其附近的居民，是真正意义上的"居民身边的图书馆"。社区图书馆的管理人员基本上是身兼多职的兼职人员，专职人员很少，整个荔湾区只有 41 名图书馆专职管理人员。这 41 名专职人员文化素质较高，90% 以上具有大中专以上学历。大部分的兼职人员流动性较大。兼职管理人员队伍不稳定，成员多为退休干部、中小学教师以及社区义工等。社区图书馆基本上都有专门的办馆经费，经费来源主要有三个渠道：一是由区文化局下拨文化建设专项经费；二是荔湾区图书馆以图书捐赠的形式资助；三

---

① 杨文珠.广州市社区图书馆的建设研究——基于广州市荔湾区社区图书馆建设的实证分析[J].科技情报开发与经济,2010,20（18）:73-76;陆和建,程思捷.英国社区图书馆社区文化服务的案例分析及启示[J].图书馆学研究,2018（15）:89-93,33.

是文化站自筹经费或各辖区单位个人捐助。各社区图书馆负责人普遍强调：尽管上级领导很重视图书馆工作，但是经费仍然不足。

在为社区居民服务方面，只有个别社区图书馆采取有偿服务，提供免费服务的社区图书馆仍占据主流，占95%以上。在管理上，居民借书时须办理借书证和无须办理借书证的社区图书馆各占一半。由于接待读者不多，只能开展一般的阅览活动。少数社区图书馆能提供文献复印的服务，63.3%的社区图书馆会不定期地开展一些读书活动，60%的社区图书馆能采取不同方式进行图书馆宣传，有的社区图书馆利用假期开展一些读书、征文比赛等活动，丰富学生的假期生活。如沙面街社区图书馆举办的"书香沙面"读书活动，广州图书馆金花街分馆举办的每年一届的征文比赛，都吸引了不少青少年读者。

（三）社区图书馆发展中存在的问题

从现有发展模式看，广州市现已基本形成了市、区、街镇三级图书馆服务网络，但广州市各级公共图书馆的实际管理主体众多，区图书馆由广州市文化局管辖，区图书馆的直属分馆由区图书馆管辖，大部分由社区文化室发展而来的社区图书馆又由街道的文化站管辖，还有一部分建在文化站内的社区图书馆由文化站与区图书馆共同管辖，形成了"多头管理、多头均不管"的现象。如有的社区图书馆由区图书馆在藏书、人员培训方面给予一定的扶持后便无人过问，而文化室工作人员由于忙于其他业务也无暇兼顾，而且他们在图书馆业务上不专业，可能导致图书馆工作无法正常开展。此外，从社区图书馆整体功能考虑，无论是馆舍建设还是馆藏建设，均应和地域特点、人口密度、服务半径、读者需求、社区文化定位等相匹配。广州市公共图书馆设置仅与行政区划有关，较少顾及上述要素和指标，也没有将社区图书馆真正纳入全市公共图书馆体系的通盘考虑之中。至于所建社区图书馆和区图书馆、市图书馆的服务体系、整体布局的关系如何，一个社区的人口密度与所建社区图书馆的规模、文献的数量和种类以及社区主体居民的阅读兴趣、阅读需求等问题，仍未引起足够的重视。

无论是从藏书量还是从馆舍面积、人员情况等条件来看，各个馆（室）的差别均很大，有的面积达500平方米，有的面积不到100平方米，藏书量也存在同样的问题。这样就出现了由区图书馆直接管理的少数硬件优质的社区图书馆水平接近区图书馆，而更多的社区图书馆因馆舍简陋、经费不足、文献匮乏、专业人员稀缺而不足以称其为图书馆，使居住于不同区域的读者难以得到水平相当的图书馆服务的情况。

由于宣传不到位、开馆时间有限、服务内容单一、服务手段落后、书刊陈旧、面积狭小等问题，许多社区居民不愿意到社区图书馆来阅读，有些居民甚至不知道附近社区还有图书馆存在，开馆时间与居民上班时间冲突也导致部分中青年读者流失。有些没有专职管理人员的图书馆，由于人手有限，更愿意将工作重心转移到工作成绩见效快的其他文化活动中去，而使有些图书馆名存实亡，在服务内容上只能提供简单的借阅服务，不能深入社区居民中展开调研，按读者的实际需求展开服务，更谈不上特色服务、创新服务。

（四）社区图书馆发展的建议

社区图书馆的发展需要一定的法制保障，这是社区图书馆得以生存和发展的关键，因此，要尽快制定相应的政策法规措施。广州市于 2006 年启动了《广州市公共图书馆条例》的立法工作，该条例被列入广州市人大立法预备项目。广州市文化局于 2007 年 10 月 30 日向全市人民发布了公开征求《广州市公共图书馆条例（草案）》意见和建议的公告。2015 年 5 月 1 日，《广州市公共图书馆条例》正式实施，该条例共有 6 章，分为总则、公共图书馆的设立、公共图书馆的管理、公共图书馆的服务、法律责任和附则，共 57 条。主要内容有：立法目的和依据、图书馆的基本职能和管理体制、图书馆的规划与发展、政府提供的条件和保障、图书馆的设立与管理、图书馆服务和法律责任等。《广州市公共图书馆条例》的实施将会使广州市社区图书馆纳入广州市公共图书馆服务体系的规划，保障社区图书馆的良好发展。

社区图书馆的建设要由政府进行全面规划，科学地制定社区图书馆的发展规划和实施进程，做到协调发展。在总分馆制下，由社区出地方、出人员、出经费或者区图书馆进行部分资助，在社区中建立区图书馆的分馆，总馆实行对文献资源采购、编目和人员培训，与社区共同管理。广州市可以根据社区图书馆的服务范围、覆盖人口等特点，将社区图书馆纳入区图书馆或市图书馆的总分馆体系建设，由市文化局协调各部门，由社区（街道）文化站出场地，再由市财政统一设置专门的购书经费划拨给各区图书馆给予资金保障，总馆统一组织，对资金、设备、藏书、人员进行统一管理，同时与市、区公共图书馆联网，建立协作网络体系，通过"一卡通"实现通借通还；建立资源共享机制，接受上级公共图书馆的指导，开展各种合作，将社区图书馆完全纳入广州市公共图书馆服务体系的规划。这样做的好处是由区馆直接管理，更能体现服务上的专业性，从而更好地促进社区图书馆的发展，而社区文化站也可以有更多的时间从事其他的文化建设事业。

社区是社区图书馆赖以生存的基础，社区图书馆只有与社区密切联系，才能体现其存在的价值，拥有广阔的发展前景。首先，社区图书馆要真正做到是"居民身边的图书馆"，要了解社区居民的需求，针对社区居民的需求开展服务。其次，社区图书馆要积极参加社区的各种活动，做好信息服务工作。社区图书馆应充分利用自身优势与社区联合开展各种社区活动，提高社区居民对社区图书馆的参与利用，使居民真正感到社区图书馆是居民生活中不可缺少的文化设施，使社区图书馆真正融入社区、贴近居民，成为精神文明建设的前沿阵地。

案例 3.7　"苏州模式"的图书馆总分馆建设 ①

2005 年，苏州开始实行全委托的公共图书馆总分馆制，建成了统一采购、统一编目、统一配送和通借通还的体系。截至 2015 年底，苏州图书馆共建成 77 个服务点，包括 56 个分馆服务点，19 个 24 小时自助服务点，2 个社会合作服务点。2015 年，苏州图书馆全年接待读者 1014.6 万人次，外借图书 421 万册次，其中分馆接待读者 516.64 万人次，外借图书 230.67 万册次，超过总接待人次和总借阅册次的一半以上。2021 年 1 月 30 日，苏州市公共图书馆联盟成立，全市建成由 8 个总馆、811 个分馆、92 个 24 小时图书馆、203 个投递服务点组成的公共图书馆总分馆体系，取得了良好的社会效益，受到市民的欢迎和社会各界的好评。

苏州市区公共图书馆总分馆体系的运行管理方式可归纳为两点：一是以苏州图书馆为总馆，区图书馆及区内街道（社区）图书馆（室）为分馆。各相关区图书馆同时挂"苏州图书馆分馆××区图书馆"牌子，并将本区内的街道

---

① 邱冠华.苏州总分馆制度设计的背景、思路与成效[J].图书馆,2014（2）:27-30;方文国.政协常委朱永新:借鉴总分馆体系"苏州模式"加快社区图书馆建设[N].中华读书报,2016-03-09（1）.

（社区）图书馆（室）纳入其中统一管理。实施这一运行方式的市区公共图书馆总分馆体系实行文献资源共建共享，由苏州图书馆统一采购、分编、加工和调配，统一使用苏州图书馆的计算机管理系统。二是有条件的区可按《公共图书馆建设标准》，独立建设并管理区级公共图书馆总分馆体系，将本区内的街道（社区）图书馆（室）纳入其中统一管理。

具体合作形式是分馆的建设主体（即委托单位）提供分馆的馆舍、装修、设备，并每年向总馆苏州图书馆支付一定的人员经费和购书经费，把分馆委托给总馆苏州图书馆管理。同时，总馆向分馆派遣工作人员，并统一采编和调配图书、征订报刊。而分馆可以使用总馆的计算机业务管理系统，按统一标准提供服务、统一开展读者活动，读者使用统一的读者证，在总分馆系统内实行通借通还。

在此合作过程中，由于文献资源采用"动态资产权"，文献资源资产归属的问题在协议委托期间被淡化，因此，分馆建设主体虽然提供场地和经费，但除考核分馆的服务效益外，没有其他的权益。苏州图书馆接受委托，取得分馆场地的使用权和资金，负责分馆的开设，为分馆提供和分配合适的文献资源，为分馆提供全面的读者服务。

案例 3.8 合肥市滨湖世纪社区图书馆的发展 ①

合肥市滨湖世纪社区图书馆是在合肥市包河区政府的批准下，首家以政府购买服务的方式引入社会力量参与全部管理工作的社区图书馆。其整体服务外包管理改变了社区图书馆缺乏专业管理人才、资金投入不足、发展落后的现状，推动了社区图书馆的繁荣发展。合肥滨湖世纪社区图书馆内设图书藏借阅综合服务区、期刊服务区、电子服务区、视障阅读区、亲子互动中心、科普综合体验中心等，图书馆定期举办活动，深入居民内部，关心居民所想、所需，并且注重打造自己专属的文化活动品牌项目，协调政府、图书馆、读者和企业之间的关系，最大限度地发挥了社区图书馆的功能。

---

① 陆和建,姜丰伟,王蕾蕾.我国基层公共图书馆管理与服务创新实证研究——以滨湖世纪社区图书馆社会化运作为例[J].图书馆,2016（8）:104-107.

图 3-1　合肥滨湖世纪社区图书馆　　图片由安徽知本文化传播有限公司提供

自 2015 年 6 月开馆运营至 2016 年 3 月，滨湖世纪社区图书馆各项服务取得了很大进步，新增读者办证近 2000 人，读者到馆达 18000 人次，图书借阅量超 20000 册，开展各类文化活动达 60 余场次，读者满意度较高。合肥市滨湖世纪社区图书馆的发展是新时期、新政策下我国社区图书馆发展进程的缩影。

2016 年 3 月 11 日，文化部发布了《WH/T 73—2016 社区图书馆服务规范》，并于 5 月 1 日起施行。它是专门针对社区图书馆建设的标准，着重为基层公共图书馆服务、为社区图书馆事业的健康发展和保障社区居民的基本文化权益提供制度支撑。2016 年 5 月起，滨湖世纪社区图书馆运营方参照《WH/T 73—2016 社区图书馆服务规范》，针对队伍建设、文献资源、服务提供、服务管理、志愿服务等，开始制订更有针对性的月度工作计划，实现了服务规范的及早落地。

政府在建设合肥市滨湖世纪社区图书馆中扮演核心监督人角色：政府对社会化运作的监督路径主要包括两种：一是，最初签订合同时，规定用于支持图书馆运行管理工作的资金投入以分期分批的形式支付，只有考核成绩符合合同规定的要求，政府才会支付最后一批费用；二是，政府加强对社会化运作下社区图书馆的监督作用，加强了政府履行服务社会的责任意识。

四、我国未来社区图书馆事业建设与发展趋势

1. 社区图书馆空间建设更加人性化

社区图书馆作为一个公共文化空间，不仅要满足社区居民对文化知识的基本需求，也要实现文化空间建设均衡发展，可在空间、读者、馆员三个角度进行设计与创新。从空间上，通过明确的主题、概念设计，在个体图书馆中展现明确的公共文化设计意识；通过功能分区固化服务理念，实现人性化设计，营造文化空间的知识生态圈氛围；打造文化活动品牌，成为真正以人为中心的图书馆；建立新媒体、新技术体验区，让读者可以在图书馆里学习、体验新技术①。

2. 社区图书馆服务不断创新

社区图书馆是社区文化精神的集散地，是孕育社区文化的土壤。社区图书馆在开展社区文化服务时，首先要了解社区的整体情况和特点，社区居民的生活习惯和爱好，社区成员的职业等；其次，应充分体现该社区的历史文化、风土人情、地域文化等特点，打造具有社区特色的社区文化服务；最后，要加强与展览馆、博物馆、历史馆、美术馆、艺术中心等文化单位的联系，联合举办不同类型的活动，以文化为载体，开拓居民的视野，丰富居民的文化生活。在"互联网+"的背景下，社区图书馆还可以建立起多媒体、跨平台、多终端的文化信息资源共享平台，使社区图书馆成为融信息查询、文化传播、交流互动为一体的社区信息资源交流中心，为社区居民提供更加丰富、便捷的信息服务。

3. 社区图书馆社会评估与监督机制不断完善

图书馆投入的资金和资源需要进行科学有效的评估，也要对图书馆管理人员和从业人员在一段时间内取得的成就进行评估。对图书馆运作情况的评估，是提升社区图书馆服务效率和服务质量的一项重要举措。绩效评估有利于推动社区图书馆业务规范化、标准化、科学化发展。评估一方面可以使社区图书馆获得更多的政府财政资金和决策支持，另一方面，社区居民也可以了解社区图书馆的公共资金是否得到了增值或效益最大化，同时更可以得到第三方公益力量的支持，从而优化社区图书馆的发展条件和社会服务环境。目前评估和监督

① 李英. 社区图书馆发展的新趋势[J]. 新世纪图书馆, 2017（7）: 73-76.

的实施者大多是上级文化部门和业务指导部门，第三方评估机制可以被引入社区图书馆的评估，使评估更具说服力。

4. 社区图书馆建设运营主体多元化

现代公共管理的管理理念表明，图书馆作为公共机构，其建设和管理应该向多元化发展。作为社会公共事务的重要组成部分，社区图书馆应该在政府、第三方（如社会团体、非政府组织）等不同的建设运营主体间进行有效选择，从而形成适合自身发展的机制。政府主导，公民有序参与社区图书馆建设、管理和服务的模式是发展社区图书馆的有效途径①。

我国幅员辽阔，区域差异明显，面对社区居民文化需求多样化的发展趋势，社区图书馆发展模式的具体选择取决于多种因素，包括地方政府制定和实施的文化事业发展战略、社区图书馆地理环境、社区图书馆功能等，实行社区图书馆建设运营主体多元化发展是必然的趋势。

---

① 李英.社区图书馆发展的新趋势[J].新世纪图书馆,2017(7):73-76.

第四章　社区图书馆业务工作

社区图书馆业务工作包括以文献资源建设为中心的知识整合工作，以读者活动为中心的读者服务工作以及管理与服务队伍的建设，三者形成一个相辅相成、不可分割的统一整体，保障社区图书馆的正常运行。本章就社区图书馆的服务队伍建设、文献资源建设、读者服务工作、服务宣传推广、文化活动品牌创建与"图书馆＋"理念下社会力量参与社区图书馆服务等社区图书馆微观工作相关问题分别加以讨论。

第一节　社区图书馆服务队伍建设

一、服务队伍建设的目标

1. 保证社区图书馆的良性运转

在社区图书馆的运转过程中，服务队伍扮演着极其重要的角色。社区图书馆应充分考虑管理与服务人员的年龄结构、专业经验、岗位规划等，以实现社区图书馆服务团队的年轻化、专业化、稳定化，为顺利完成各项业务工作提供坚实的人才基础。

2. 以综合专业素质为引进标准

《WH/T 73—2016 社区图书馆服务规范》提出"社区图书馆工作人员应具有大专以上学历，受过基本的图书馆专业技能培训，能够熟练操作和使用计算机及相关设备"，这对社区图书馆工作人员的业务能力提出了基本要求。然而，随着各级政府对基层文化服务体系建设的日益重视，基层公共文化服务走上了发展的快车道。为了更好地保障社区居民的基本精神文化需求，社区图书馆管理与服务队伍不仅应具备图书馆管理知识、计算机知识、公共文化服务知识，还应具备一定的心理学、教育学、社会学、管理学、统计学等方面的理论知识和实践能力。

3. 服务契合各功能区

社区图书馆一般都设有阅览室、活动区、公共区、总服务台等多个服务功能区，不同性质的服务内容需要依托相应的服务功能区实现。在同一服务功能区内的工作人员又会因业务分工而承担不同的工作，这就要求社区图书馆应做到因需设岗、因岗设人，提高各岗位人员与相应服务功能区服务项目、场地设施要求的匹配度，确保社区图书馆可以为居民提供高质量、高效率的服务。

4. 构建专职、兼职互补的队伍体系

《WH/T 73—2016 社区图书馆服务规范》要求，"社区图书馆应至少配备专职工作人员 1 名，并根据需要配备一定数量的兼职工作人员或招募志愿者"。馆员队伍是社区图书馆运行管理的主体力量，当前国内不少地区的社区图书馆由于缺乏足够数量的服务人员，出现了从其他机构临时抽调或者难以维持正常运行的问题。为了解决这一问题，社区图书馆一方面应重视专职馆员队伍的建设，实现社区图书馆的健康运转；另一方面应鼓励社会组织、志愿者团队参与到社区图书馆的文化服务中，为社区图书馆持续输送新鲜的血液，提高社区图书馆的服务活力。

二、馆员队伍建设工作

1. 配置专业水平高、满足岗位需要的优秀人才

社区图书馆应致力于打造一支结构合理、配置优化的专业人才队伍。在人员结构方面，行政管理、文献流通由专职人员负责，活动策划、服务宣传、信息技术维护由专职人员或兼职工作人员承担，保证社区图书馆知识整合、读者服务工作的稳步进行。在岗位配置方面，社区图书馆应该严格人才的引进与招聘流程，把那些品德优秀、知识广博、专业精通、能力较强、身心健康的专业人才选拔到社区图书馆适合的岗位上。

2. 构建系统的馆员培训与继续教育体系

社区图书馆应制订系统的馆员培训与继续教育计划，确保每名馆员每年参

加继续教育学习的时长不少于 40 个学时，不断增强馆员的综合服务水平。为此，总馆可以成立培训与再教育协调小组进行全面协调。通过建立合理、健全的培训与继续教育体系，优化馆员培训与继续教育的内容和方法，明确馆员培训与继续教育的管理制度，在经费、时间上予以保证，在奖励、惩罚等方面予以细化，形成多层次、多内容的社区图书馆馆员培训与继续教育体系。

3. 完善社区图书馆馆员的绩效考核制度

加强面向社区图书馆馆员队伍的绩效考核，努力提升馆员队伍的工作积极性，有效促进社区图书馆的日常管理、读者服务工作。通过科学的绩效考核制度，提高社区图书馆馆员队伍的服务素质，创新服务品牌，提高服务质量。

4. 加强社区图书馆馆员的业务工作交流

建立常态化的业务交流机制，相互吸收经验，敢于打开思路，形成争先创优的氛围；积极创新服务方式，达到整合业务信息、提升服务成效的目的。社区图书馆可以推行每月例会制度，围绕本月的馆藏统计、活动统计、读者统计、居民建议反馈、读者问卷调查、新媒体阅读量等服务数据展开讨论，集思广益、推陈出新，准确掌握社区图书馆的服务与管理情况，对下一月的工作实施提供重要的改进优化依据。

三、社会组织的参与

（一）社会组织的类型

社会组织是指公民、法人和其他组织自愿组成或举办，在一定地域范围内开展活动的，以满足社会公众不同需求为目的的，非营利性、公益性、服务性的社会团体、基金会和民办非企业单位。社会团体是指公民自愿组成，为实现会员共同意愿，按照其章程开展活动的非营利性组织[①]，包括各类协会、学会、促进会、研究会、商会、总工会、联合会及群众自发成立的文化团队。基金会是指利用自然人、法人或者其他组织捐赠的财产，以从事公益慈善事业为目的，按照《基金会管理条例》的规定成立的非营利性法人[②]。民办非企业单位是指企事业单位、社会团体和其他社会力量以及公民个人利用非国有资产举办

---

① 中华人民共和国民政部.社会团体登记管理条例（2016年2月6日修正版）[EB/OL].[2022-08-22].https://www.mca.gov.cn/article/gk/fg/shzzgl/201812/20181200013490.shtml.

② 基金会管理条例[J].安徽省人民政府公报,2005（1）:2-7.

的，从事非营利性社会服务活动的社会组织①。

（二）社会组织参与社区图书馆服务的作用

近几年来，各级政府在加大基层公共文化设施建设力度的同时，也在全力探索提升基层文化服务水平的路径。2017年3月1日开始实施的《中华人民共和国公共文化服务保障法》提出，鼓励公民、法人和其他组织依法参与公共文化设施的运营和管理。社区图书馆引入社会组织参与文化服务建设，对增强社区图书馆文化服务能力，丰富社区图书馆服务队伍构成有着积极的意义。

首先，社区图书馆加强与社会组织的合作，有助于克服自身存在的馆员队伍不健全、服务理念不灵活、服务内容单一等问题，激发社区图书馆的发展活力。同时，这也为群众自发性文化团队的建设、壮大提供了良好的平台与空间，有助于形成相互促进、协同发展的社区文化建设新局面，提升居民对社区图书馆文化服务的关注度。

其次，社会组织的参与能够有效改善政府直接供给模式下资源投入多、服务效率不高的弊端，增加社区图书馆文化服务的形式和种类，提供契合社区居民需求的文化产品与服务，有效解决社区图书馆文化服务供给与需求错位的矛盾。

最后，社会组织可以发挥其独有的资源优势、服务技能，与社区图书馆的文化服务相互融合，打造多元化、深层次的社区图书馆文化服务供给模式，树立起全新的社区图书馆文化服务供给理念。

案例4.1 合肥天乐社区图书馆引入社会组织参与社区文化建设

合肥市天乐社区图书馆位于合肥市高新技术产业开发区天乐社区服务中心天乐社区居委会，其中，天乐社区服务中心属街道级，天乐社区居委会属社区级。天乐社区图书馆紧邻天乐社区文化活动中心。天乐社区图书馆开展活动时，会根据需要使用天乐社区文化活动中心的功能室，以达到资源整合、一室多用的目的。

为建立健全"老少活动家园"长效文化惠民机制，不断加快服务型政府建设，打造温馨家园惠民工程，由天乐社区服务中心出资购买公共文化服务，引

---

① 民办非企业单位登记管理暂行条例[EB/OL].[2022-08-22].http://www.gov.cn/zhengce/2020-12/26/content_5574294.htm.

进专业的公共文化设施全流程服务外包公司，合力打造公共文化服务社团组织，希望通过政府与社会化服务的优势整合，将天乐社区图书馆打造成安徽省社区文体活动的一线阵地。

为提升天乐社区图书馆的识别度与知名度，服务外包公司赋予了天乐社区图书馆一个新名字——"知新舍"。知新舍建筑面积288平方米，设有综合阅览室、少儿快乐学堂、创客空间、网友会客/E智空间等功能区。相邻的天乐社区文化活动中心设有舞蹈室、多功能厅、安全教育室、家庭生活指导室、艺术培训室、五彩手工坊、老年活动室等。服务外包公司作为知新舍的运营管理主体，利用知新舍与天乐社区文化活动中心的功能空间，面向社区内的亲子家庭开展了系列活动。这些丰富多彩的活动既可以培养孩子各方面的能力，也让家长和孩子在参与活动的过程中享受亲子时光。

一是通过亲子活动，推动社区家庭对图书馆的使用。"新舍艺课堂"周期性地举办面向社区的亲子家庭活动，如联合老少活动家园举办的亲子手工制作课堂——神奇魔法棒和母亲节贺卡活动。这些亲子手工制作活动，不仅培养了小朋友的动手能力和创造能力，也为家长提供了一个与孩子相处的良好环境。实践证明，孩子在小时候是否能正确地认识和使用图书馆与家长的引导息息相关。以孩子的需求为导向，吸引家长的关注，带动社区家庭参与是一种很好的推广手段。中青年人群因为工作和家庭等原因，对图书馆的利用次数往往低于未成年人和老年人。但天乐社区图书馆通过举办亲子活动，鼓励家长参与，逐渐引导他们使用图书馆，提高了社区图书馆的利用率。

二是与社区其他组织机构合作，多种途径开展活动，扩大服务受众面。亲子手工活动"新舍艺课堂"不仅仅在知新舍内举办，也与社区内的其他组织机构合作，深入社区亲子家庭，扩大了知新舍服务受众面。知新舍与社区内的小牛津幼儿园合作，为中班的小朋友带来了"彩色面具"的手工制作课程；联合老少家园活动组织开展亲子手工制作——"神奇魔法棒"。仅仅由知新舍举办，活动还是具有一定局限性，因此知新舍积极与外界合作，充分发挥各自优势，成功地举办了各种活动。

三是活动形式多样，内容丰富。活动有读书会、知识竞赛的知新舍小课堂等。读书会着重于指导家长和孩子的相处之道，在孩子的成长过程中如何与孩子相处、如何正确教育孩子。这些对于没有经验、初为人父人母的年轻家长来说具有重要意义。知识竞赛可以让孩子学习课本外的知识，拓宽自己的知识面。知新舍小课堂的"眼科小医生"活动，为家长和孩子讲解和普及眼科知识，孩子们可以在医生的指导下为父母检查视力。这突破了传统的老师单方面授课讲解眼科知识的模式，让小朋友更加立体地了解视力保护的重要性。

四、志愿者团队的引入

在公共图书馆评估标准中，志愿者服务被纳入考核指标。社区图书馆是基层公共文化服务机构，与社区居民的生活紧密联系在一起，因而社区志愿者服务有很大的发挥余地。社区图书馆可以从以下四个方面促进社区的志愿者服务。

1. 有针对性地引入志愿者服务

《"十三五"时期全国公共图书馆事业发展规划》提到，鼓励和支持公共图书馆开展参与广泛、内容丰富、形式多样的文化志愿服务，探索具有图书馆特色的文化志愿服务模式，打造一批公共图书馆志愿服务品牌。社区图书馆引入志愿者服务应以社区居民的实际文化需求为导向，通过讲座、展览、培训、阅读推广等馆内服务形式以及走进基层、帮扶结对等馆外服务形式，有针对性地满足社区居民的信息文化需要。

2. 扩大志愿者服务参与的类型

目前，志愿者参与社区图书馆服务的类型主要是辅助性质的，即配合社区图书馆馆员的日常业务工作，合力提高文化服务质量，提升知名度。志愿者一般都具有较好的服务专长与特殊技能，社区图书馆可以为志愿者专门设立相应的服务项目，由志愿者负责该服务项目的策划、组织、主持与管理，实现从辅助性质向主导性质的过渡，使不定期举办的服务项目逐步转变为固定化、系列化的服务项目。

3. 壮大社区志愿者队伍的力量

政府及有关部门要鼓励社区志愿服务的组织发展，在项目建设、资金支持、业务培训等方面提供相应的扶持，招募和吸引具有一技之长的专业人才、文化名人和"草根"精英，使其参与日常文化活动、居民教育活动的调研、宣传与实施。同时，社区图书馆应积极整合志愿服务力量，建设本馆特有的志愿者人才储备库，增强社区图书馆的群众基础，推动社区图书馆的可持续发展。

4.建立完善的志愿者参与机制

为了保证志愿者参与的热情，让社区、社区图书馆、社区居民、志愿者都可以从中受益，有必要建立具有指导性、约束性的明文制度，如《社区图书馆志愿者服务章程》《社区图书馆志愿者管理制度》等，对志愿者的注册管理、权利义务、教育培训、服务范围、保障奖励等做出详细的规定，规范社区的志愿者活动。

案例4.2 江苏省江阴市香山书屋志愿服务体系建设 ①

江阴市香山书屋于 2011 年启动，是一个公益、免费、共享、开放的公众阅读平台，到 2019 年 10 月，已具有 8 家实体书屋、12 个 24 小时开放的社区阅读驿站、上千个书香漂流点的规模。香山书屋每周有固定的公益课程、公益活动 15 项，平均每年开展公益活动 1300 多场，项目化运行的阅读推广活动 13 项，平均每年累计服务读者 65000 人次。江阴市香山书屋志愿者服务队一直致力于促进全民阅读，其活动多为阅读服务类，通过举办多种公益性质的课程和讲座，推广读书交流活动。为了扩大公共文化服务供给的有生力量，江阴市香山书屋采取了健全志愿服务模式、创建阅读推广品牌等措施发挥枢纽带动作用，提升了公共文化服务的供给层次。

（一）重视志愿者队伍管理，多路径健全志愿服务模式

香山书屋志愿者队伍成员最初都是公司员工、周边社区群众，然后逐渐成为读书公益活动小组，最终成长为阅读推广志愿服务组织。香山书屋的志愿者模式为"政府引导，企业家参与，媒体宣传，社会组织运作，社会参与分享"。为了促进志愿服务常态化、智能化、可视化，2016 年，书屋组织开发了"义工时间银行"微信管理平台。书屋通过这个平台发布各种活动以及招募志愿者；通过对志愿服务进行定位、签到签退，对志愿者展开管理。目前，平台已经拥有志愿者 1 万余人，发布活动 1.4 万多次，累计服务时长达 18 万小时。

（二）创建阅读推广品牌，推动全民阅读，讲好江阴故事

2014 年，香山书屋与江阴学院联合建立了阅读推广志愿者团队，团队分

---

① 陆和建,阮张平,王玉荣.中国志愿服务组织参与公共文化服务供给策略研究[J].农业图书情报学报,2020,32（7）:15-22.

为两种：教师团队和学生团队。教师团队负责在书屋开展好书推荐讲座，展现大学风采；学生团队则会在公园、社区等地举办阅读推广活动。2016年，书屋与市体育局和社会爱心人士合作建立了城市阳光书房，为广大市民提供阅读指导、钢琴培训等志愿活动；与江阴广电全媒体新闻中心合作共同举办"为你悦读"大型公益活动，让电视节目走出演播厅，每月为市民提供"好书推荐"等节目，平均每期参与人数超过200人。

（三）发挥枢纽带动作用，多方合力参与文化服务供给

香山书屋志愿者服务队联合机关、学校、企业、社团等，开设各种公益课程，开展各类志愿活动。2014年，香山书屋志愿者服务队与法尔胜集团合作，成立教师志愿者团队，为100多名外来务工人员的子女提供无偿的暑期学习活动。2018年，书屋每周开设"女性成才支持计划"公益课程，课程主要包含插花、茶艺、古琴等内容。2019年，书屋与市文化馆合作举办各种文化惠民活动，如开设书法、绘画、礼仪等公益课程。香山书屋志愿者服务队通过举办各种公益课程、公益讲座，为江阴市民提供了优质、免费的公共文化服务，推动了江阴市全民阅读，取得了显著的社会效益。此外，香山书屋联结社会多方力量，组建了各种类型的团队，经常与学校、企业、机关等合作举办各种阅读推广的志愿服务活动，平均每周举办公益活动、公益课程15项，平均每年服务读者人数达10万人。

第二节 社区图书馆文献资源建设

一、文献资源的建设原则

1. 以满足读者需求为核心

社区图书馆的采购文献工作应该使本馆采购入藏的所有文献能够满足读者的信息需求，均能得到有效利用。但实际情况是，部分甚至是大部分馆藏文献并没有成为读者的阅读对象，这些图书长期闲置、无人问津，这直接拉低了社区图书馆的文献流通率，使得相当数量文献的价值没有得到有效的发挥。因而，社区图书馆在进行文献资源建设时，应尽可能地采取多元渠道，充分了解读者的阅读需求，只有这样才能将读者最喜欢、最感兴趣的图书及时推送到读者面前。

2. 以体现区域特色为核心

社区图书馆在建设自有馆藏文献体系时应该保持显著的区域特色。建设独具特色的地方文献资源，能够让社区图书馆更好地发挥促进文化传播、推动文化繁荣的作用。同时，社区图书馆应该配合社区居委会进行文化管理，为民服务，承担起政府与民众之间沟通桥梁的角色，将政府的政策文件、通知公告、统计公报、信息公开目录等各种类型的政府正式或非正式出版物畅通地传递给读者，这是社区图书馆建设特色文献服务体系和延伸文献服务范围的重要举措。

3. 以提高政府投入效益为核心

提高政府投入效益是指通过平衡投入成本和产出效益的关系，提高社区图书馆文献经费使用质量和效益，建立起完善的馆藏体系，产生可观的文献借阅量。社区图书馆作为公共文化基础性服务设施，在很大程度上主要依靠政府的财政支持，政府对社区图书馆在文化服务领域所产生的社会效益具有极大的期待，客观上要求社区图书馆能为社区广大居民提供丰富多样的服务，积极配合基层公共文化服务体系的构建，将政府投入的财政资金用在刀刃上。

二、文献资源的建设内容

社区图书馆文献类型包括外购型文献和特色型文献。外购型文献包括纸本文献、数字资源；特色型文献包括政府正式或非正式出版物、地方特色文献。根据社区图书馆是否参与总分馆体系，社区图书馆文献资源建设可以分为三种情况。当社区图书馆是市县级图书馆的直属分馆时，由工作人员指定居民期望采购的文献清单，上报总馆审批，由总馆提供文献购买经费。当社区图书馆由街道办事处管辖时，工作人员应将文献采购清单上报街道，由街道办事处完成采购。当社区图书馆由街道办事处与市县级图书馆共同管辖时，文献采购经费应该由两方按一定比例分摊。

文献资源建设是一个系统性的过程，包括采访、编目、上架、排架、整架、下架、剔除等一系列工作。其中，采访、编目工作是判断文献资源建设工作效果的基本依据，是影响文献服务水平的重要因素。良好的文献采集工作有助于入藏的文献最大限度地满足社区居民的阅读需求，提高文献的流通速度。准确的文献编目有助于入藏文献被读者快速精准地检索到，缩短读者的找书时间，保证社区居民的满意度。

（一）社区图书馆文献资源建设存在的问题

社区图书馆文献资源建设中常见的问题主要表现为采购的文献资源质量不高、文献资源利用的效率不高两大方面。

1. 质量不高

当前，部分社区图书馆在采购文献时，比较容易受到图书发行商开出的高折扣、低价格营销策略的影响，从而导致采购回来的图书质量不高，且没有充分照顾到不同读者群体的阅读偏好，降低了文献的流通率。为了规避这种采购风险，提高文献的采购质量，社区图书馆须转变文献采购思路，舍弃原有的不良采购习惯，不再依靠单一的图书发行商，同时制定合理的文献采购策略，实现文献采购渠道的多元化，以适应社区图书馆的专业化发展要求。

2. 利用效率不高

目前绝大多数社区图书馆在采购文献时，缺乏对文献复本量的有效控制，造成部分图书的复本量高，无法有效、及时地满足社区居民个性化、多元化的信息需求。与此同时，社区图书馆出现了部分图书被读者完全忽视的现象，这些图书被长期闲置，流通率偏低。为了克服上述不足，社区图书馆的文献采购应重视入藏那些民众喜闻乐见的图书资源，如富有时代精神的主题出版物、热门畅销书、经典阅读推荐书目、区域特色文献等。

（二）社区图书馆文献资源建设的流程

社区图书馆文献资源建设按照外购型文献、特色型文献的划分，可以分别用以下两幅流程图（图 4-1、图 4-2）进行总体概括：

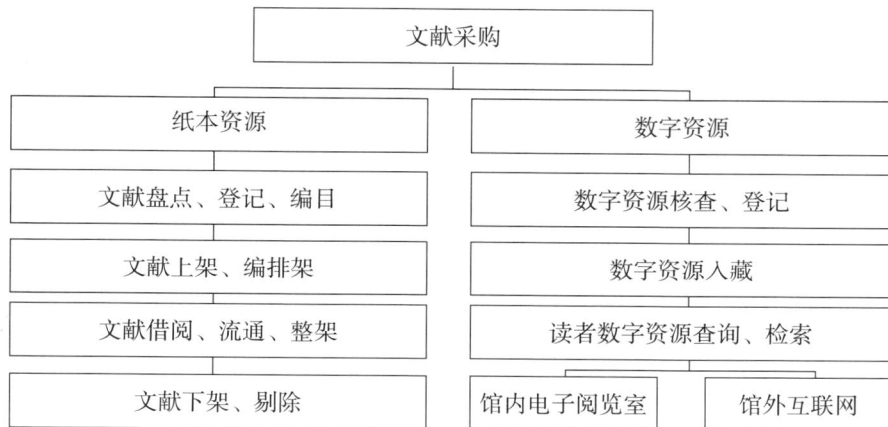

图 4-1　社区图书馆外购型文献资源建设流程

```
                    ┌──────────────┐
                    │   特色型文献   │
                    └──────┬───────┘
            ┌──────────────┴──────────────┐
    ┌───────┴────────┐            ┌────────┴───────┐
    │  政府正式、非    │            │  地方特色文献   │
    │  正式出版物      │            └────────┬───────┘
    └───────┬────────┘                     │
  ┌─────┬───┴────┬──────┐          ┌───────┴────────┐
┌─┴──┐┌─┴───┐┌───┴───┐            ┌─┴────┐  ┌────────┴─┐
│会议││条约、││调查统计│            │社区地方│  │社区特色   │
│记录、││决议、││资料、  │            │文化   │  │人文资料   │
│司法资││规章制││研究报告│            └──────┘  └──────────┘
│料、技││度   ││        │
│术政策││     ││        │
│文件 ││     ││        │
└────┘└─────┘└───────┘
```

（图中文字）

特色型文献

政府正式、非正式出版物 — 地方特色文献

会议记录、司法资料、技术政策文件；条约、决议、规章制度；调查统计资料、研究报告 — 社区地方文化；社区特色人文资料

文献数字化 — 文献数字化

政府正式出版物数据库；政府非正式出版物数据库 — 社区地方文化数据库；社区特色人文资料主题数据库

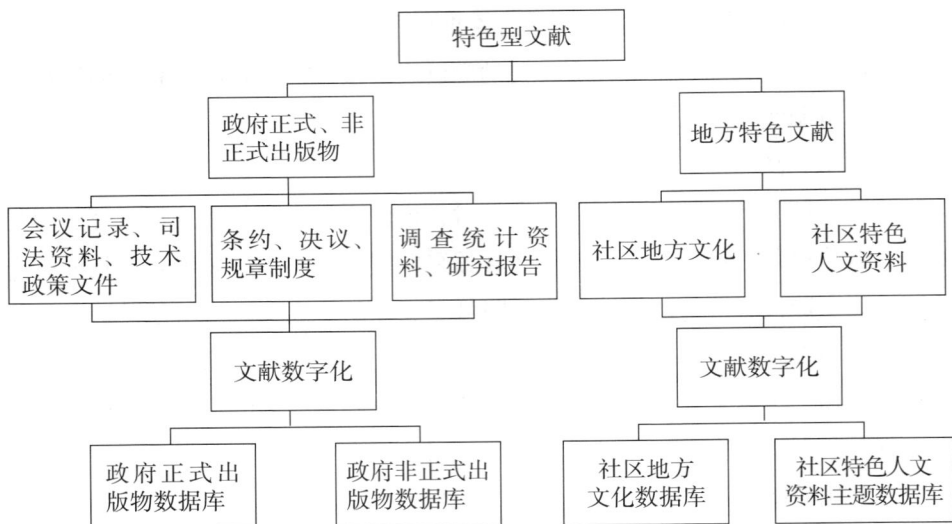

图 4-2 社区图书馆特色型文献资源建设流程

（三）社区图书馆文献资源建设的实施程序

为了解决社区图书馆文献资源建设中出现的采购质量不高、利用效率不高等问题，社区图书馆的文献资源建设可以按照以下实施程序进行：

（1）推荐书目、畅销书榜的选择。选择具有权威性、普适性、大众性的书目或畅销书排行榜，覆盖主题出版文献、经典读物、热门畅销读物，如中宣部、中组部、全国妇联、国家图书馆、中国图书馆学会阅读推广委员会、新华书店推荐的书目。

（2）区域特色文献的选择。区域特色文献主要包括本地政府正式或非正式出版物、社区特色人文资料等。社区图书馆可以运用声像技术、计算机技术、多媒体技术等现代信息技术，实现特色馆藏的数字化，建设特色馆藏数据库。

（3）书单优选、查重。综合几大权威书目、畅销书排行榜，制定符合本馆特色、读者需要的采购书单，并同图书管理系统中的馆藏书目数据进行对比、查重，排除图书馆已经入藏的图书，由社区图书馆馆员完成后续采购工作。

（4）图书供应商的选择。社区图书馆对图书供应商的选择不应再局限于某一家，而应寻求与多个供应商合作，不同的文献类型、不同的学科类别也应选择不同的供应商，以提高文献的采购品质。

（5）文献到馆后的核查、编目。对到馆的文献进行盘点、核对，确保账目

一致，保护财产完整与安全。核查完毕后的文献进入编目环节，所有文献加工须遵循国家规定的编目规则。在本批文献的编目工作完成以后，进入上架、整架环节。

（6）文献上架、整架、借阅。社区图书馆完成文献的上架、整架工作，并对各类文献的借阅进行有效的日常管理。文献上架、整架完毕之后，社区图书馆应该定期对本批文献在满足读者需求方面的效果进行评价。

三、读者荐购策略的实施

读者荐购是让读者参与图书馆文献的采购活动，体现了图书馆以读者阅读需求为中心的服务理念。与传统的馆员采访相比，读者荐购能够使文献采购更具针对性，更符合读者需求，提高文献采集质量[①]。

（一）读者荐购实施的原因

社区居民年龄、阅历、受教育程度的差异以及工作、生活、学习环境的不同，会致使其阅读需求产生相应的区别，这需要社区图书馆始终了解与跟进，提供符合居民当下需求或潜在需求的文献资源。为了充分响应读者的需求，社区图书馆有必要定期采用读者荐购的方式，为居民提供"你看书，我买单"的人性化服务，完善社区图书馆馆藏文献资源体系。随着社区居民文化生活水平的日渐提高，阅读行为朝着多样化、个性化、广泛化、智能化、全年龄化的方向发展，这对图书、期刊、报纸、数字资源的内容质量提出了更高的要求。社区居民往往会采取口头建议、意见反馈、网上咨询等方式反馈自身的信息需求，社区图书馆工作人员应该对这些信息需求给予重视，通过多种渠道组织读者荐购，收集读者荐购信息，充分彰显"以人为本"的服务理念，并在全面评价的基础上采购读者荐购的文献。

（二）社区图书馆读者荐购策略的优化

在文献采访工作中开展和加强读者荐购，可以与读者建立更加良好、更加紧密的沟通关系，馆员在与读者的沟通过程中，其业务素质也会得到不断的提高，而且可以降低盲目选书的可能性，提高采访工作的质量和效率，有利于解决馆员知识结构单一性与文献内容复杂性之间的矛盾，有利于采访决策朝合理

---

① 彭凤,黄力军. 我国读者荐购与读者决策采购之比较研究[J]. 图书馆学研究,2013（19）:32-34,38.

化、科学化方向发展[①]。社区图书馆读者荐购策略可以按照以下四种方式进行优化，为社区居民提供个性化、多样化的信息服务。

1. 及时公布读者荐购文献清单与实施细节

对一些缺少充足工作人员、购书经费紧张的社区图书馆来说，读者荐购工作若要取得良好的成效，应该对读者荐购的文献类型、册数有所取舍，及时发布预备荐购的文献清单，将有关读者荐购的细节予以公示并进行解释，避免因人手、资金的无力支持而失信于读者，影响社区图书馆的声誉。

2. 为社区居民提供线上荐购文献的渠道

丰富社区居民荐购文献的途径，改变仅仅依靠手工记录读者反馈的传统方式，对文献管理系统、自媒体平台等信息技术加以利用[②]，提高读者荐购工作的效率，缩短读者荐购工作的实施周期，为社区居民尽早地获得所需要的文献提供便利的支撑。

3. 开展书刊与读者荐购服务宣传

在服务宣传周、全民读书月、世界读书日等重大节日期间，一方面通过开展阅读推广活动进行广泛的书刊宣传，加强居民对社区图书馆馆藏文献资源的了解与关注；另一方面通过加大对社区图书馆读者荐购服务的宣传与推广，扩大社区居民的参与面，让绝大部分的社区居民能够主动参与读者荐购活动[③]。

4. 联合书商开展读者决策采购模式

更新文献采集的观念，采用与书商合作的方式，建立读者决策采购机制。读者决策采购（Patron Driven Acquisitions，PDA）是指图书馆与书商商定采购图书的学科范围及每本书的预设文档（包括出版年限、价格限制、参数标准等），书商将符合要求的图书 MARC 记录导入图书馆系统，读者通过 OPAC 系统进行检索、浏览、试读等，当检索、点击量达到预设的阈值时，购买指令就会被触发[④]。读者决策采购能够减轻社区图书馆馆员的文献采集工作压力，

---

① 杜友桃,伍晓光,宋宇.图书馆文献采访中读者荐购工作探讨[J].中国中医药图书情报杂志,2014,38（2）:51-54.

② 刘念,岳鸿,张骏毅.利用微信公众平台拓展图书馆读者荐购模式的方法研究[J].图书馆学研究,2014（13）:7-12.

③ 傅卫平.图书馆读者荐购工作的实践与探索——以宁波大学园区图书馆为例[J].浙江万里学院学报,2012,25（5）:62-64.

④ 张欢,齐向楠.基于书商合作模式的读者荐购工作探索——以西南财经大学图书馆博雅新书荐购平台为例[J].现代情报,2016,36（9）:120-123.

使购书的主动权转移到读者手中，而且可以实现文献的快速流通，提升社区图书馆资源的利用率。

（三）社区图书馆读者荐购文献的实施程序

（1）建立读者荐购响应机制。社区图书馆可以从政策宣传、荐购细则、注意事项、书单公示、新书到馆通知等五个方面建立读者荐购响应机制，让社区居民能切身感受到图书馆的贴心服务。

（2）多渠道掌握读者的需求。社区图书馆可以开辟多种渠道，接收居民通过口头建议、电话联络、网上咨询、建议簿、邮件、QQ、微信、微博等方式反映的阅读需求、荐购原因、文献信息、需求强度等。

（3）分析、评估需求的合理性。对读者荐购需求进行归档分析、全面评估，优先选择读者荐购的主题出版物、热门畅销书、地方特色文献，其他荐购根据荐购文献的内容质量、读者的需求紧迫程度等因素权衡决定。

（4）制定读者荐购的书目清单。将评估后的合理性荐购书目罗列成单，由社区图书馆馆员上报社区居民委员会、上级街道办事处审批，后期根据读者需求度或文献流通率决定是否增加复本量。

（5）正式启动读者荐购。读者荐购书单通过审批后，由社区图书馆正式启动文献的采购工作，选择最佳的图书供应商，实时沟通，确保采购的文献能及时到馆。同时，由社区图书馆将准备采购的读者荐购书单对外公示。

（6）文献到馆后的工作。读者荐购的文献到馆以后，由社区图书馆相关工作人员完成文献的编目、上架、整架工作。

四、特色馆藏文献资源建设

（一）特色馆藏文献资源简介

特色馆藏文献资源是指图书馆经过长期积累建设，在一个或多个方面形成一定规模的、结构比较完整的、具有独特风格的文献资源，内容划分主要集中于地域、历史、文化特色文献及其他专题特色文献[1]。社区图书馆建设特色馆藏文献资源，不仅是保障社区居民基本文化权益的合理做法，也是推动社区图

---

① 喻雯虹.立足根本　融合创新——公共图书馆特色馆藏工作探析[J].图书馆理论与实践,2019(10):25-28.

书馆特色化、差异化建设的必然要求。

（二）社区图书馆建设特色馆藏文献资源的优势

1. 社区图书馆与居民的文化生活息息相关

与县区级及以上公共图书馆相比，社区图书馆的服务范围主要集中在基层社区，服务对象是辖区的居民、政府机关、中小学校、企事业单位。社区图书馆积极创新信息服务方式，加快特色馆藏文献资源建设，有利于丰富居民的文化生活，提高居民的文化生活质量，加之社区图书馆与居民的文化生活息息相关，因而特色馆藏文献资源建设工作更容易得到居民的支持，也方便居民参与建设。

2. 社区图书馆可以较为方便地开展居民调研

得益于自身所具有的区位优势，社区图书馆可以更有针对性地开展面向社区居民的实地调研，更好地把握社区居民的实际需求。一方面可以为上级图书馆的基层延伸服务提供有价值的参考材料，另一方面可以为特色馆藏文献资源的建设提供第一手数据，保证特色馆藏文献资源更好地契合居民的阅读兴趣，提高社区图书馆文献资源的利用率。

3. 社区文化可以对特色馆藏文献资源建设提供指向

社区文化是指在一定的区域范围内，在一定的社会历史条件下，社区成员在社区社会实践中共同创造的具有本社区特色的精神财富及其物质形态[①]，它反映了社区居民的价值观、生活观，这可以为社区图书馆的特色馆藏文献资源建设提供指向，使其既不脱离社区居民的文化生活需要，也能及时呼应社区文化的建设要求。

（三）社区图书馆建设特色馆藏文献资源的类型

在整个社区中，社区图书馆的服务对象不单单是社区居民，还有社区内分布着的政府机关、企事业单位。社区图书馆的特色馆藏文献资源包括以下四个类型。

1. 面向政府部门的特色馆藏文献资源

面向政府部门的特色馆藏文献资源可以为政府部门提供社区文化事业发展的决策参考信息，主要包括社区图书馆的居民文化需求调研报告，社区图书馆

---

① 王淑霞,唐爱华.新农村建设时期农村社区文化的构建——基于社会资本理论下的研究[J].学术论坛,2010(12):217-220.

的运行服务数据报告，社区图书馆利用网站资源、数据资源、馆藏实体文献等进行二次开发所生成的材料等。

2. 面向企事业单位的特色馆藏文献资源

社区图书馆利用政府网站、门户网站、新闻网站、报刊文章、数据库资源进行整合加工所形成的特色馆藏文献资源，可以为社区内的企事业单位提供信息资源支撑，服务社区经济、社会、教育事业的发展。

3. 面向社区居民的特色馆藏文献资源

第一，社区图书馆根据居民反馈、读者荐购等途径，由社区居委会或街道政府提供购书资金、社区图书馆工作人员自行购置而形成的阅读型特色馆藏文献资源。第二，社区图书馆从民生需求出发，整合政府信息公开、社会民生政策文件、地区文化政策文件等资源所形成的参考型特色馆藏文献资源。第三，社区图书馆结合本地区地理条件和资源优势，购进或收集促进社区经济发展的图书和资料所形成的特色馆藏文献资源[①]。

4. 面向所在社区的特色馆藏文献资源

公共图书馆立足本地文化进行特色馆藏文献资源建设已经成为常态，如安徽省图书馆的"桐城文派""安徽民间工艺"，广东省立中山图书馆的"孙中山文献""广东地方志"，深圳市图书馆的"深圳学派文献""港澳台文献"，曲阜市图书馆的"孔子文化大全""儒学文献"，等等。社区图书馆可以对社区文化资源进行利用，通过整理社区特色人文资料、居民收藏的古籍图书、居民创作的文艺作品、企事业单位的捐赠等方式，形成独具社区特色的馆藏文献资源体系。

（四）社区图书馆特色馆藏文献资源的数字化

信息资源共享背景下，馆藏文献资源数字化已经成为图书馆的发展趋势，但是全部馆藏文献资源数字化并没有必要，也很难实现，因此，一般来讲，各图书馆都是将本馆的特色馆藏文献资源数字化[②]。随着互联网的发展，各种网络

---

①　张莉. 浅谈乡镇社区图书馆特色馆藏与读者服务工作——由太子河区乡镇社区图书馆工作实践得到的启示[C]//辽宁省科学技术协会. 辽宁省第二届学术年会暨第五届青年学术年会论文集,2005:402-404.

②　杨朝强. 大数据背景下图书馆特色馆藏资源建设与利用研究——以兰州财经大学图书馆为例[J]. 图书馆学刊,2016,38(10):59-61,75.

资源越来越多地被发布到互联网上，这使我们必须把相当一部分注意力从传统的印刷型文献资源建设转移到主要以互联网为载体的各种电子资源建设上[①]。

社区图书馆特色馆藏文献资源的数字化途径主要包括以下两种。第一种为管理人员直接购买符合社区图书馆文献资源建设要求的特色电子馆藏文献资源，如电子报纸、电子期刊、数据库资源等，并获得这些特色电子资源的使用权。第二种为管理人员将社区图书馆自建的特色馆藏文献资源数字化、多媒体化，形成面向政府部门、企事业单位、社区居民等不同服务对象的专题数据库资源。

两种方式比较，第一种方式主要由政府投入资金购买，社区图书馆馆员的工作压力较小，但需要对社区居民的需求进行调研，以保证特色馆藏文献资源能满足社区居民的需要；第二种方式主要依靠社区图书馆馆员队伍自主建设，这种方式的政府投入成本较低，但对馆员的专业性提出了更高的要求，需要馆员熟练掌握将特色馆藏文献资源进行数字化的工具与多媒体手段，准确判断特色馆藏文献资源对于满足不同群体需求的有用性与价值大小等。

五、文献资源共享

（一）社区图书馆文献资源共享的意义

文献资源共享的目的是弥补社区图书馆馆藏文献资源的不足，避免文献资源采购的重复与浪费，实现馆际文献信息资源的优势互补，形成强有力的文献资源保障体系，最大限度地满足社区居民的文献信息需求[②]。文献资源共享对提高社区图书馆的信息输出与供给能力、满足社区居民读者的个性化需求有着积极的作用与意义。

1. 文献资源共享可以满足读者的多种需求

各级图书馆由于本身性质、经费等限制，难以收尽国内外的各种文献，很难满足读者多种多样的需求。社区图书馆普遍存在着场馆面积较小、采购经费有限、数字资源建设不足等问题，若不能向读者提供及时、有效的文献借阅服务，很难得到基层群众的认可与支持。因此，当读者特别需要某种文献，而社区图书馆又未入藏时，可以通过文献资源共享的方式来满足读者的需求。这一做法

---

① 钱德婧. 论社区图书馆特色馆藏与特色服务 [J]. 河南图书馆学刊,2012,32（2）:109-111.

② 刘金玲. 现代图书馆开放服务与管理 [M]. 成都:四川大学出版社,2012:71.

不但打破了文献流通的馆际界限，也打破了读者利用馆藏文献的空间界限①。

2. 文献资源共享可以提高馆藏文献资源的利用率

文献资源利用率是衡量一个图书馆运作最直接、最权威的指标之一，代表着一个图书馆的使用率和社会价值。在一个地区内，不同读者的年龄、职业、生活经历、人生体验是不同的，他们对文献的需求也存在差异，一种文献在一个图书馆的流通率较低，但可能在另一个图书馆就会很受读者的喜欢。通过总分馆制或图书馆联盟实现文献资源的互借，可以加深社区图书馆与中心图书馆及与其他社区图书馆的联系，扩大馆藏文献资源的共享范围，提高馆藏文献资源的流通效率，缓解馆藏文献资源的供需失衡。

3. 文献资源的共享可以提升社区图书馆的信息服务能力

随着互联网技术的发展和数字图书馆建设步伐的加快，公共图书馆的信息化服务能力不断提升，以移动图书馆、自媒体为平台的文献资源共享成为一种新的趋势。依托总分馆制、图书馆联盟而建立起来的数字资源协作平台成为文献资源共享的重要方式。社区图书馆加入数字资源协作平台，可以发挥互联网技术、图书馆网站、移动图书馆、自媒体平台的信息传播优势，为社区居民提供方便快捷的文献借阅服务。社区居民能够通过社区图书馆便捷地获取本省、市、县图书馆的数据库资源、特色馆藏文献资源，提升社区图书馆的信息发散与辐射能力。

（二）社区图书馆文献资源共享的形式

社区图书馆文献资源共享主要包括馆际互借、文献传递、数字资源共享。

馆际互借是图书馆之间或图书馆与其他文献情报机构之间，根据馆际协作协议相互利用对方文献资源来满足读者需求的一种文献服务方式②。馆际互借是一种返还式的文献提供服务，读者所借的文献需要归还借出馆，文献类型一般是图书和期刊原件等③。在总分馆制或图书馆联盟机制下，社区居民通过馆际互借可以实现"一馆办证，多馆借书；一馆借书，多馆还书"，提高文献资源的使用效率与流通次数。

---

① 蔡莉静.图书馆利用基础［M］.北京:海洋出版社,2013:71.

② 许丽丽.台湾地区馆际互借的发展及其启示［J］.图书馆建设,2010（4）:72-74,78.

③ 董晓霞.图书馆联盟馆际互借的运营模式研究——以BALIS馆际互借为例［J］.情报理论与实践,2011（3）:82-85.

文献传递是在传统馆际互借服务的基础上发展来的，是指图书馆将非本地读者所申请的文献，以电子邮件或者是邮寄复印件的形式，传递给读者的一种无须返还的文献服务[①]。社区居民使用文献传递服务多偏向于获取那些实用性、趣味性、生活性、地方性的图书、期刊、古文献，对学术性、专业性较强的论文、报告、标准、专利的需求较小。

数字资源共享是社区图书馆为解决文献采购经费紧张，满足读者日益增长的信息需求所采取的有效措施。20世纪90年代以来，随着互联网和信息技术的发展，数字资源呈指数增长趋势，馆际合作的内容和方式不断地向更加广阔的领域和更加深入的纵深方向拓展和延伸，各种类型的图书馆纷纷以组织和参与联盟的方式共建共享数字资源[②]。这种共建共享主要是总分馆制、图书馆联盟通过建设数字资源协作平台，以社区图书馆作为中心图书馆数字资源的基础节点，使区域文献资源建设投入发挥最大、最佳的效益。

（三）社区图书馆文献资源共享的实现方式

社区图书馆的文献资源共享是指在自愿、平等、互惠的基础上，通过建立县级以上图书馆与社区图书馆之间、社区图书馆与社区图书馆之间的各种合作、协作、协调关系，利用各种技术、方法和途径，通过共同建设和共同利用信息资源，最大限度地满足读者信息资源需求的全部活动[③]。社区图书馆的文献资源共享可以通过总分馆制与图书馆联盟两种方式实现。

2016年12月29日发布的《关于推进县级文化馆图书馆总分馆制建设的指导意见》中指出，"通过县级图书馆总分馆制，整合县域内的公共阅读资源，实行总馆主导下的文献资源统一采购、统一编目、统一配送、通借通还和人员的统一培训"[④]，这为公共图书馆总分馆制的推广与文献资源的共享提供了更加有力的政策支持。

---

① 徐强,徐云梅.德国文献传递服务发展新情况及启示[J].浙江科技学院学报,2013,25（2）:120-123.

② 李晓明,姜晓曦,韩萌.数字图书馆推广工程数字资源共建共享模式探析[J].国家图书馆学刊,2012（5）:20-26.

③ 蔡卫平.基于读者主体地位的文献资源共享研究[M].武汉:湖北人民出版社,2014:22.

④ 文化部 新闻出版广电总局 体育总局 发展改革委 财政部关于印发《关于推进县级文化馆图书馆总分馆制建设的指导意见》的通知[EB/OL].[2017-10-15].http://www.gov.cn/gongbao/content/2017/content_5216448.htm.

图书馆联盟是指为了实现资源共享、利益互惠而组织起来的，受共同认可的协议和合同制约的图书馆联合体，成员馆之间可以开展馆际互借服务、文献传递服务、联合目录或资源目录共享等服务①。文献资源建设与共享是图书馆联盟开展工作的基础，成员馆可以通过联合采购、集中采购、协调订购以及构建资源整合平台等方式进行文献信息资源的建设与共享②。

（四）社区图书馆文献资源共享的实现条件

社区图书馆文献资源馆际共享的实现条件包括以下三个方面：

1. 以统一的业务管理平台为支撑

社区图书馆文献资源的馆际共享需要现代高效的业务管理平台的支持，采用统一的图书馆集群管理平台，把中心图书馆与社区图书馆的所有业务纳入统一的技术平台，实现总、分馆之间业务管理的自动化。中心图书馆利用软件和硬件打造的图书馆集群管理平台对整个分馆体系进行实时监控、资源推送等工作，实体资源、数字资源两套平台全域覆盖，以充分发挥中心图书馆的统筹管理与综合服务的作用③。

社区图书馆建设统一的业务管理平台主要有两种情况：其一，社区图书馆加入地区性的图书馆联盟，采用与其他联盟成员馆一致的图书馆集群管理平台。其二，几个社区图书馆联合在一起，经过协商后确定合适、通用的图书馆集群管理平台。前者可由社区图书馆以租赁的方式将其他联盟成员馆的图书管理系统接入馆内，检索界面、检索功能与其他联盟成员馆保持一致。后者可由几个社区图书馆以联合采购、共建共享的方式，统一采用互联互通的图书馆集群管理平台。

2. 以实现文献资源的通借通还为途径

为了有效保障多个社区不同居民群体的多元阅读需求，总分馆制下的中心图书馆可以实行文献的统一配送、轮换，由中心图书馆按照社区图书馆的实际需求，为每个社区图书馆配送适量的图书。加入图书馆联盟的社区图书馆经其

---

① 霍瑞娟.新业态环境下我国国家图书馆社会职能定位研究[M].北京:北京邮电大学出版社,2014:113.

② 冯君,赵乃瑄. 我国跨系统区域图书馆联盟多极化运行模式[J]. 图书馆论坛,2016,36（9）:85-92.

③ 曲岩红.大连市少儿图书馆总分馆服务体系建设研究[J].图书馆,2004（2）:34-38.

他成员馆同意后，可以申请从成员馆中调拨、传递需要的图书。由多个社区图书馆组建的文献资源馆际共享联合体，可以实行文献的统一采购、编目、配送、轮换，使各个社区图书馆的馆藏文献资源彼此之间相互流通，逐步构建符合社区居民信息需求的社区图书馆馆藏结构，克服社区图书馆文献复本采购数量过多、文献采购种类过少的矛盾，提高文献的流通率。

社区图书馆文献资源的共享需要定制统一的读者证，社区居民用手中的读者证可以在中心图书馆或其他社区图书馆借还纸本文献资源，以此节约建设投入和管理成本。在数字资源共享方面，社区图书馆可以将本馆的电子图书、电子期刊、网络数据库等数字资源放在统一的业务管理平台上进行流通，社区居民输入读者证号和密码即可登录浏览、下载，既可以实现中心图书馆与社区图书馆、社区图书馆之间业务系统与文献资源的共享，也能够实现各个社区图书馆文献资源利用的最大化和最优化。

3. 以专业的文献管理人才为保障

在深化素质教育、能力教育、社会教育、终身教育改革的今天，社区图书馆的文献资源建设工作要开创新的局面，发挥其应有的功能，必须拥有一支素质优良、结构合理、充满活力的社区图书馆馆员队伍，因此加强社区图书馆信息服务人才队伍建设势在必行，刻不容缓。当前，许多社区图书馆的工作人员数量较少，临时抽调现象时有发生，同时，社区图书馆工作人员素质参差不齐，这在很大程度上影响了社区图书馆业务的开展。

为了提高社区图书馆馆员的业务水平，中心图书馆应发挥出自身的人才优势，由其免费、定期对社区图书馆工作人员进行专业培训，使工作人员掌握有关图书馆文献采编、流通工作的基本知识、技能和技巧，不断提高社区图书馆工作人员的读者服务意识。在文献资源馆际共享的过程中，社区图书馆应该注意收集读者的需求、改进意见，随时交流反馈最新的图书信息，以便满足社区居民的需求①。

（五）社区图书馆文献资源馆际共享的实践

《WH/T 73—2016 社区图书馆服务规范》提出：社区图书馆宜纳入地区一体化服务体系，接受中心图书馆的业务辅导，依托中心图书馆服务网络和业务

① 罗燕.合肥市社区图书馆发展策略浅析——以合肥市图书馆芙蓉社区分馆为例[J].农业图书情报学刊,2011(2):154-157.

管理平台，通过协作与共享，联合开展各项服务工作①。这里的中心图书馆既可以是社区图书馆，也可以是街道图书馆、县区图书馆、地市级图书馆、省级图书馆。随着各级政府对基层文化服务体系建设的扶持力度不断加大，部分地区的公共图书馆逐渐将社区图书馆纳入总分馆制或图书馆联盟建设中。

2003年，深圳市提出了建设"图书馆之城"的新思路，其内涵之一就是整合全市文献信息资源，建立全市跨系统的文献信息资源体系，实现全市文献信息资源的共建共享，形成以市图书馆为龙头，区图书馆为骨干，街道图书馆、社区图书馆（含城市街区24小时自助图书馆）等为网点的服务网络②。2015年，绍兴市文化广电新闻出版局组织提出将总分馆建设作为推进公共文化服务体系建设的重要内容，初步形成了以绍兴图书馆及各县市（区）图书馆为总馆，乡镇（街道）图书馆为分馆，社区图书室、图书流通站及农家书屋等为基层网点的总分馆服务体系③。宁夏图书馆对地方的社区文化建设进行了深入研究与调查，并结合本地的实际及各级公共图书馆的状况，遵循"政府主导、坚持公益；文明服务、完善体系；资源整合、共建共享；自愿参加、统一管理"的原则，提出了具有特色的"（宁夏）社区图书馆（室）联盟实施方案"④。

第三节　社区图书馆读者服务工作

读者服务是图书馆工作的中心，是图书馆与读者的沟通桥梁，也是图书社会价值和最终目标的体现，做好读者服务工作是图书馆发展的前提。读者服务工作是指图书馆根据读者的文献需求，利用图书馆资源向读者提供文献和信息的一系列活动⑤。社区图书馆读者服务工作不仅包括借还图书、推荐图书、阅

---

① 中华人民共和国文化部. WH/T 73—2016社区图书馆服务规范[S].北京:国家图书馆出版社,2016:3.

② 深圳市"图书馆之城"[EB/OL].[2017-10-16].https://www.szlib.org.cn/libraryNetwork/view/id-1.html.

③ 那艳,张淑瑛,施国权,等. 绍兴市公共图书馆总分馆运行模式初探[J].理论观察,2016（6）:126-128.

④ 王岗,徐黎. 宁夏公共图书馆社区联盟的建设与发展[J]. 图书馆理论与实践,2012（11）:57-62.

⑤ 靳东旺,李兴建.图书馆读者工作研究[M].西安:西安地图出版社,2014:11.

读推广、读者发展、网络知识导航、参考咨询等服务，也包括与社会教育有关的读者行为研究、读者辅导与培训、开展文化活动等服务。

一、读者类型分析

读者是图书馆这个社会组织的基本组成要素之一，是图书馆得以存在的根本[①]。2008年，中国图书馆学会通过了《图书馆服务宣言》，诠释了以服务为主导的图书馆核心价值：图书馆是一个开放的知识与信息中心，以公益服务为基本原则，以读者为一切工作的出发点[②]。社区图书馆的服务对象是本社区的全体居民，只有把社区居民纳入社区图书馆直接服务的范畴，才能体现社区图书馆服务工作的价值。

读者类型是图书馆读者队伍的基本分类属性，划分读者类型的主要依据有读者的结构特征、读者在图书馆的活动方式[③]。通过对读者类型的划分，可以使社区图书馆的流通、活动等业务工作与读者的信息文化需求挂钩，便于社区图书馆根据读者群体特征制订清晰的业务计划、工作目标，提供差异化、多元化的信息文化服务内容，满足不同读者特定的文献需求。

（一）按照读者的结构特征划分

1. 根据读者的职业划分

读者从事的职业或专业会反映出特殊的文献需求，这种特殊需求持久而稳定，会在较长的一段时间内影响读者的阅读方向和阅读内容[④]。一般可以将读者按职业概括地划分为政府机关读者、企事业单位职工读者、个体经营读者、进城务工读者、科技工作读者、文艺工作读者、教师读者、学生读者等。

2. 根据读者的文化水平划分

读者的文化水平会影响到文献借阅的范围、类型、频次、周期等。社区图书馆划分读者的文化水平主要是结合读者的受教育程度，可以划分为小学、初中、高中、大学专科、大学本科、研究生等。随着读者受教育程度的不断加深，他们的阅读行为会有所差异，娱乐型、学业型、就业型的阅读比重会产生较大变化。

---

① 刘金玲.现代图书馆开放服务与管理[M].成都:四川大学出版社,2012:7.

② 图书馆服务宣言[J].中国图书馆学报,2008(6):5.

③ 蔡莉静.图书馆读者业务工作[M].北京:海洋出版社,2013:9.

④ 王丽.社区图书馆工作[M].厦门:厦门大学出版社,2005.

3. 根据读者的年龄划分

读者的年龄不同，其阅读偏好、能力、内容和途径会表现出不同的特征，通常可以划分为儿童读者、少年读者、青年读者、中年读者和老年读者五个阶段。由于儿童读者的生理、心理和智力发展的特殊性，分级阅读已经成为图书馆开展启蒙教育、素质教育的重要手段，因此还可以进一步将其细分为婴幼儿读者、学龄前儿童读者、小学一年级至六年级儿童读者。

（二）按照读者在社区图书馆的活动方式划分

1. 根据借阅权限划分

根据读者的借阅权限，可以将其划分为正式读者和临时读者。正式读者是指拥有图书馆的借阅证或与图书馆建立了借阅关系，并经常利用图书馆的读者；临时读者是指未领取图书馆的借阅证，或未与图书馆建立借阅关系，只是偶尔利用图书馆的读者[1]。

2. 根据组织形式划分

根据读者的组织形式，可以将其划分为个体读者和集体读者。个体读者是图书馆的主要读者群，其中也包括图书馆工作人员，他们是以个体为单位利用图书馆的读者；集体读者是以小组为单位利用图书馆的读者，其小组内具有共同的阅读需要和阅读方式[2]。

二、发展潜在读者

（一）读者发展工作的作用

1. 评价社区图书馆的总体服务效益

一个图书馆读者数量的多少，直接反映了它的社会地位以及社会作用的发挥程度，同时也可体现该馆馆藏文献资源的开发利用程度。图书馆是人类社会发展到一定阶段的产物，它的存在和发展完全依赖于读者对它的需求程度。因此，社区图书馆应该做好读者发展工作，通过对本社区的居民数量、结构、性别、区位分布、受教育程度等进行系统的调研与统计，开展有针对性的服务，提高服务的质量，使那些偶尔到馆的临时读者转变成为经常使用图书馆的正式

① 江涛,穆颖丽.现代图书馆服务理论与实践[M].郑州:河南人民出版社,2014.
② 沈继武.20世纪中国图书馆学文库(51):藏书建设与读者工作[M].北京:国家图书馆出版社,2013.

读者，不断扩大社区图书馆的读者规模，让读者在享受文化服务的同时主动关注社区图书馆的发展，只有这样才能加快社区图书馆事业发展的步伐[①]。

2. 反映社区图书馆的均衡发展状况

社区图书馆读者发展工作不仅仅是将目光放在读者数量的增加上，更应该注意读者类型的平衡。目前，许多社区图书馆的读者人群仍然是以社区的少年儿童、老年人为主，中青年读者到馆阅读的积极性不高，导致社区图书馆工作人员无法全面掌握居民读者的阅读偏好，不能对文献资源建设进行充分的调整与优化。因此，社区图书馆的读者发展工作应该尽可能地实现读者类型的丰富性、完整性，围绕各类读者的需求提供相应的信息文化服务，从而提升社区图书馆的综合服务能力，推动社区图书馆的可持续发展。

（二）读者发展工作的途径

1. 制订清晰、明确的社区图书馆读者发展计划

读者发展计划是图书馆根据社会的需要以及本馆的任务和服务能力，对本馆的读者发展目标、步骤及具体措施等方面做出的规划。制订读者发展计划时，既要注意读者的实际需要，又要考虑本馆的现实条件。读者发展计划的主要内容包括：发展读者的总数量；发展的范围、资格条件和重点；各种类型读者的具体比例；发展读者的步骤与时间；各项工作的具体措施等[②]。一个清晰、明确的读者发展计划可以使社区图书馆根据新发展的读者的需求调整馆藏文献资源结构，也可以使社区图书馆的读者类型与成分维持在较好的平衡点上，避免读者发展工作的盲目性。

2. 走进小区、学校、机关、企业等基层单位发展读者

《"十三五"时期全国公共图书馆事业发展规划》指出：有条件的市、县为辖区图书馆配备流动图书车，合理设置服务网点及营运路线，根据基层群众需要，开展图书借阅、流动办证、流动展览、流动讲座、数字资源流动下载等多种形式的服务，有效拓展服务半径[③]。对社区图书馆而言，配备流动图书车并不具备现实的可实现条件，但仍然可以依靠上述形式的服务来满足社区居民

---

① 华斌.少儿图书馆读者发展工作的路径与对策[J].图书馆学刊,2014,36（2）:109-111.

② 王丽.社区图书馆工作[M].厦门:厦门大学出版社,2005:253.

③ 文化部关于印发《"十三五"时期全国公共图书馆事业发展规划》的通知[EB/OL].
[2017-10-23]. http://zwgk.mct.gov.cn/auto255/201707/t20170726_685747.html.

的文化需要。通过走进周边的小区、学校、机关、企业等单位，社区图书馆可以为更多的群众提供"家门口式"的便捷服务，提升社区图书馆的亲民性，将潜在读者转化成为正式读者，不断扩大读者的总体数量，实现不同类型读者的全面覆盖。

3. 建立"互联网＋图书馆"的创新运营服务模式

随着互联网技术和通信技术在公共图书馆领域应用力度的加深，以图书馆网站、移动图书馆、新媒体平台为代表的现代信息技术成果在公共图书馆领域得到了广泛的应用，并逐步衍生出一种全新的运营服务模式——"互联网＋图书馆"，成为增强公共图书馆服务能力和服务半径的可选项之一[①]。时至今日，社区图书馆建立"互联网＋图书馆"运营服务模式是十分有必要的。一方面，社区居民受住址、身体状况等因素的影响，到馆频次会存在差别。利用互联网技术，可以让居民在自己的电脑、手机、平板电脑等终端上方便地享受到社区图书馆的服务，有利于培养社区居民的阅读习惯与兴趣，提高社区居民利用社区图书馆的积极性。另一方面，当代数字阅读已经成为社区居民的主要阅读手段，这也要求社区图书馆加强线上服务，充分满足读者的阅读需求，提高读者的获得感，调动读者线下到馆的积极性，将那些只是偶尔利用社区图书馆的临时读者转化成为经常到馆的正式读者。

三、读者研究

读者的需求决定着图书馆存在的价值，读者对图书馆文献资源的利用程度体现出图书馆读者工作的能力、水平和服务质量。读者研究是指研究读者的阅读规律，包括不同层次的读者在阅读需要、阅读目的、阅读过程上的特点及规律。读者研究的目的是提高图书馆读者服务效益和读者阅读修养[②]。

（一）读者研究的内容

读者研究的内容主要包括读者结构研究、读者阅读心理研究、读者阅读需求研究、读者阅读行为研究等多个方面。

---

① 贾西兰,李书宁,吴英梅."互联网+图书馆"思维下的下一代图书馆服务平台[J].图书与情报,2016(1):44-48.

② 张素杰,刘文慧.现代图书馆读者工作[M].呼和浩特:内蒙古人民出版社,2008:55.

1. 读者结构研究

读者阅读结构研究是对读者构成的各种因素和特点的研究。读者结构是指由一定数量的、有阅读能力和借阅需求的人，按照不同的自然因素（如读者的年龄构成、性别构成等）、社会因素（如读者的文化构成、职业构成等）和文献需求特征构成的组织体系[①]。读者结构反映了社区图书馆读者队伍的建设现状，研究读者结构有利于社区图书馆及时了解读者队伍的发展变化趋势，为文献流通工作、读者服务工作的策略调整与改进提供重要的依据。

2. 读者阅读心理研究

读者阅读心理研究是指应用心理学的一般原理、知识和方法，对图书馆读者的心理活动（如读者的心理现象、心理过程和心理机制）进行分析和研究，从而掌握读者心理活动的产生与发展规律，为掌握读者的需求动向，最大限度地满足读者的文献需求提供理论依据[②]。读者的阅读心理会随着年龄的增长、文化水平的提高、社会阅历的增加等因素而产生变化，也受社区图书馆工作人员服务水平、文献资源建设水平、阅读环境发展水平等因素的影响。研究读者的阅读心理特征，可以使社区图书馆的服务工作更好地适应读者的心理需要，提升服务的针对性和有效性。

3. 读者阅读需求研究

读者阅读需求是读者在一定的客观环境下向往获得某种知识、信息，从而产生对文献的探索和利用。读者的阅读需求既是一种个人需求，也是一种社会需求，这种需求处于不断发展变化之中，呈现出复杂多样的状态[③]。读者阅读需求可以总结为以下四种类型：① 社会型读者需求，即读者所阅读的文献是社会上的最新阅读热点，表现出鲜明的时代特征和发展潮流需要。② 专业型读者需求，即从事研究、工作、学习等专业活动的读者所提出的文献需求[④]。③ 研究型读者需求，即为了解决某一研究课题，完成所担负的具体研究任务而产生的阅读需求。④ 业余型读者需求，即读者在工作、学习、研究之余，从个人的兴趣和爱好出发，自发地产生的一种阅读需求[⑤]。社区图书馆应研究不同类型的读者

① 魏蔚,张亚君.图书馆学基础[M].成都:电子科技大学出版社,2013:165.
② 袁琳.读者服务的组织与管理[M].北京:国家图书馆出版社,2013:99.
③ 祝筠.网络环境下的读者需求研究[J].农业图书情报学刊,2010,22(12):361-365.
④ 姚新茹,刘迅芳.现代图书馆读者服务[M].北京:海洋出版社,2006:41.
⑤ 张枫霞.图书馆读者服务[M].北京:海洋出版社,2009:42.

需求，帮助他们学会利用社区图书馆的各种资源，并结合读者需求提供专门的服务内容，使社区图书馆能最大限度地满足读者的信息文化需求。

4.读者阅读行为研究

读者阅读行为是由阅读主体、阅读内容、阅读方式、阅读时间、阅读媒介、阅读环境等组成的统一体[①]。不同的阅读主体会对阅读内容、阅读方式、阅读时间等产生差异化的选择，随着数字阅读、移动阅读的普及，传统的到馆阅读、现场借阅方式与线上阅读方式并存，共同发展。在倡导"读者至上、服务第一"理念的大环境下，社区图书馆有必要通过加强数字资源建设、完善馆内阅读设备、增强读者阅读体验、扩大读者服务范围等途径，尽可能地丰富读者服务的方式、提高信息化服务的能力。研究读者的阅读行为已经成为适应新时期图书馆读者服务发展趋势的重要内容。

（二）读者研究的方法

社区图书馆读者研究的内容复杂多样，必须要建立一套科学的方法，结合自身的建设与发展条件，鼓励社区居民广泛参与，避免与实践脱节而流于表面或者难以实施。读者研究的方法主要有读者调查法、图书馆统计法、实地观察法。

1.读者调查法

读者调查法是图书馆学研究的专门方法之一。读者调查法是在常态环境下，通过对被调查对象进行询问，获取所需事实材料，再对获取的材料加以分析，最后得出结论的科学方法。它包括实地调查法（面谈法）和书面调查法（问卷法）两种形式[②]。利用读者调查法可以更为准确地了解读者阅读需求、读者服务预期与实际的差距，可以为提升社区图书馆读者服务工作提供第一手的数据。

2.图书馆统计法

图书馆统计法是指由统计学在图书馆学研究中的具体应用而形成的带有图书馆学特点的专门方法[③]。与读者服务工作有关的统计内容有藏书统计、读者统计、借阅统计、设备统计和图书馆基本情况统计等。将各种统计指标有机结

---

① 徐岚."互联网+"下图书馆读者行为分析[J].阜阳职业技术学院学报,2017,28（2）:75-80.

② 魏蔚,张亚君.图书馆学基础[M].成都:电子科技大学出版社,2013:20.

③ 吴慰慈,董焱.图书馆学概论[M].4版.北京:国家图书馆出版社,2019:212-213.

合就能系统、科学地反映图书馆的活动情况[①]。利用统计法可以掌握社区图书馆工作的详细情况，对制订读者服务任务计划、完善读者服务规章制度、提高读者服务效率和改进读者服务策略有积极的作用。

3. 实地观察法

实地观察法是一种通过观察读者在社区图书馆区域内发生的行为进行研究的方法，包括计划观察法和随机观察法两种[②]。计划观察法是选定典型的、有代表性的读者对象，有计划地观察其利用文献的全过程或某一阶段，以取得具有典型意义的观察资料的一种观察方式。随机观察法是一种没有特定选择性的方法，主要目的在于取得具有普遍意义的观察资料[③]。相比于读者调查法、图书馆统计法，实地观察法主要依靠的是社区图书馆工作人员的判断能力与观察水平，通过对到馆人次、读者流动、借阅行为、文献使用等情况进行观察，以了解社区图书馆读者服务的总体成效。

（三）读者研究的支持因素

1. 工作人员

社区图书馆读者研究应有一定的目的性，无论是哪一种方法，都对工作人员的业务素质与研究能力提出了较高的要求。读者调查主要是利用问卷进行，需要工作人员对问卷的内容、结构、对象、范围等方面有清晰的认识。图书馆统计法需要工作人员熟悉图书管理系统的各种业务模块，具备一定的统计专业知识并能熟练使用相关的统计工具。实地观察法则需要工作人员拥有良好的观察、记录、总结能力，能够对读者的阅读心理、阅读偏好、阅读动机等做出正确的判断。因此，社区图书馆应该不断加强工作人员的培训与再教育，提高工作人员的业务水平、理论素质和综合能力。

2. 社区居民

社区图书馆读者研究离不开工作人员的组织、研究方法的使用，也离不开社区居民的参与和反馈。根据是否在社区图书馆注册登记，可以将社区居民划分为已经持有读者证的社区居民与尚未注册读者证的社区居民。针对前者的研

---

① 林志军.图书馆统计工作[M].北京:中国物资出版社,2012:2.

② 冷秀云,孙孝诗.农村（社区）图书室服务与管理[M].青岛:中国海洋大学出版社,2008:127.

③ 李凌杰,李钧民.现代图书馆业务研究[M].西安:西安地图出版社,2009:244.

究可以利用读者调查法、图书馆统计法、实地观察法，通过研究持证读者的需求与意见、持证读者对读者服务工作的评价、社区图书馆的服务数据，改进社区图书馆现有的读者服务工作。针对后者，可以利用读者调查法，通过了解居民未持证的原因、居民对读者服务工作的期望、居民对社区图书馆的关心程度等，做出相应的调整与改善，以提升社区图书馆的读者服务水平。社区图书馆工作人员应该加强与后一类社区居民的沟通与互动，定期走近居民开展研究工作，调动未持证居民主动参与社区图书馆读者调查的积极性。

3. 研究时间

社区图书馆读者研究应有一定的计划性，在适合的时候合理安排、组织相关研究工作。读者调查法可以以月度、季度、年度为周期分别进行，这种方法紧跟社区图书馆的读者服务工作实践，有利于对读者服务工作及时地进行调整与创新。图书馆统计法可以定期开展，如每周一次，对社区图书馆的各类服务数据进行汇总、分析，以便于找出读者服务工作中存在的不足与阻碍因素。实地观察法则是一种每天都可以开展的研究方法，重点是工作人员能够形成书面记录，并对社区图书馆当天的服务情况进行概括性的总结。由于不同读者研究方法的实施周期有差异，因此社区图书馆工作人员应有充分的思考与准备，分阶段地制定相应的读者研究工作计划，以保证社区图书馆读者研究工作的效率与质量。

4. 研究手段

为了更好地保障社区图书馆读者研究工作的效果，更多地获取读者服务工作的资料，社区图书馆工作人员不应仅限于使用书面调查、口头咨询、直接观察、读者意见簿等手段，还应该积极利用自媒体、二维码、自建网站、图书馆业务管理系统、专门的问卷设计网站等渠道和手段开展线上调研。这些方式具有传播速度快、覆盖面广、回收速度快、易于追踪等特点，虽然少了与社区居民面对面交流的机会，不能作为一种主流的读者调研手段，但是可以配合书面调查法、实地观察法等其他方式共同进行。若要利用好线上调研，社区图书馆工作人员应该加强线上调研的宣传与说明，让社区居民看得到、看得懂，只有这样才能发挥出线上调研的特殊优势，提高所收集数据的准确性、有效性。

四、网络知识导航服务

社区图书馆为读者提供的信息资源包括三类：第一类是社区图书馆拥有的

馆藏纸质文献、馆藏电子资源；第二类是具有限制使用权限的纸质文献、电子资源，一般是社区图书馆通过参与总分馆制建设、加入图书馆联盟等方式，获得总馆或其他联盟成员馆的资源使用权；第三类是居民可以免费使用的互联网资源，如开放获取资源、政府公开信息等。网络知识导航服务是社区图书馆利用超链接、图片、文字等形式，将馆藏电子资源、具有限制使用权限的电子资源以及免费的互联网资源进行归类，方便读者检索网络信息资源的服务。

（一）网络知识导航服务的意义

1. 体现社区图书馆"以人为本"的服务理念

公共图书馆的服务理念已从过去的"以纸本图书为中心"向"以读者为中心"转变。随着网络资源的不断丰富，信息内容的多样化，很多读者很难选取有价值的信息。社区图书馆如何根据读者的个性化需求，对信息资源进行辨别、选取，提高读者对信息资源的利用率，践行"以人为本"的服务理念，成为当前社区图书馆需要解决的重要问题[①]。

2. 满足社区图书馆网络时代信息服务的新要求

社区图书馆知识导航服务是通过对信息的开发、利用、共享，使读者从文献集合中汲取知识，从而达到知识获取的目的。社区图书馆以实体馆藏文献资源为基础，以网络资源为依托，通过多层次的资源开发利用，可以向读者提供高质量的知识导航服务，充分发挥社区图书馆在知识经济社会中的知识组织、知识导航、知识传递的职能[②]。

（二）网络知识导航服务的内容

社区图书馆开展网络知识导航服务不应盲目借鉴其他图书馆的做法，而是应从读者的实际需要出发，以满足不同读者的阅读需求为根本，提供有针对性的知识、文献服务。与县级以上图书馆相比，社区图书馆网络知识导航服务的数量总体较少，通常包括两种类型：

1. 实体馆藏文献资源导航

实体馆藏文献资源导航主要为居民查询馆内图书、期刊、报纸、音箱资料

[①] 曹君,王菁. 网络环境下图书馆知识导航服务创新研究[J]. 兰台世界,2015(26):111-112.

[②] 孙淑娟. 知识导航——网络时代图书馆信息服务的新进展[J]. 图书馆学研究,2003(9):72-73,76.

等实体馆藏文献资源服务，通常包括馆藏书目检索、馆藏期刊目录索引、馆藏报纸查询、馆藏音像资料查询等。实体馆藏文献资源导航是社区图书馆网络知识导航的基础服务项目，它与图书馆文献管理系统有着紧密的联系，最终呈现给读者的是所检文献的分类号、馆藏地点、可借数量等信息，不同类型的读者都可以便捷地检索和借阅社区图书馆现有的实体馆藏文献资源。

2. 数字资源导航

数字资源导航包括已购资源导航、试用资源导航、自建资源导航与网络资源导航，是社区图书馆馆员以具体学科为划分单元，根据学科特点及资源相关性，对网上开放的资源进行搜集评价、分类组织和有序化整理[①]。已购资源是指社区图书馆已经购买、正在面向居民提供服务的资源。试用资源是由数据库开发商免费提供、处在试用期的数字资源。自建资源是由社区图书馆自主建设、具有地方特色的数字资源。网络资源主要是面向所有社区图书馆读者的数字资源，如各类开放获取（Open Access）的文献资源、专题研究数据库、图书期刊数据库、教育资源网等。

五、读者辅导与培训

（一）读者辅导与培训工作的主要内容

社区图书馆应该定期开展读者辅导与培训活动。首先，馆员通过读者辅导、解答咨询、宣传推介图书报刊与电子资源，主动、热情地帮助读者获取所需文献，辅导读者使用各种文献资料索引等工具，并及时将读者需求反馈至专职馆员。其次，馆员应根据反馈的读者需求信息，制定合适的读者指导计划工作表，结合入馆教育、规章制度、资源检索、计算机设备保护等方面，为读者提供便捷利用馆藏文献资源和享受图书馆服务的方法。最后，社区图书馆应加大社会教育与读者培训的开展力度，着力消除各类读者利用图书馆资源的障碍，面向进城务工人员、残疾人、老年人等特殊群体举办与计算机、无障碍阅读设备、RFID 智能化设备使用等相关的培训活动。

---

① 黄琦.网络时代图书馆知识导航的模式及实现途径[J].图书馆学刊,2014（7）:3.

（二）读者辅导与培训工作的基本要求

1. 依托专业管理团队，保证读者辅导与培训工作的正常开展

社区图书馆应当保证读者辅导与培训工作符合《WH/T 73—2016 社区图书馆服务规范》的考核要求，充分满足广大社区居民的精神文化需要。因此，在人员配置方面，社区图书馆应该加强对应聘人员专业综合素质的考评。首先，读者辅导与培训工作要求配置具有理论素质高、实践能力强的文献资源管理工作人员。其次，社区图书馆应配备具有丰富活动策划经验的管理人员，负责读者辅导与培训相关活动及知识讲座的策划及执行。这对活动策划人员的沟通、协调、统筹能力提出了较高的要求。最后，社区图书馆配置的负责人不仅需要具有扎实的图书馆专业知识，还应该具备较强的人事管理、资源整合、业务分析能力，以合理安排文献管理工作人员、活动策划与执行人员的工作计划，提升读者辅导与培训工作的服务水平。

2. 建立科学的读者辅导与培训方案，创新书刊导读服务，提高书刊利用率

社区图书馆馆员应该围绕图书、期刊、电子资源等不同类型阅览室的功能定位，建立起一套科学合理、特色鲜明的读者辅导与培训方案。文献管理工作人员直接面对入馆读者，应该及时地利用统计分析、问卷调查等方式掌握读者的借阅偏好以及读者建议反馈等情况，并以此为依据，提高读者辅导与培训方案的科学性与可操作性。为了给社区居民提供高质量的读者辅导与培训服务，社区图书馆配置的管理人员必须积极创新书刊、电子资源导读服务的策略，及时将图书、期刊阅览室的内部格局、馆藏特色、排架规律、阅览规范等介绍给社区居民，减少期刊错架乱架现象，教会居民利用检索终端快速检索所需资源，提高居民获取信息的能力，提升书刊的流通率和利用率。

（三）读者辅导与培训工作的实施流程

社区图书馆读者辅导与培训活动主题的选择需要在调研走访的基础上，依据社区居民的实际需要制定。为此，社区图书馆应该建立起标准化的读者辅导与培训工作实施流程，保证读者辅导与培训活动的开展效果，具体的流程如下。

（1）居民走访调研。社区居民群体类型的多样性决定了读者辅导与培训活动不能千篇一律，社区图书馆管理人员需要在社区服务中心、社区居委会的协助下进行定期的居民走访调研，了解居民在利用社区图书馆、参与文化服务过程中面临的困难、需要协调解决的问题、需要提供的支持和帮助，形成准确、全面的

读者辅导与培训工作一手资料，为读者辅导和培训活动的开展提供重要依据。

（2）拟定活动主题。社区图书馆管理人员需要通过对居民走访调研数据的分析，按照读者辅导与培训工作的主要内容拟定个性化、差异化的活动主题。活动主题应该具有实用性强、趣味性高、易于社区居民掌握、便于社区居民实践等特点，使社区居民能够得到其迫切需要的信息素养教育与科学文化素养教育，提高读者辅导与培训活动的质量与效率。

（3）确定活动对象。社区图书馆读者辅导与培训活动的服务对象按照群体类型可以划分为少儿群体、中青年群体、老年群体、残疾人群体、进城务工人员等，按照职业可以划分为政府机关人员、企事业单位人员、自由职业人员等。社区图书馆应该根据拟定的读者辅导与培训活动主题，确定合适的培训对象，以保证读者辅导与培训活动的针对性、有效性。

（4）现场组织活动。读者辅导与培训的工作主要由社区图书馆管理人员承担，还可以邀请高校老师、数据库供应商、具有丰富经验的图书馆专业人员等人士参与其中。社区图书馆管理人员可以通过合理安排读者辅导与培训活动的日期、时长，运用手册宣传、案例分析、现场演练、头脑风暴、沙盘模拟、馆内外展览等多样化的方式，保证信息素养教育与科学文化素养教育活动的专业性、生动性。

（5）活动总结汇报。在每场读者辅导与培训活动结束以后，社区图书馆管理人员可以对社区居民、企业职工等参加活动的人员进行口头询问、问卷调查，收集他们对读者辅导与培训活动的满意度、总体评价、心得感受、意见建议等，形成活动成效总结报告。应针对活动中存在的问题，制定整改措施，为后续的社区图书馆读者辅导与培训工作的组织、改进与完善提供重要的参考依据。

六、参考咨询服务

（一）社区图书馆参考咨询服务的主要对象

1. 为基层政府决策提供专业的参考咨询服务

随着社区居民文化需求程度的不断提高，街道办事处、社区居委会面对的决策问题不断增多且日益复杂，涉及的领域也越来越广泛。政府决策者需要及时掌握大量准确、全面的信息，以保证决策的正确性与可行性。这就为社区图书馆拓展参考咨询服务功能、增加参考咨询服务内容带来了契机。社区图书馆应充分利用自身的资源优势和人才优势，针对党政机关的特点，广泛收集各方面的研究成果和成功经验，为基层党、政领导决策提供全面、准确、有效的信息咨询和服务，以帮助决策者创新思路，科学决策。

2. 为辖区内的企业提供多元化的参考咨询服务

虽然辖区内不同类型的企业组织庞杂、规模各异，但对信息的需求普遍具有三个特点：①内容广泛。在市场经济环境中，企业的信息需求不仅限于生产技术方面，除了产品开发等新技术信息，还需要产品的市场信息、竞争对手信息、决策信息等。②手段先进。在网络信息时代，企业希望采用现代技术手段，如电子邮件、个性化定制服务、文献传递等迅速获取信息。③准确及时。企业只有准确而迅速地获得信息，摸清市场脉搏，抓住机遇，才能在市场竞争中赢得主动权。社区图书馆应该充分利用现有资源，全面而广泛地收集不同企业的信息需求，在此基础上有针对性地采集、组合相关文献资源、电子资源、网络信息资源、行业动态、市场供求等信息，或直接提供给企业，为企业提供代查、代译、代借等文献服务，并进一步开展课题跟踪、文献综述、专题文摘和索引等多层次、多形式的信息服务[①]。

3. 为社区居民提供实用的参考咨询服务

社区图书馆馆员应通过现场咨询服务、呼叫中心、网上指南等形式，向居民提供社区图书馆服务的介绍与指引，并将居民经常遇到的问题整理为常见问题解答（FAQ）或知识库，以供居民查阅利用。此外，应通过定期开展信息素养教育、编制读者指南等形式，辅导居民利用联机公共目录系统（OPAC）检索馆藏书目信息，使不同类型的读者群都能自主完成图书的借阅、预约、续借等。另外，馆员还可以通过开放、友好、便于利用的读者服务QQ群、微信群、电话咨询专线、网络在线咨询等形式，向居民提供社区图书馆资源与服务的使用技巧，指导居民使用社区图书馆各种类型检索工具查找信息，帮助居民充分利用社区图书馆的各类信息资源。

（二）社区图书馆参考咨询服务的形式

参考咨询服务是图书馆最为活跃、最富于变化的读者服务方式之一，它为充分开发、利用图书馆信息资源提供了有效途径，是图书馆读者服务工作的重

---

① 吴凤仙.高校图书馆开展中小企业信息服务的模式研究——以温州大学图书馆为例[J].图书馆杂志,2009（8）:49-51.

要组成部分。社区图书馆参考咨询服务的形式可以划分为一般性咨询和深层次咨询两种类型。

1. 一般性咨询

针对社区图书馆功能区位置、设备系统使用、馆藏文献分布、近期活动开展、文献借阅规则等方面的一般性咨询，社区图书馆可以采取当面回复、电子邮件回复或在图书馆网站相应栏目统一回复等方式进行解答。针对心理、健康、安全、教育等方面的咨询，社区图书馆一方面可以通过主题活动的形式开展，另一方面也可以安排专业人员进行一对一辅导。

2. 深层次咨询

围绕社区经济文化建设的需要，社区图书馆可以利用面对面咨询、书面咨询、电话咨询、电子邮件咨询、网上咨询等方式，针对基层政府决策、企事业单位职工和社区居民的信息需求，提供培训讲座、主题活动、检索查新、编制专题书目、文献推介、定题服务等深层次参考咨询服务。

（三）社区图书馆参考咨询服务的内容

社区图书馆参考咨询服务需要以群体为导向，面向基层党政机关、企事业单位、社区居民提供专题服务，使服务内容能够有效地契合读者的工作、生活、学习需要，充分地满足不同群体的参考咨询需求。为了提升社区图书馆的参考咨询服务水平，社区图书馆可以按照无偿与低偿相结合的方式提供不同类型的参考咨询服务，如表4–1所示。

表4–1　社区图书馆参考咨询服务内容

群体	内容	产品或服务	支持资源
政府部门	定期、无偿为辖区政府文化部门提供有关文化事业发展的决策参考信息	与社区文化建设与发展相关的信息剪报、地方特色文化专题数据库等	①社区图书馆馆藏文献、数据库资源、互联网开放资源；②与政府部门建立沟通机制，实时了解政府部门的需求，及时提供咨询服务
	根据需求，无偿为辖区政府其他部门提供政治、经济、教育、科技等方面的决策参考信息	与省、市、区、街道、社区经济和社会发展相关的书面分析报告	
	根据需求，无偿为辖区政府部门提供其在制定政策、规划时所需要的参考信息	资料汇编、分析报告	

续表

群体	内容	产品或服务	支持资源
企事业单位	定期、无偿推送经济发展形势、产业扶持政策、职工权益保障等相关信息的电子汇编材料	企业信息服务专题数据库、QQ群文件、微信群文件等	①省、市、区政府网站，经济金融类网站；②权威综合新闻网站；③国内外报刊分析文章等；④各类数据库资源
	根据需求，有偿提供知识产权、专利查新、成果创新度等方面的检测评价服务	书面报告、相关附件材料	各类数据库资源
企事业单位	根据需求，有偿提供行业形势、企业发展、战略制定、内部管理、风险管控等方面的分析与预测服务	书面报告、相关附件材料	各类数据库资源
社区居民	无偿提供社区图书馆功能区使用、馆藏文献检索、借阅规则、办证须知等一般咨询	面对面、电话、邮件、图书馆网站FAQ、读者服务QQ群、微信群等	社区图书馆总服务台、社区图书馆网站
	无偿提供有关心理、教育、健康、安全、理财、求职、就业、公文写作等方面的特定咨询	讲座培训等主题活动、读者服务QQ群、微信群等	社区图书馆文化活动功能区
	无偿提供有关政府信息公开、社会民生政策文件、地方经济发展形势等方面的信息	党群服务专题数据库、社区图书馆双月资料汇编、网站专栏	社区图书馆网站、社区图书馆主题阅览区书架

（四）社区图书馆参考咨询服务保障

社区图书馆参考咨询服务属于技术含量较高的业务，对管理人员，尤其是参考咨询服务人员的专业能力要求较高，社区图书馆需要按照参考咨询服务的工作要求完成岗位职责配置，同时持续加强参考咨询服务人员的能力，为此需要从以下四个方面保障参考咨询服务工作的长效开展。

1.打造专业化、多层次、学习型的人力资源团队

以提高服务水平为导向，将推进社区图书馆服务的专业化发展和人员的专业化发展相结合，以岗位聘用和适应岗位需求的继续教育为主要手段，重视专业人员在事业发展中的骨干作用，实施专门的管理培训计划，培养一支专业化的参考咨询服务人才队伍。同时，社区图书馆应结合参考咨询服务人员的岗位性质、职称级别、入职时间长短等具体情况，开展多层次和有针对性的培训。其中，岗位性质划分为普通参考咨询、专业性咨询服务；职称级别涵盖初级、中级、高级；入职时间长短包括试用期、新入职、已入职。这种因人而异的培训方式，符合人员在不同岗位、不同阶段的学习需要，可以更好地增强他们的学习主动性，建立学习型团队，提高培训的效果与质量。

2.丰富参考咨询服务馆员的学习途径

建立完善的社区图书馆参考咨询服务人员素质和能力的培训体系，培训体系中应包括按照素质要求，自行编制或从外购买的培训教材、培训大纲、培训规范、培训案例等，并且根据时代的发展不断更新内容。另外，社区图书馆应结合硬件建设与外部资源，定期邀请具有丰富参考咨询服务经验的专家、学者、专业馆员到馆对人员进行培训与再教育，支持人员参加图书馆学、情报学及相关专业的外出学习、参观交流，持续提升社区图书馆的参考咨询服务水平。

3.建立并完善读者需求调查方法，增强社区图书馆参考咨询服务能力

运用科学的理论和方法指导读者需求调查并使其常规化。读者需求的调查可以让参考咨询服务馆员认识新环境下读者普遍的和个性化的需求特点，以及读者信息行为特征及其规律、驱动机理等，找到知识服务有效嵌入读者开展课题研究过程的技术与方法。同时，社区图书馆需要建立灵活的团队合作和快速反应机制，支持面向读者需求的专题参考咨询服务小组，以集中优势力量解决特定读者的知识服务问题。

4.建立一套切实可行的人才选拔激励机制

社区图书馆需要定期选拔优秀的专业人员，将其安排在参考咨询的岗位上，以适应新时期社区图书馆参考咨询服务的需要，赢得广大读者的欢迎和认可。另外，应该重视从非图书馆学专业中进行人才的培养与选拔，吸收经济、管理、营销、行政、法律等领域专业人才，建立社区图书馆参考咨询工作的激励机制，鼓励优秀管理人员向各个层次的参考咨询岗位流动，在读者服务中体

现自己的价值，在参考咨询服务中不断充实自己，提高自己[①]。

七、文化活动策划与组织

（一）文化活动策划与组织的基本原则

1. 民生导向原则

文化活动的策划与组织应着眼于满足社区居民的文化生活与学习需求，为社区不同居民群体提供具有针对性的服务，使社区图书馆成为少年儿童喜欢的校外学习活动场所，促进社区老年人陪伴交流的休闲娱乐基地，社区失业人员、残疾人等弱势群体学习知识与技能的便民服务站，服务广大社区居民家庭的公共文化生活空间。

2. 资源整合原则

通过社区图书馆硬件设施与文化活动服务的统筹建设，使社区图书馆硬件设施能够契合文化活动服务的开展要求，使文化活动服务能够最大限度地提高硬件设施的利用效率，将读者辅导和培训、文化娱乐和休闲、知识讲座和培训等社区功能进行有效整合，统一管理，从而降低成本，提高效益。

3. 融合共建原则

社区图书馆馆员应加强与居民的沟通与互动，在为居民提供多样化服务的同时，充分发动居民的力量，鼓励居民在文化活动开展中发挥专长，实现馆员与居民智慧的融合，营造合力共建社区文化的良好氛围，增强居民对社区的归属感。

4. 强化队伍原则

持续壮大社区公益服务力量，扩大社区志愿者数量，吸引外部社会组织参与，形成一支人员结构多样、实践经验丰富的服务队伍，形成社区图书馆"馆员＋志愿者＋社工"的服务模式，加快社区图书馆文化活动策划理念的更新与升级。

（二）文化活动策划与组织的指导思想

1. 先进文化的主导性是社区文化活动建设日臻完善的重要前提

先进文化的主导性是社区文化发展的旗帜，是公共文化服务的方向。从某种意义上说，优秀的社区文化活动应该是先进文化的典型代表，在文化活动的

---

① 苗文菊,肖维平.图书馆开展参考咨询工作的思考[J].图书情报工作,2009（S2）:96-99.

策划与组织过程中，社区图书馆需要充分发挥先进文化对社区居民的思想引领和启迪，精神抚慰、激励、凝聚作用以及对社会矛盾的疏导和缓解作用。推广社区文化的最终目的是使社区成员在长期的文化熏陶中培养出高尚的道德情操，陶冶、美化居民的心灵，引导居民追求真、善、美，自觉抵制不健康的文化[①]。因此，社区文化活动的策划与组织工作必须提高认识、创新思路，在坚持先进文化主导性上有理论、有组织、有实践、有创新，借助社区文化载体，寓教于乐，强化先进文化主导性，实现社区文化品位的提升，使广大社区居民的思想观念、价值取向、理想追求沿着正确方向发展[②]。

2. 特色化、多元化、社会化是文化活动策划与组织的关键

社区文化建设要在特色化和多元化上下功夫。社区文化既要研究和把握共同的规律，又必须注重创造和形成自己的特色，有特色才有生命力，才有其存在和发展的价值。要形成特色，一是从深入挖掘本地区优秀传统文化内容和形式上入手，二是从社区居民的服务需求上入手，三是从现实的生活实践中入手，四是从社区居民自己的创造中入手，在社区居民的创造中蕴含着许多有价值、有特点、有生命力的内容。

社区图书馆要让文化活动具有特色，一是要提高文化活动策划与组织的整体意识，将社区图书馆文化活动与社区文化建设工作有机融合，而不是互相分割、各行其是，以保证社区图书馆文化活动策划与组织的延续性、系列性；二是需要提高社区图书馆的示范和引导作用，在充分发挥社区图书馆专业化团队全面协调作用的同时，增强社区居民自我组织和自我服务的能力；三是需要提高社区文化资源的区域共享程度，提高文化资源的使用效率；四是需要提高社会参与基层文化建设的程度，联合各方力量共同建设社区图书馆；五是需要提高社区图书馆的综合服务能力，通过完善硬件建设、创新文化内容两方面的有效服务，提升社区居民的精神文化获得感[③]。

---

① 宁波市北仑区社区教育学院.社区教育品质发展的理论与实践:宁波市北仑社区教育优秀论文集[M].成都:四川大学出版社,2015:80.

② 郝军海,杨慧月,王剑民.强化公共文化服务 促进和谐社区建设——宁波市江东区社区文化艺术节实践与思考[C]//首届中国文化馆馆长年会暨"百馆论坛"论文集,2007:208-211.

③ 吴树新.城市社区文化建设的实证研究[J].安徽工业大学学报(社会科学版),2010(2):36-38.

3.坚持文化活动内容和形式的创新是推动社区文化发展的不竭动力

内容与形式的创新是社区图书馆文化活动策划与组织的灵魂，是基层社区文化发展的不竭动力。社区图书馆文化活动要想更好地满足社区居民的文化需求，就要有创新的思维，只有不断创新，才能给社区文化不断带来新的活力。因此，努力、自觉地追求社区文化活动内容和方式上的创新，应该成为强化社区文化发展的重要内容。

另外，一个服务效能高、服务环境好的社区图书馆不仅有利于扩大文化活动的举办规模，还有利于为社区居民营造良好的文化互动与交流氛围，进一步激发社区居民参与文化活动的热情。因此，社区图书馆管理人员需要定期对馆内外的服务环境进行检查，若发现可能会影响文化服务效果的因素，应当结合社区居民的文化需要，及时进行合理化的改造与优化，从而为文化活动内容和形式的创新提供良好的服务环境。

（三）文化活动策划与组织的主要流程

社区图书馆文化活动策划与执行流程主要包括背景调研、活动策划、宣传推广、活动执行、活动反馈五个环节，各个环节的具体内容如表4-2所示：

表4-2　社区图书馆文化活动策划与组织的主要流程

背景调研	1.调研方法 实地考察、口头咨询、材料汇总、档案分析等。 2.调研内容 ① 社区图书馆基本情况：面积、地段、读者特征、活动情况等； ② 区域环境背景：人口结构、人文历史、地方文化、商圈企业等
活动策划	依据活动规划，确定活动主题
宣传推广	1.宣传周期 为期一个月，第1—2周进行普及性宣传、第3—4周进行针对性宣传。 2.宣传方式 ① 线上宣传：微博、微信公众号、读者QQ群、网站、自媒体； ② 线下宣传：社区走访、发放单页、海报张贴、电话宣传、社区内广播和LED显示屏、纸媒等。 3.宣传物资 海报、单页、横幅、展板等

续表

活动执行	1. 了解活动实施环境（场地、设备、参与人员、天气等）； 2. 活动彩排（明确时间节点、执行流程、人员分工等）； 3. 清点活动物资（宣传品、道具、奖品、文字资料等）； 4. 活动全程分工执行； 5. 活动结束后的清场工作； 6. 媒体报道（媒体外联对接、报道资料准备等）
活动总结	1. 征集调研（合作方、媒体、志愿者、参与人员等）； 2. 评估总结，建立活动档案资料

第四节　社区图书馆服务宣传推广

一、服务宣传推广的目标

服务宣传推广是增强社区图书馆社会影响力，扩大社区图书馆服务辐射力的必要性措施。其核心目标主要有两点：第一，促进社区图书馆在倡导阅读、指导阅读、服务阅读等方面发挥重要作用，从而促进居民思想道德素质和科学文化素质的提高。第二，有效提高社区居民的入馆积极性，激发其参与活动的热情，服务"书香社会、人文社区"的建设，让文化发展成果更好地惠及社区居民。

二、服务宣传推广的形式

1. 宣传资料

读者手册、自办刊物、宣传单页、工作简报、主题宣传片等宣传资料也是社区图书馆服务宣传的主要形式。工作人员利用书报架、陈列柜、宣传橱窗、信息公告栏、LED 显示屏等，可以让读者更加直观地了解社区图书馆服务的开展情况。为了提高服务宣传的成效，社区图书馆宣传资料既要用的简洁有力的文字来突出主题，也要用图文并茂、色彩适中的版面设计来吸引读者的关注。

2. 利用微信、微博等新媒体信息平台宣传

随着计算机技术的迅猛发展及其在全社会的普遍应用，越来越多的社区居民已会熟练使用计算机、智能手机等工具。如何引导社区居民积极主动地走进社区图书馆，使居民通过网站、微信、博客、微博等各种新媒体获取信息，或者利用业余时间聆听讲座、参与朗诵等各种读者活动，这是社区图书馆工作人员应该重点考虑的问题。利用新媒体宣传推广读者活动有利于加强社区图书馆对居民的信息推送能力，可以吸引社区图书馆的潜在年轻读者群。

三、服务宣传推广的途径选择

1. 社区图书馆服务宣传周

1989 年，文化部确定全国每年 5 月的最后一周为全国公共图书馆服务宣传周。社区图书馆可在这时向社区居民宣传图书馆信息文化服务，树立社区图书馆的良好形象。依托服务宣传周，社区图书馆可以通过宣传社区图书馆的性质、任务、职能、作用，宣传社区图书馆的服务方式、服务成果，宣传新书、好书，宣传读书成才等典型事例，以及开展图书荐购、爱心捐书、借阅证办理优惠活动等，提高社区图书馆的居民知晓率。

2. 社区图书馆服务宣传推广月

社区图书馆可以设立"服务宣传推广月"，开展类型多样的服务宣传活动。"服务宣传推广月"的主题与同年度"服务宣传周"主题应保持差异。在"服务宣传推广月"活动期间，社区图书馆应围绕该年度的主题推出一系列服务项目，如系列讲座培训、文化艺术展、影视片推介与免费欣赏等活动。同时，社区图书馆可以通过召开读者座谈会、设立读者线上反馈渠道等形式，征求广大读者对社区图书馆管理与服务的批评和建议，把读者的意见和建议作为社区图书馆充实馆藏、改进管理与服务的重要参考依据。

3. 走进学校、军营、企业、机关系列活动

社区图书馆可以定期制定"走基层"专题活动计划，开展社区图书馆进辖区学校、军营、企业、机关等系列活动。依托节日、特定人群等开展特色活动，通过文艺精品演出、帮扶慰问、非物质文化遗产宣传、少儿暑期活动、节庆活动、安全知识宣传等丰富多彩的文化活动，拓宽社区图书馆的服务半径，使文化内容既弘扬正能量又"接地气"，培育积极向上的社区文化氛围。

四、服务宣传推广依靠的力量

1.社区图书馆馆员队伍

社区图书馆的活动策划人员应不断提升自身的服务技能，熟练掌握社区图书馆活动开展工作的各个环节，使广大居民通过社区图书馆优质的宣传工作，熟悉社区图书馆的功能、作用，以吸引更多的读者了解、走进和利用社区图书馆。

2.社会组织、志愿服务团体

社区图书馆馆员可以与社会组织、志愿服务团体相互合作，到学校、企业、军营、机关开展宣传推广活动，围绕着馆藏文献、全民阅读、便民服务等主题，深入宣传社区图书馆的日常业务项目，进行常态化的社区图书馆文化服务功能宣传。

第五节 社区图书馆文化活动品牌创建

一、文化活动品牌的创建原则

社区图书馆应该建立一套自上而下、有据可依的文化活动品牌创建与推广机制，让文化活动成为社区居民精神文明生活中可持续开展的常态化活动。文化活动品牌既要"抓眼球"又要"抓效果"。有声有色的"抓眼球"活动有其浅层次吸引读者的作用，而"抓效果"是根本目的，切实培养读者参与文化活动的兴趣，让文化活动成为社区居民业余文化生活的一部分。最重要的举措就是采取差异化、个性化的思维模式，针对不同居民群体的需求提供服务，有针对性地开发和设计文化活动品牌，达到"润物细无声"的效果。

社区文化品牌活动的创建原则主要包括：① 整体性原则：文化活动品牌创建是一个长期过程，具有系列性、传承性、全面性等特点，要统筹兼顾，持之以恒，要在这个过程中兼顾社区的精神文化、制度文化、环境文化与行为文化的统一。② 发展性原则：文化活动品牌创建要具有发展性、动态性等特点，要与时俱进，符合时代主旋律，体现时代精神。③ 实践性原则：文化活动品牌创建要符合社区图书馆的功能定位，贴近社区居民的文化生活需求，提高居民参与度，在实践活动中感受社区图书馆的文化吸引力。④ 全面性原则：通过不同的主题、不同的形式创建全面多样的社区图书馆文化活动品牌，满足不同群体的差异化需求，从而调动社区居民的参与积极性，提高社区图书馆的知名度。

二、培育文化活动品牌

在构建基层公共文化服务体系的过程中，光有好的文化设施是远远不够的，要满足社区居民的文化需求，必须有一流的文艺精品、有群众喜闻乐见的文艺活动、有规范化的文化活动来充实这些现代化的社区活动设施。社区图书馆应该坚持特色化、品牌化的社区文化活动建设之路，沉淀原有活动品牌，挖掘新的品牌，打造具有社区图书馆特色的精品文化活动。社区图书馆培育文化品牌活动应注意以下两个方面。

1. 紧扣服务需求，强化社区功能

社区图书馆在制定文化活动品牌培育计划、实施方案时，应以居民文化需求为根本导向，利用走访、询问、调研、座谈等方式，针对拟开展的活动主题、内容、形式与服务对象等，收集居民对活动开展的建议或意见，确保文化活动品牌的主题、内容、形式等是居民真正需要的。

坚持"以人为本"的思想，让社区居民真正成为文化建设的主体，尊重社区居民个人的自主选择和自我发展权利。把满足社区居民的各方面需求作为开展社区各项文化活动的出发点和归宿[①]，在充分尊重居民的自我选择和自我发展的基础上，开展社区群众性文艺、文体活动。可对社区居民的业余爱好进行分类登记，按兴趣爱好引导和扶持其成立各种社团组织。

2. 加强社会参与，坚持多元化运作

目前，国内社区公共文化设施不断完善，居民精神文化需求持续增长，多元化服务、社会化运作理念开始融入社区文化建设。第一，以先进文化为主导，丰富文化活动内容，促进和谐社区文化建设已成为迫切需求。社区居民构成和当今时代的多元文化，促成了社区居民精神文化需求的多样化[②]。第二，发

---

① 杨柳,杨先群,李亭亭,等.基于城市社区文化建设现状的调查与分析——以江苏省淮安市城市社区文化建设为例[J].南昌高专学报,2012(1):59-61.

② 李治.浅谈群众文化活动在社区多元化建设中的作用[J].神州(上旬刊),2017(20):267.

挥政府文化职能部门的主导作用，明确职责，建立资源整合、互利互惠的社会共享与参与机制，广泛发动社区图书馆的社会化运作，积极引导社会力量参与社区文化建设，实现社区文化设施和人员的高效利用[①]。第三，提升品位，探索形式新颖的活动方式，如文化艺术讲座、培训、展览、比赛以及读书会、茶话会、联欢会、消夏纳凉文艺晚会、社区文化艺术节等。第四，采取"请进来"的方式开展社区文化建设。邀请文化工作者进社区进行工作指导、文艺辅导、演出，并面向社区各类读者开展各种文艺门类的文艺赛事、文艺培训等[②]。

三、居民需求对文化活动品牌建设的影响

社区图书馆需要始终坚持"读者第一、服务至上"的服务宗旨，尽心竭力为社区全体居民提供高质量、高效率的信息服务，因此，社区图书馆需要准确把握所服务人群的精神文化需求特点。根据身心发展特质、文化需求特点，服务人群可以被划分为一般人群和特殊人群两大类型。社区图书馆应该结合不同群体的文化需求性质提供多元化的信息服务，然后在不断评估信息文化服务质量与效果的基础上，培育和创建文化活动品牌，不能一蹴而就。

1. 一般人群

一般人群是指能够准确获得文化服务信息且方便地参与有关文化活动的中青年群体。这一群体是社区文化产品和服务供给面向的重要群体，对信息服务的需求较为旺盛且相对持久。

（1）政府机关人员。信息是政府部门领导决策的核心资源，它在决策过程中占有十分重要的地位。作为社区知识汇聚的信息交流场所，社区图书馆可以依托书籍报刊资源、数据库资源、互联网开放获取资源、专题知识讲座等，向政府部门提供适用的信息，作为政府领导决策的参考，使社区图书馆成为辖区内政府部门的"参谋和助手"，以此为依托，创建社区图书馆的政府决策服务及相关专题讲座类的特色品牌活动。

（2）企业职工。企业职工对政策文件、法律咨询、广告宣传、管理咨询、营销咨询、风险投资等方面具有不同程度的信息需求。那些处于职业发展关键

---

① 吴孟.社区群众文化建设的战略思考[J].大众文艺,2014(1):4-5.
② 杜染.杜染作品集:群众文化[M].北京:文化艺术出版社,2012:4.

时期的企业职工对业务理论、社交技能提高类的讲座与活动尤为关注。社区图书馆应该根据该社区中青年职工的需求创建相关品牌活动，例如：举办公益讲座、展览展演、艺术培训、阅读推广等丰富多彩的活动，满足企业职工提高职业技术能力、舒缓工作压力的需求，为他们创造一个交流进步、放松身心的环境。

（3）学校工作人员。随着大中小学校素质教育的深入实施与新课标改革理念的不断发展，社区图书馆可以面向教育工作者举办新课标改革教学专题研讨会，提供丰富的新课改教学参考资料、理论与实践研究成果；可以面向校园开展阅读推广、知识竞赛、才艺展示、辩论讨论、知识讲座、科普教育、座谈交流等特色活动品牌，推动学生思维的创新，提升学生的人文素养、信息素养、实践能力。

2. 特殊人群

特殊人群是指受收入、年龄、出行、业余时间等多种因素影响而难以及时获得相关文化服务信息或参与有关文化活动的群体，如少儿、老年人、残疾人、进城务工人员等。社区图书馆应尽可能消除一切有可能成为这些群体利用馆内资源的障碍的因素，通过调查问卷、走访调研、座谈会等丰富多样的形式，切实了解特殊群体的精神文化需求，积极开展合适的基层文化服务并创立该社区的特色品牌活动。

（1）少儿群体。少年儿童，尤其是学龄前儿童正处在一个智力开发和心理逐步发育成长的时期，求知欲和好奇心较强，善于模仿，接受新知识、新信息的能力突出，但其性格、品德和对周围多种问题的看法也容易受到外界的影响。因此，为了给少年儿童提供一个健康、阳光的社会教育空间，社区图书馆可以通过开展免费的艺术培训辅导，策划少儿文艺大赛活动，举办少儿分级阅读推广活动、亲子快乐共读活动、世界读书日主题活动等方式，创建相关文化活动品牌，为少年儿童提供个性化的阅读、学习和交流空间，把社区图书馆打造成少年儿童的第二课堂。

（2）老年人群体。随着经济社会的发展，人民生活水平普遍提高，老年人的物质生活逐步改善，他们对精神文化的需求更加强烈[①]。为此，社区图书馆

---

① 张根祥.退休人员精神慰藉存在的思考与建议[J].上海市退休职工管理研究会2009年优秀论文选集,2009:154-158.

可以定期举办关于老年人心理健康、疾病预防、法律知识等方面的公益讲座活动，积极组织开展戏曲文化演出，提供免费的赠票，帮助老年人自发成立文艺团队等。社区图书馆还可根据本社区老年人的兴趣爱好形成特色品牌活动，增强老年人集体荣誉与归属感，想方设法地填补社区老年人精神文化生活的空白，不断地扩展和优化老年群体精神文化生活的空间。

（3）残疾人群体。残疾人最直接的障碍来自生理或心理的缺陷，生命安全与健康需求是残疾人最为普遍的精神需求，也是最突出的需求。虽然残疾人群体渴盼丰富多彩的精神文化生活，但受限于身体条件，他们的精神文化生活相对单调。因此，社区图书馆的各项演出活动应该面向残障人士免费提供赠票以及无障碍便利服务，通过开展残疾人文化艺术节专场文艺演出活动，举办法律法规培训、职业技能培训、计算机等专业知识培训，提升残疾人生活水平、生存质量、整体素质和幸福指数。

（4）进城务工人员。进城务工人员的精神文化需求主要包括两个方面：一是在工作之余能放松身心、舒缓疲惫，参加充满娱乐性和休闲性的阅读活动。二是要适应和融入城市生活和发展，他们对了解地方各级政策、开阔知识眼界、提高专业技能等方面有较大的需求。有的务工人员将子女带到了城市，因此也要重视务工人员子女的需求。为了让更多的进城务工人员能参与和享受健康的文化生活，社区图书馆可以定期开展面向进城务工人员的公益培训和公共教育活动，到进城务工人员集聚区举办专场演出、流动展览活动，举办进城务工人员文化艺术节，丰富进城务工人员精神文化生活，让他们主动融入城市文化、社区文化。

四、建设社区文化活动品牌的助力

在社区长期的发展与演变过程中，辖区内的居民结构、教育资源、经济资源、旅游资源、社会资源、自然资源等会发生不同程度的变化。对某一社区来说，这些资源的积累既丰富了社区文化，也为社区经济社会的发展提供了必要的资源支持。对不同社区来说，各种资源的组合与搭配促成了社区之间的差异化发展，形成了独具特色的社区资源利用体系。这些社区资源能够为社区图书馆的文化活动品牌创建提供良好的素材，有利于培育和打造具有本社区烙印的文化名片，推动基层文化服务体系的快速发展。

1. 社区文化资源是创建社区图书馆文化活动品牌的基础

文化是社区的精神和灵魂，是一个社区的内在"气质"，包括社区的文化底蕴、传统风情、人文景观、历史名人等。社区图书馆可以围绕本社区的民俗文化、非遗文化、党建文化、名人文化、旅游文化等创建文化活动品牌，坚持思想性和开放性并存、学术性和娱乐性兼收、通俗文化和经典传承兼得的特点，充分挖掘社区文化资源和文化特色，实现社区图书馆基层公共文化服务供给的新发展、新跨越。

2. 居民参与是创建社区图书馆文化活动品牌的依托

社区图书馆应该倡导邻里友好互助，建立和谐邻里关系，通过开展社区、小区、广场或家庭活动，增加居民之间交流的机会，让具有相同兴趣爱好的居民走在一起，使居民认识到社区图书馆不仅是一个阅读场所，也是一个交流平台，引导居民关注社区文化建设与社区图书馆发展，形成人人主动参与、积极献言献策的局面。一方面，文化活动品牌创建需要吸引广大居民的共同参与，用人性化、专业化的服务，改变冷淡、生疏或松散的邻里关系，营造温暖和睦、彼此信任、团结友爱的社区氛围。另一方面，文化活动品牌创建需要抓好群众性文化活动，推进文艺进社区，大力开展互帮互助活动，增进"社区一家亲"的意识，提高社区图书馆文化活动品牌创建的成效。

社区在形成过程中受地理位置，政治经济、居民文化程度等多种因素影响，形成了不同的居民结构与居民文化。社区图书馆应根据其社区文化特色打造不同品牌的社区活动。

3. 志愿服务是创建社区文化活动品牌的保证

志愿服务是传递崇高精神追求和塑造良好社会风尚之举。一个切合实际、科学合理的志愿者管理制度体系是志愿者事业健康发展的基础，而推进志愿服务制度化的重点在社区。社区图书馆应建立文化志愿服务制度，吸引志愿者参与社区文化建设，提升社区文化活动品牌的影响力，丰富社区文化活动品牌建设成果。通过开展社区文化志愿服务，支持志愿者在活动策划、现场执行、品牌宣传中发挥文艺技能，既能创建社区文化志愿服务活动品牌，又能为社区居民提供更加丰富多样的文化服务，提高社区居民的文化素养与文化品位。

第六节　"图书馆＋"理念下社会力量参与社区图书馆服务

一、"图书馆＋"理念与国内实践案例

为社会公众提供无所不在的文化服务是公共图书馆活动的专业发展目标之一。这一目标要求图书馆以读者需求为导向，以丰富的文献资源（包括纸本文献或数字资源）建构起社会化的服务体系。"图书馆＋"思维的出发点和归宿，都是围绕社会公众的需求展开的。在充分利用当代信息处理技术手段的同时，与社会生活的其他领域融合、并行、共赢，这是当代"图书馆＋"发展思维的基础内涵[①]。"图书馆＋"表现为图书馆与不同服务领域的相互融合，为公众提供多元化、定制化服务的新方式。"社区图书馆＋"是"图书馆＋"理念应用于社区公共文化设施管理而衍生出来的一种服务模式，是指社区图书馆结合自身在人才队伍、经费测算、资源保障、成本控制、管理理念等方面的发展情况，通过与居民文艺团体、社会力量、上级公共图书馆合作，以社区图书馆为阵地构建一个区域性的多层次文化服务圈，开展各种形式的社区居民文化活动，推进社区文化服务的专业化、常态化[②]。

案例 4.3　"图书馆＋书院"服务模式[③] ·················

尼山书院在传播我国优秀的孔孟文化方面起到了非常重要的作用，在国内外产生了很大的影响，已经成为山东省图书馆服务的一个著名文化品牌。尼山书院具有近 900 多年历史，是研究和探讨孔孟文化的圣地，在传播孔孟文化方面具有广泛的影响力，在图书馆开展书院服务有助于打造品牌和提高图书馆的影响力和吸引力。"图书馆＋书院"服务模式吸收了图书馆与书院的优势，相

①　霍瑞娟."图书馆＋"：专业服务跨界融合发展的探索[J].图书馆杂志,2016,35(8):10-14.

②　陆和建,姜丰伟.社会力量参与基层文化服务建设研究——基于社区文化中心的社会化管理实践[J].国家图书馆学刊,2017,26(5):75-80.

③　华东杰."图书馆＋书院"——公共文化服务模式研究[J].图书馆工作与研究,2015(9):81-83.

得益彰，能够更好地为读者服务。为加快推进"尼山书院"在全省的遍地开花与落地生根，扩大"尼山书院"的社会影响力与示范带动性，山东省各级政府大力支持公共图书馆、企业图书馆和民办图书馆建设"尼山书院"，形成了"图书馆＋书院"的服务模式，为促进图书馆与"尼山书院"的相互融合、提升"尼山书院"服务能力、激发"尼山书院"发展活力提供了保障。全省图书馆的"尼山书院"在设施布局、活动内容上进行标准化、规范化建设。设施布局方面要有"六个一"，即一尊孔子像、一个国学讲堂、一个道德展室（展板）、一个国学经典阅览室（阅览区）、一个文化体验室（活动区）、一个统一标牌。活动内容方面要开辟"五个板块"，包括国学普及、孔乐教化、情趣培养、经典诵读和道德实践。

案例4.4 滁州市图书馆"图书馆＋"服务模式 ①

安徽省滁州市图书馆是全国首家全馆全流程服务外包的地市级图书馆。滁州市图书馆在探索社会力量参与建设的过程中努力将具有"创新性、导向性、带动性、科学性"的公共文化服务体系滁州模式融入图书馆服务模式创新。"图书馆＋"是目前图书馆领域寻求创新发展和突破的趋势所向，可以充分调动各种社会力量参与图书馆建设的积极性。与各种社会主体合作发展，碰撞出不一样的火花。滁州市图书馆着力打造出了线上线下相结合的"图书馆＋"模式，以建设"书香家园""书香城市""书香校园"等为主题，开展了各类特色活动，推进全民阅读，实现公共图书馆与社区、企业、各类社会组织等的有机结合。

（一）"图书馆＋社区"协同培育志愿者服务队伍

社区是社会生活的基本单位，也是社会文化的基本构成单元，组建社区文化志愿者服务队伍是培育基层文化、丰富基层文化生活的重要举措。一方面，社区文化志愿者有坚实的群众基础和丰富的文化资源，能最大限度地开发和利用社会力量，激活基层文化生命力。另一方面，社区文化服务是公共图书馆文化志愿服务的重要模块，庞大的社区文化志愿者服务队伍也是社区图书馆文化

---

① 陆和建,蔡国画,吴鸿英.社会力量参与公共图书馆服务创新的滁州探索[J].农业图书情报学报,2020,32（7）:48-56.

162

活动的重要群众基础。滁州市目前着力打造社会力量参与公共文化服务体系建设的示范社区网格文化建设且卓有成效，已形成了宋郢社区、龙蟠社区、乌衣社区等几大特色示范社区。截至 2019 年 8 月，全市 56 个社区网格全部建成文化志愿服务站，并因地制宜地组建了文化志愿特色服务队伍 100 余支。这些志愿者服务队伍全部被编入滁州市图书馆志愿者库，与滁州市图书馆共同开展文体活动、文明宣导、公益讲座、特色民俗活动等多种类型的志愿服务活动，实现了社区志愿服务专业化与图书馆志愿服务社会化的有机结合。最大限度地实现了滁州市图书馆提供的文化服务对服务区域、服务对象、服务环节和服务节点上的全覆盖，使社区文化志愿者成为图书馆提供文化志愿服务的生力军。图书馆的资源优势与社区的群众优势相互促进和融合，在全市形成不同层级文化体系的联动作用，这已成为滁州市公共文化服务体系的一大特色。

（二）"图书馆＋企业"打造特色品牌活动

滁州市图书馆联合企业共同打造特色品牌活动，能够更精准地把握读者的需求，符合社会力量参与公共文化服务体系建设的发展趋势，具有特色鲜明的可行性经验，可对其他特色品牌活动的打造提供经验借鉴和推广价值。2018年 12 月起，滁州市图书馆与"萌芽儿书吧"合作开展 2019 年全年"蚕宝宝"二十四节气亲子故事会活动。截至 2019 年 11 月，该活动已开展 22 场，约1200 人次参与活动，是滁州市图书馆读者活动中人气最旺、周期最长、辐射范围最广的知名品牌。为开展其他主题活动提供了借鉴和推广经验。活动自开展以来深受小读者及家长们的喜爱，"蚕宝宝"系列已成为滁州市图书馆特色品牌活动。

（三）"图书馆＋社会公益组织"推动公益文化发展

社会公益组织具有其专业性和独特的服务群体，滁州市图书馆与社会公益组织合作，将女性、儿童、青少年、心理疾病患者等不同的群体组织起来，给予其有针对性的指导或帮助。这在满足不同读者群体的文化需求的同时，带动了社会公益文化的发展。2019 年 8 月以来，滁州市图书馆与滁州市妇女联合会、滁州市心理学会、樊登读书会等多个社会机构、组织共同举办家庭教育知识系列讲座，内容涉及家庭教育、夫妻关系、儿童成长、心理咨询等多个方面，截至 11 月已开展 15 场讲座，受益群众近千人。越来越多的人通过这种公益讲座走进图书馆、认识图书馆，并成为忠实读者。

二、从单一主导向多方合作的过渡与发展

1. 实现社区图书馆与居民文艺团体的合作

社区图书馆需要加强对社区居民文化需求的精准把握，通过设立联络员、调研员、辅导员等兼职岗位或志愿岗位，扶持社区居民自发成立文艺社团组织，树立扎根基层、服务基层的思想，避免社区图书馆的文化服务仅仅是在某些特定时间举办几场文化活动，流于表面，浮于形式。因此，首先，社区图书馆应鼓励和支持社区居民文艺团体组织的建设，为社区图书馆的文化服务延伸开辟出一条捷径，保证社区图书馆提供的文化服务能够反映民众的意愿，也使开展的文化活动更有目标性、针对性、可执行性。其次，实现社区图书馆与居民文艺团体的合作，充分发动对社区文化建设有独特看法的居民、对公益服务有热情的志愿者承担调研、宣传、组织、动员、培训、管理、议事等工作，由他们参与社区图书馆文化活动的开展，发挥居民智慧，提升社区图书馆文化服务效能。

2. 实现社区图书馆与社会力量的合作

社区图书馆与社会力量主要有以下两种合作方式。第一，由社会力量承接社区图书馆的运营管理工作，对社区图书馆内外资源进行系统配置，负责社区图书馆社会化管理工作的实施，完成人员招聘、岗位设置、文献资源建设、文献流通业务、管理规章制定、人员培训与教育、全年阅读活动策划、文化品牌创建等工作。在社会化管理下，社区图书馆业务工作接受街道（乡镇）政府文化主管部门的指导、协调，集中简约管理，由专业的社会力量负责馆内外管理、服务事务的组织实施以及对工作人员的指导、监督，充分调动与利用社区图书馆的内外部资源，全面提升社区图书馆在促进全民阅读推广、开展丰富多样的文艺活动、创建培育特色文化品牌、拓宽文化信息资源共享范围等方面的综合服务能力[①]。

第二，由社会力量参与社区图书馆文化服务的开发与设计，在社区图书馆管理与运行服务过程中，由社区图书馆工作人员积极引入高校图书馆、企事业单位、社会工作者、协会团体、民间组织、志愿者等社会力量。充分发挥这些

---

① 陆和建,姜丰伟,王蕾蕾. 我国基层公共图书馆管理与服务创新实证研究——以滨湖世纪社区图书馆社会化运作为例[J]. 图书馆,2016(8):104-107.

社会力量所拥有的服务专长、特色资源，为它们提供一个合作、交流、进步的良好平台，使其能够合力促进社区公共文化服务事业的建设与发展，形成社区图书馆文化服务供给主体多元化、供给内容深度化、供给频次常态化的良好局面。这种合作模式有助于克服社区文化资源配置的非均衡性，防止出现社区文化服务供给后劲乏力、服务缺位、创新不足等问题，缓解政府供给公共文化服务不足与社区居民文化需求不断增加的矛盾，盘活社区公共文化服务供给的社会资源。

3. 实现社区图书馆与上级公共图书馆的合作

一方面，社区图书馆应该摆脱故步自封的发展状态，主动参与上级公共图书馆举办的文化活动，以上级公共图书馆为主场，以社区图书馆为分场，获取上级公共图书馆人、财、物等资源的支持，在承接上级公共图书馆文化服务建设任务的同时，提升社区图书馆文化服务的创新水平、辐射能力，不断扩大社区图书馆的文化服务供给质量与效率，充分满足社区居民日益多变的精神文化需求。另一方面，社区图书馆除了可以与上级公共图书馆建立文献资源馆际共享机制，还可以通过与上级公共图书馆的合作，构建人才培训与教育、业务辅导与协调机制，使社区图书馆既能够优先参加上级公共图书馆举办的各类人才培训与教育计划，增强社区图书馆工作人员的业务素质与服务技能，也能够更加透彻地了解政府文化主管部门的文化管理方向、文化建设任务，及时调整社区图书馆的文化服务策略。

三、馆外延伸服务

1. 健全社区图书馆服务内容，充实社区居民的文化生活

社区图书馆文化服务的内容之一是开展阅读推广、公益性读者服务。建立全面型的馆外服务应该从两个方面着手：第一，以深化服务内容、凸显服务特色为目标，深入小区、学校开展书刊宣传、图书漂流、送文化进小区、送文化到课堂等延伸服务，并由社区图书馆为小区文化、校园文化建设提供指导与支持，提高社区居民对社区图书馆的认可度，推进社区图书馆的可持续发展。第二，发挥社区图书馆的人才、资源、技术优势，开展契合未成年人、老年人、残疾人、中青年人等各类群体需要的服务，由社区图书馆负责宣传动员，让更多的居民及时获取服务信息，积极参与到这些文化活动中来。通过社区图书馆

服务的拓展，充实和丰富社区居民的日常文化生活，为居民提供常态化的社区文化服务。

2. 加强社区图书馆与学校、企业、机关图书馆的资源共建共享

构建以社区图书馆为核心，以辖区学校、企业、机关图书馆等基层图书馆为分支的联通型服务体系，发挥社区图书馆工作人员的统筹、规划与指导作用。第一，实现辖区内不同类型图书馆的文献资源共建共享，节约建设投入和管理成本，提高文献资源的使用效率，实现社区图书馆与其他类型图书馆业务系统、文献资源的共享，达到文献资源利用的最大化、最优化。第二，协助与指导其他类型图书馆的业务发展、制度建设、人员培训、活动开展等工作，促进社区图书馆与其他类型图书馆之间的沟通与公共文化服务产品的交流，发挥社区图书馆文化保障功能。第三，加强宣传，吸纳更多的其他类型图书馆参与社区图书馆服务体系的建设，形成社会影响力显著、社会效益突出的社区图书馆服务体系，创立社区公共文化服务新名片。

3. 促进社区图书馆与其他公共图书馆的文化活动联动

对一个社区图书馆来说，街道图书馆、县级以上公共图书馆以及社区图书馆均是潜在的合作对象。社区图书馆建立与其他公共图书馆的联系与交流关系，可以为社区图书馆参与多馆联动的文化活动提供良好基础。通过整体联动开展展览、讲座、读书、宣传等活动，如"我与图书馆"征文演讲活动、读书朗诵、亲子文艺比赛等，可以有效提高社区图书馆的整体服务效能，大幅提升社区图书馆的社会影响力。同时，社区图书馆可以共同响应省、市、县、街道图书馆举办的世界读书日阅读推广系列活动，联合开展契合主题的子活动，打造"家门口"的社会学习课堂，提供精品式文化服务，营造浓厚的社区文化活动联动氛围，推动社区图书馆与其他公共图书馆的共同发展。

第五章 社区图书馆管理实务

社区图书馆如何更好地面向基层群众开展服务，如何更好地做到藏用结合，其管理工作显得尤为重要。社区图书馆管理是通过计划、组织、领导、控制、协调等，对社区图书馆的文献资源、人力、财力、物力等进行统筹，从而实现社区图书馆的建馆目标。本章根据社区图书馆管理工作实践，结合具体的案例，对社区图书馆管理实务进行了全面的论述，主要包括社区图书馆管理内容、社区图书馆工作组织、社区图书馆规章制度、社区图书馆服务规范、社区图书馆统计、社区图书馆工作评估等。

第一节 社区图书馆管理内容

一、社区图书馆管理环节

管理工作是每个团体所必备的基本活动，通过合理有效的管理可以使工作更加顺利地开展，也使得一切基本事务有据可依，因此，无论是企业还是社会团体都需要一套完整的管理体系，社区图书馆也不例外。

社区图书馆虽然相对其他公共图书馆而言，规模较小、人员较少，服务对象和服务内容相对稳定，但是仍然必须有一套分工、协调、监督的体系进行管理。社区图书馆管理体系按照管理环节可划分为决策、执行、监督三个工作模块。

1.决策工作

决策工作负责制定目标、发布工作指令、督促工作执行，由于社区图书馆规模不大,决策工作一般由馆长和其他领导、专家等负责。决策人员知识结构的优化和更新在社区图书馆决策活动中起着重要作用,如随着越来越多的新技术在图书馆工作中得以应用,如何在新环境中改进自身不足,以解决社区图书馆发展缓慢的问题对决策者而言就是一种新的挑战。

2. 执行工作

执行工作包括具体执行各种指令的工作环节、步骤与程序,一般由各部门负责人以及具体工作人员负责,涉及的工作比较具体。执行工作的主要职能是准确有效地执行各种决策、指令、目标计划,把这些决策、指令、目标计划付诸实施,选择达成每一个决策、指令、目标计划的最佳策略以及拟定各种行动的方案,由决策人员同意后负责具体实施[①]。由于执行工作涉及行政、采编、财务、宣传等各部门人员,因此这些部门彼此之间必须建立团队意识,保持良好的沟通。

3. 监督工作

监督工作主要是对决策工作与执行工作进行监督,一般由社区党委、社区居委会、社区图书馆委员会负责。监督工作一方面可以对社区图书馆决策人员提出的决策进行民主评议,保证民主的管理方式;另一方面可以把执行的情况及时反馈至决策人员,以保证社区图书馆的工作目标和计划能够圆满完成。

二、社区图书馆管理工作

社区图书馆管理的决策、执行、监督环节相辅相成、缺一不可,共同构成社区图书馆的整体管理体系。社区图书馆由文献资源、工作人员、读者、设备设施等要素组成,根据对不同要素的管理需要,社区图书馆管理工作主要划分为人力资源管理和行政管理两大部分内容。

(一)人力资源管理

在社区图书馆中,馆员是图书馆的重要组成部分。人力资源管理在社区图书馆中体现为对馆员的招聘、绩效、奖惩、培训等工作,旨在为社区图书馆培养一支具有专业水准的、责任心强的员工团队,保证社区图书馆的行政效率,调动全体馆员的积极性,促进社区图书馆的科学可持续发展。社区图书馆人力

---

① 王丽.社区图书馆工作[M].厦门:厦门大学出版社,2005:382.

资源管理要坚持"以人为本"的原则，在具体工作中要以尊重、理解、信任为前提来开展。

1. 馆员招聘

社区图书馆应在每年的年度招聘计划会议中确定所需的馆员人数，在得到同意后公开公布招聘信息，写明对应聘者所学专业、所拥有职称、相关工作经验、性格与技能等方面的要求，然后通过统一考试和面试的方式录取所需馆员，公布名单，最后进行岗前培训，办理相关入职手续。

2. 馆员绩效福利

馆员薪酬的标准应从职位的高低、责任的轻重、工作的繁简和技术性的强弱、人才市场的供求情况、本馆的财务能力等几个因素出发进行考虑，政府拨款应依据有关规定建立合理公正的薪酬体系。馆员福利方面应考虑政府规定的各种保险、假期及社区图书馆可以给予的其他福利。应该给员工提供安全、卫生的工作场所，保护员工的健康，从而提高其工作效率[①]。

3. 馆员奖惩激励

员工激励是指通过各种有效的手段，对员工的各种需要予以不同程度的满足或者限制，以激发员工的需要、动机、欲望，从而使员工确立某一特定目标，并在追求这一目标的过程中保持积极的情绪，充分挖掘自身潜力，全力达到预期目标的过程[②]。建立员工激励机制是刺激馆员工作积极性、提高工作效率的最有效的办法之一。社区图书馆可采取物质奖励和精神鼓励相结合的方法。例如：① 对为社区图书馆做出贡献特别是在社区图书馆工作创新中做出突出成绩的个人和集体给予物质奖励。② 对表现优异的馆员授予"优秀馆员"的荣誉称号。③ 关心馆员生活，解决困扰馆员的后顾之忧，激励馆员安心工作，使其对社区图书馆产生感情[③]。但是，对于一些不符合馆员工作标准的行为，社区图书馆也不可不予理会，必须提出批评，加以指正。例如，馆员对读者的要求视若无睹，服务态度恶劣，上班时间聊天影响他人，不遵守职业准则经常迟到早退等，社区图书馆要视情节轻重给予其相应的惩罚。

①　王丽.社区图书馆工作[M].厦门:厦门大学出版社,2005:386.

②　石云侠.浅淡石油企业人力资源管理中员工激励手段的应用[J].商,2013(11):55.

③　柯平.图书馆管理文化三论[J].图书情报知识,2005(5):23-27.

4. 馆员培训

社区图书馆必须组织行之有效的培训，使馆员的工作能力与广大读者日益增长的要求相匹配。所选择培训的内容既要满足员工的岗位需求，又要能不断提高员工的综合素质，要将员工个人自学、集体组织学习和外部培训教育结合在一起。此外，还要明确培训项目的内容、对象、时间、费用、方式、负责人等，以便于后期的监督管理[①]。

（二）行政管理

对于社区图书馆而言，行政管理一般包括安全管理、经费管理、设备管理。

1. 安全管理

社区图书馆是保存文献资料、为读者提供服务的场所，社区图书馆必须加强安全管理意识，为文献资源提供一个安全、整洁的保存环境，为广大读者创造一个安全、舒适的阅读环境，重点抓防火、防盗、环境管理等问题。

（1）防火。社区图书馆中引起火灾的原因大致有电器设备起火，用电线路老化，吸烟，违反维修安全操作程序，受邻近房屋波及，等等[②]。社区图书馆保存了许多纸质文献，一经起火，火灾会迅速蔓延，后果不堪设想。因此，防火是图书馆安全工作的重中之重。首先，图书馆每年应该在固定时间安排当地消防部门的专家来馆讲座并进行专业演练，让馆员都了解火灾隐患，了解如何在火灾发生时及时控制火势、尽快逃生。其次，社区图书馆还可以在每年的消防日前后举行火灾知识相关宣传活动，增强社区居民的消防安全意识，做到遇到灾情不慌张，科学有效地疏散逃生。最后，社区图书馆要定期检查馆内的消防设备以及消防通道，制定消防预案，同时每天安排专门的人员检查馆内设施，消除灾情隐患。

（2）防盗。社区图书馆存有各种纸质文献资源，如图书、报刊等，还有桌椅、电脑等设备，这些都属于社区公共财产。为防止不法人员盗取馆内财产，社区图书馆应加强相关防范措施，如：安装监控设备，为文献资源设置电子标签，设立文献监测仪器，设立安全责任小组，配备专门的负责人、安全员，等

---

① 李禾,刘秉宇.当前公共图书馆员工培训工作中存在的问题及对策[J].农业图书情报学刊,2009,21（11）:242-243,246.

② 郭亚臣.对图书馆安全管理工作的思考[J].图书馆论坛,2004（1）:155-156,109.

等，明确责任和义务，确保责任明确、任务到人。

（3）环境管理。社区图书馆的环境包括自然环境和阅读环境，社区图书馆建筑面积一般不大，但在设计上应当通透、明亮，注重人性化要求。在空间上，要注意自然通风，尽量减少人工照明，在节省能源的同时也能降低运营成本。按《公共场所卫生管理条例》第五条[①]，"公共场所的主管部门应当建立卫生管理制度，配备专职或者兼职卫生管理人员，对所属经营单位（包括个体经营者，下同）的卫生状况进行经常性检查，并提供必要的条件"。因此，社区图书馆也要配备符合条件的清洁人员负责馆内的卫生工作。社区图书馆在广大读者心里应该是一个舒适、惬意的场所，要注意维护社区图书馆的阅读环境。社区图书馆应始终保持"读者第一，服务至上"的准则，以人为本，创造适合读者学习、休闲的环境。

2. 经费管理

图书馆经费是创办图书馆、发展图书馆事业和维持图书馆日常活动的资金，它是图书馆存在的基本条件。社区图书馆的经费一般有以下几个来源：一是政府拨款，这也是最主要的经费来源；二是社会团体或个人的捐赠；三是图书馆开展一些有偿业务的收入，比如培训、展览费用等。

经费是社区图书馆运作的基础，只有具备较为充足的经费，才可以顺利地开展社区图书馆的各项业务工作，经费管理主要包括两个方面：开源和节流。开源就是尽可能地从各种渠道争取所需经费，节流就是对所得经费的合理有效使用[②]。

对于社区图书馆的经费必须进行合理、有效的管理，并且过程必须公开、透明。图书馆经费管理包括：经费预算、经费管理和使用、经费决算三个环节。编制社区图书馆的经费预算是图书馆经费管理工作的第一步。社区图书馆的预算周期一般是一年。在编制预算时需要考虑下列因素：① 当年物价上涨指数。② 遵循国家现行的法令、法定的国家价格及物质标准和货币标准。③ 尽可能地节约经费。社区图书馆经费决算是社区图书馆经费管理的最后一个环节，通过决算可以为评价当年的经费管理和使用提供权威性的数据资料，

①　公共场所卫生管理条例[EB/OL].[2011-03-22].https://www.gpv.cn/flfg/2011-0322/contnt_18929432.htm.公共场所卫生管理条例实施细则.
②　王丽.社区图书馆工作[M].厦门：厦门大学出版社,2005:387.

并揭示其不足之处，为下一年度的预算编制提供参考。

3. 设备管理

社区图书馆虽然规模较小，建筑面积不大，但作为社区的文化服务场所，也应当配备较为专业的设备，一般包括：图书管理软件（采编管理、典藏管理、流通管理、图书编目系统、公共目录查询系统）、服务器、流通计算机、条码打印机、条码阅读机、触摸屏、图书防盗设备、充消磁器、读者 PVC 借书证、交换机、书标打印机等。除此之外，还应包括空调、消防设备、网络设备、桌椅等。

社区图书馆设备的管理要根据本馆的需要和今后发展规划，由图书馆专业人员做好需求计划，并建立相关设备保护机制，对设备进行验收、登记、维修、保养等，要加强设备的日常维护，以确保所有的设备能正常运行。

第二节　社区图书馆工作组织

一、社区图书馆工作组织的意义

社区图书馆工作组织，是指社区图书馆根据其方针任务，结合本馆的具体情况，有计划、有步骤地对全馆工作进行科学安排。近年来，在深化文化体制改革的背景下，国家对基层公共文化的建设高度重视，社区图书馆作为基层民众学习知识的公益性场所发展迅速。从整体上看，社区图书馆工作正向着多元化、多功能方向发展。如何适应这种发展、迎接这种挑战，已成为社区图书馆在管理方面的一个重要课题。因此，要加强业务工作的组织建设，创建新的业务工作组织模式，以适应业务工作的不断发展，保证各项工作顺利开展[1]。

社区图书馆的工作组织属于社区图书馆管理的范畴。根据我国社区图书馆的实际情况，社区图书馆工作组织主要包括：社区图书馆机构设置、社区图书馆人员安排、社区图书馆规章制度、社区图书馆经费管理、社区图书馆其他行政工作等。这些工作既有独立性，彼此又相互联系。随着社区图书馆现代化、

---

① 刘斌. 网络环境下图书馆工作组织新探[J]. 图书馆学刊,2002（4）:2-3.

网络化建设的发展，许多社区图书馆正在积极探索建立新的服务工作和业务工作体系，向多功能图书馆的方向发展。在现代化和网络化的形势下，许多新的业务工作打破了传统社区图书馆工作职责相对稳定、相对静态的发展状况，迫使社区图书馆工作组织必须在动态的条件下不断调整和完善。由于社区图书馆各项业务程序前后连接，如果其中某一环节出现错误，就会导致整个工作程序遭到破坏，从而影响整个社区图书馆系统的运转。社区图书馆机构的合理设置有利于合理组织劳动力；人员安排科学得当，有助于顺利开展业务工作；规章制度为工作组织提供标准保障；经费管理有利于合理利用图书馆资源，从而推动各项业务工作的进度。社区图书馆工作组织的作用就在于运用各种方法抓住业务工作的每一个细节，把它们系统地组织起来，从而维护社区图书馆的工作秩序。

社区图书馆的服务对象是社区居民，读者服务工作是社区图书馆工作的核心。社区图书馆各项方针的贯彻落实，都要通过读者服务工作来体现。社区图书馆工作组织要抓住读者服务工作这个中心环节，要从读者成分、读者类型、读者数量比例等着手，制订读者发展计划，并使社区图书馆的采访、编目等内部工作为读者工作服务。

社区图书馆工作组织是社区图书馆工作不可或缺的一部分，是推进业务工作、提高工作效率、充分发挥图书馆社会功能的重要手段。如果缺少了这个部分，就会直接影响图书馆计划、任务的完成和图书馆业务工作的开展。

二、社区图书馆业务机构的设置

由于每个社区的文化背景、经济水平、馆舍规模都不尽相同，因此在社区图书馆的部门设置上还没有统一的规范，但社区图书馆的业务机构一般都按照直线结构的形式设置，各部门各司其职，相互间保持必要的联系和沟通。社区图书馆的业务机构设置要贯彻"读者第一，服务至上"的原则，并且根据新形势下社会对社区图书馆的要求及时调整业务部门，最大限度地满足读者的需要，提高社区图书馆的服务质量。一般来说，社区图书馆主要设立以下五个部门。

（一）文献资源部门

现代信息资源建设观念认为，信息不等于信息资源，只有有序化的信息才能成为资源，因此信息资源建设是一个根据读者的需要，获取散布于市场和网络中的信息，并进行有序化加工的过程，是一个完整的过程[①]。

1. 采编部门

文献资源的采集与编目加工是文献资源工作中的核心工作。对于文献资源的采集，社区图书馆相关工作人员可以在图书馆微信公众号、官方网站或者其他平台定期发布图书荐购信息，让广大读者参与纸质文献资源的采集工作，这样一方面可以提高读者参与社区图书馆工作的积极性，拉近社区图书馆工作者与读者之间的距离；另一方面也可以使读者有机会选择自己所需要的纸质文献资源，提高社区图书馆资源的利用率。根据《WH/T 73—2016 社区图书馆服务规范》，社区图书馆基本馆藏文献资源应包括图书、期刊、报纸、视听资料等，按服务人口计算，基本馆藏量应不低于人均 0.5 册（并适当考虑少年儿童图书的比例），复本不大于 2 册，年更新数量不少于 10%；报刊年订阅数量应不少于 50 种。社区图书馆应按此项规定，切实做好纸质文献资源的采集工作；而对于纸质文献的编目工作，社区图书馆专业人员应严格按照纸质文献资源的著录格式进行编目入库，保障纸质文献资源入藏的规范性、有序性。

2. 流通部门

流通部是与读者面对面交流的部门，其工作主要包括读者借阅证的办理、文献的外借与归还、滞纳金的处理、帮助读者检索所需文献等。该部门的主要任务一是积极主动地向读者提供本馆文献信息资源的外借和阅览服务，二是在读者查阅文献时给予其指导和帮助，使读者能在最短的时间内找到所需资料，三是保障各书库的日常秩序，安排图书的分类、上架，并及时处理图书丢失、罚金缴纳等其他事务。因为流通部的主要工作是围绕读者进行的，所以该部门的工作在很大程度上代表了社区图书馆的服务质量，体现了工作人员的专业素养，十分重要。

（二）技术支持部门

除了传统纸质文献资源，社区图书馆现在也依靠现代化的网络系统来管理和完成各项工作，这就意味着社区图书馆中有众多的终端设备需要维护。技术支持部主要负责整个社区图书馆计算机系统的运转和操作、设备的配置和维

---

① 钟文一. 对图书馆业务机构设置的探讨[J].贵图学刊,2003（1）:50-51.

护、现代化技术的应用与推广等。具体来说，技术支持部负责开展技术支持、设备维护、网页制作等工作，例如社区图书馆官方网站和数据库的更新维护、社区图书馆网络信息系统的维护等。同时，技术部还要负责数字化文献的备份工作，并密切关注系统软件的更新、数据的长期保存，避免病毒侵害和黑客攻击可能给系统带来的危害[①]。

（三）参考咨询部门

参考咨询部的主要职责是为读者提供信息咨询服务。随着信息社会的发展，社区图书馆的功能逐渐演变，社区图书馆的工作重心也逐渐向信息咨询方面倾斜，各种参考咨询的形式纷纷出现，为读者提供线上线下的实时、动态、便捷、高效的信息服务。参考咨询部门的服务内容包括以下三点。

（1）网上信息咨询服务。网上信息咨询服务不限于事实性问题解答，还包括处理课题检索、定题服务、全文传递等。社区图书馆一般会在网页上设置FAQ机器人自动回答系统，读者在浏览时，点击想知道的问题就会自动显示答案。随着计算机的普及和互联网的广泛应用，越来越多的人习惯在家查询资料，很多读者希望通过网络来查询图书馆的检索目录，以此确定图书馆是否存有所需的文献信息资料，并希望在线获取信息。社区图书馆参考咨询服务人员可以通过适当途径解答相关咨询，协助读者查询书目，并将其所需的信息资料以数字化形式传递给读者[②]。

（2）网络信息导航服务。网络上的信息资源数量庞大，类型复杂，社区图书馆通过开展网络信息导航服务，可以引导读者在网上快速、准确地找到所需信息资料，节省读者时间。社区图书馆参考咨询人员可以向读者介绍各种网络搜索引擎，帮助读者了解并掌握检索网上信息资源的知识和技术，提高他们获取网络信息资源的能力[③]。

（3）读者教育与培训。社区图书馆应面向本社区不同群体开展有针对性的读者培训与教育工作，帮助读者更好地运用各类信息资源。同时也可以利用网络技术将读者指导教程链接到图书馆主页，为读者自学提供方便。社区图书馆可以开展网上课程，设立"网络课堂"，内容不局限于文献检索、新书导航等，

①　钟文一.对图书馆业务机构设置的探讨[J].贵图学刊,2003（1）:50-51.

②③　李秀云.数字时代的参考咨询服务[J].河南图书馆学刊,2003（5）:61-62,88.

还包括例如社区文化特色建设、外语教学、儿童有声阅读等，为社区图书馆读者提供多元化的服务。

（四）电子资源部门

随着网络信息化水平的不断发展，纸质文献资源早已不能满足广大读者对于信息资源的要求，因此，除纸质文献资源部门外，社区图书馆还应设置专门的电子资源部门，在社区图书馆预算充足的情况下采购电子资源和设备，包括一些中文、外文期刊数据库，自动检索设备，电子触摸屏设备，等等。这样不仅可以满足读者多样化的信息需求，也可以使读者随时随地地检索信息。电子触摸屏包含国内外各种期刊，读者可以调整字体大小，随意翻页阅读，相比纸质期刊浏览起来更加方便。

（五）文化活动部门

社区图书馆的文化活动部门的工作主要是开展文化交流等活动，丰富社区居民的精神文化生活。由于社区图书馆是社区公共文化机构的重要组成部分，它的作用不仅仅是传递文献，更多的是引导社区居民终身学习、丰富社区居民的闲暇生活等[①]。因此，社区图书馆必然要创建文化活动部门，这有利于营造良好的文化氛围，吸引更多的居民利用图书馆的各项资源，也有助于发挥社区图书馆的作用。文化活动部门一般负责组织以下活动：

（1）讲座活动。文化活动部门可以针对社区内一些较普遍的问题，如家庭教育、医疗保健等，邀请一些专家学者对社区居民进行面对面的交流指导。组织讲座活动时，社区图书馆文化活动部要确定主题、邀请主持人、组织听众等，重点是选好主题以及主讲人。

（2）文化沙龙活动。社区图书馆文化活动部门可以围绕一些主题，开展如电影赏析、读书交流会等文化沙龙活动，组织社区居民开展交流与沟通。这些活动可以通过群众性的文化社团形式集聚参与者，形成相对稳定的活动群体。开展这些活动时，首先应做好组织工作，安排好活动计划。其次，要根据参与者的兴趣爱好确定活动主题，使活动有目的地进行。最后，要注意活动的引导工作，这样能激发参与者的积极性，使这些活动更有意义。

（3）展览活动。针对装修、旅游观光、书画摄影、插画艺术等主题，社区

---

① 王丽.社区图书馆工作[M].厦门：厦门大学出版社，2005：387.

图书馆可以通过举办展览、观摩会等形式开展活动。这些活动可以陶冶情操、提高个人修养，也符合社区居民的文化需求，在做好组织工作的前提下，往往可以获得良好的效果。

（4）竞赛活动。竞赛活动包括棋牌比赛、朗诵比赛、知识竞答、广场舞比赛等。社区图书馆文化活动部门必须做好组织工作，保证公平，使每个人都能愉快地参与各个活动。首先，活动人员要制定好详细的活动方案，内容包括活动目的、竞赛主题、参赛对象、参赛规则、比赛时间、地点、奖项设置，等等。其次，比赛规则要科学，不能有漏洞。最后，也是最重要的一点，部门人员要做好比赛宣传工作，鼓励更多的社区居民参加。

（5）综合活动。这是指融合多种活动形式并带有一定主题的系列活动，如各种文化周、宣传周活动。综合性活动往往结合节日进行，只要宣传效果好，就能吸引众多居民参与其中，活跃社区的文化氛围。综合性活动组织涉及面广，对于文化活动部门的工作人员来说要重点注意以下几项工作：一是做好活动计划，注意科学地进行组织安排。二是要充分调动各方面积极因素，如与社团合办、吸引社区志愿者参与。三是做好宣传发动工作，达到良好的宣传活动效果。四是注重活动总结，以获得更多的经验，为下次活动做准备[①]。

由于影响图书馆业务机构设置的因素很多，所以各个图书馆的机构设置并不是完全一致的，尤其是社区图书馆面积规模大小不一，因此要根据实际情况而设置。图书馆的各个业务部门既有明确分工，又相互联系。社区图书馆的服务对象是广大社区居民，业务机构应以读者工作为中心来组建[②]。

案例 5.1 首都科学讲堂——院士与读者见面会

"首都科学讲堂——院士与读者见面会"是北京市东城区第一图书馆根据自身情况，结合读者需求，引进外部资源（北京市科协和北京人民广播电台）打造的一项集阅读推广、科学普及、图书推介、文化传播、素质提升为一体的品牌公益活动。

此项活动每周举办一场，每月邀请一至两名院士参与讲座。一般由专家主

---

① 王丽.社区图书馆工作[M].厦门:厦门大学出版社,2005:326.

② 吴慰慈,董焱.图书馆学概论[M].4版.北京:国家图书馆出版社,2019:169.

讲一个半小时，最后留出半个小时与读者交流互动。图书馆与专家、学者签约，进行录像。讲座内容以科学知识为主，涉及航天、宇宙、物理、军事、生活环境、疾病与健康等方面。由此，图书馆建立了来馆学者库（60余人），包括专家的讲学视频及专家的相关信息。

2017年6月起，东城区第一图书馆与市科协、北京人民广播电台进行合作，对"首都科学讲堂——院士与读者见面会"进行升级改版，丰富了"首都科学讲堂"微信公众号的宣传内容，推出预告、回放、知识问答等环节，开设网络（斗鱼网等）直播内容，讲座活动中还增加了网络提问环节，丰富互动形式，吸引青少年读者参与其中，极大地满足了广大科学爱好者与读者的精神文化需求。

东城区第一图书馆通过合理的工作组织，结合本地区读者的需要，充分开展适合本地区读者的多元化阅读推广活动，满足了广大基层民众的精神文化需求，加强了社区民众与图书馆工作人员之间的联系，同时调动了各部门之间的工作积极性，使图书馆的优质服务资源得到充分的发挥和利用，让广大读者从中受益。

三、社区图书馆工作计划的拟定与执行

计划是工作开展的依据，也是工作执行的动力。制定完整、合理、清晰的工作计划是各岗位人员的职责所在，应引起全体工作人员的重视。社区图书馆工作计划必须结合本馆实际情况，设计科学、合理，有可操作性。

（一）社区图书馆工作计划的拟定

1. 采购计划

社区图书馆的采购计划一般包括纸质文献资源的采购计划和电子资源设备的采购计划。社区图书馆应按照要求，利用政府预算，合理分配纸质文献资源和电子信息资源设备的购买比例。社区图书馆应根据本社区读者的需求，结合本馆目前的馆藏情况进行合理的安排，填写年度采购申请表。当采购计划获得审批后，图书馆相关工作人员要决定采取何种形式进行采购，然后制作招标文件，填写货物需求表，等招标结束后与中标方签订合同，并在合同期内完成纸质文献资源的到馆加工以及电子资源设备的安装试用。所有一切工作完成后，

由社区图书馆工作人员安排验收工作。

2. 活动计划

组织文化活动是社区图书馆的重要工作之一。社区图书馆工作人员要充分发挥社区文化引导者的作用，制订好社区文化活动计划。首先，社区图书馆应通过调研社区居民的年龄、兴趣、文化水平等确立本社区活动的几大主题，在每个主题下面确立一系列的子活动，再根据时间安排出年度、季度、月度、周度不同活动。根据活动总量安排和调配人员物资。其次，做好活动流程安排与应急预案。对活动中遇到的问题要及时调整计划并总结经验。活动结束后，要及时调查社区居民的满意度，根据其意见与建议优化下一次活动计划。例如，社区图书馆可以根据社区居民结构来策划文明教育方面的活动，以先进人员事迹为范例潜移默化地影响社区居民，建立起"人人为我，我为人人"的价值观念。

3. 培训计划

培训教育活动是社区图书馆发挥其教育职能，充分利用其拥有的资源为社区教育提供支持的服务活动，社区图书馆的培训活动是社区教育的组成部分，属于学校教育以外的社会教育。由于社区居民的性质不一，社区图书馆在教育课程的设置与结构上不要求统一，内容也可根据居民的不同需求进行组织安排，一般以学习者为中心来设置课程，比如计算机培训、家政培训、就业指导、音乐书画培训等。此外，在教育形式上要灵活多样，例如，可以设置专题讲座、实践操作等活动。通过制订各种培训计划，可以让活动与社区图书馆的文献流通、信息服务结合在一起，使社区图书馆的各种资源得到充分利用。

4. 财务计划

社区图书馆的财务计划包括财政预算、资源购买经费、活动经费、人员培训经费等。社区图书馆要有专门的财务部门在规定时间内制订相关计划、设立年度目标，并参考上一年度的财政收支进行比较。此外，还应设立监督机构对社区图书馆的财政经费给予监管，使图书馆经费公开、透明。

5. 人员工作计划

社区图书馆应完善规章制度，建立激励机制，吸收先进的人事管理理念，制定严格的考核管理措施，使不同岗位人员认真履行职责，落实岗位目标，提高工作效率。在岗位配置上，应确保人事管理与人才评价的规范化，做到人岗匹配、人尽其才。在业务开展上，围绕文献编目、文献上架、图书流通、参考咨询、活动策划、日常管理等工作，各岗位人员要拟定相应的月度、季度与年度计划，按照业务服务制度与规范来执行，为读者提供一个舒适、安全的阅读环境。在馆内工作人员服务态度上，社区图书馆馆员要有较强的自律意识与学习意识，接待读者要热情，用积极的工作状态面对每一位读者，也要有较强的学习意识，服务读者要专业，树立社区图书馆良好的服务形象。在日常安全卫生上，社区图书馆馆员要做好场馆的日常安全管理、环境清洁、设备维护、突发事件处置等工作，定期对每位馆员负责管理的区域进行检查与评比。

（二）社区图书馆工作计划的执行

社区图书馆工作计划的拟定是社区图书馆科学管理的基础，而工作计划的执行则是目的。没有将计划具体落实到实际，科学管理就是一句空话。为保证社区图书馆工作计划能够得到彻底执行，应该从以下四个方面考虑：

1. 制订科学的图书馆工作计划

制订工作计划时首先应保证其合法性，不能超越国家相关法律、法规和政策文件等，既体现科学管理性，又要维护工作人员和读者的权益。制订社区图书馆工作计划时应多借鉴国内一些图书馆已有的较为成熟的图书馆工作计划，同时要结合本社区图书馆的实际情况，使社区图书馆工作计划具有一定的可操作性。社区图书馆工作计划的制订要参考员工的意见，不能仅仅停留在决策层，执行层和监督层都应积极参与。

2. 严格执行各项工作计划

有了计划，就要严格执行，否则计划就成了一纸空文，就没有制订的意义了。因此，只要是经过论证并被批准的计划，就必须严格执行，要有明确的执行责任人。当然，在执行过程中，应注意方式方法，由于事情并不是千篇一律的，执行的人员既要有原则，又要有一定的灵活性，体现人文精神。

3. 良好的监督

计划的实施，必须配有一整套完善的监督机制，监督机制能保证规章制度被严格执行、实施。在现代社会，人们的法制观念日益加强，规章制度不仅在制定时要考虑合法性，在执行过程中同样应考虑其合法性，要有完善的监督机制来保证这一点。

4. 建立合理的奖惩制度

工作计划的执行是带有一定强制性的，不能完全依赖于工作人员的自觉性，因此，要有相应的奖惩办法来保证工作计划的执行。对于执行得好的人员，应予以奖励，对违反规章制度的人员，应根据具体情况进行教育、批评和相应处理，从而培养工作人员遵守工作计划的意识和习惯，调动人们遵守工作计划的积极性和自觉性，保证工作计划的顺利实行[①]。

第三节　社区图书馆规章制度

一、社区图书馆规章制度的意义

社区图书馆规章制度是社区图书馆工作人员或读者必须遵守的工作条例、章程、细则和办法。它是社区图书馆实行科学有效管理的依据和准绳，是整个社区图书馆正常而有秩序地工作的保证[②]。社区图书馆应该制定切合实际的、科学的、完善的规章制度以保证社区图书馆的科学规范管理[③]。

社区图书馆的规章制度不仅要正确地反映社区图书馆业务工作和技术操作的特点和规律，成为开展业务技术工作的准绳，而且要妥善地解决社区图书馆与读者之间的关系、读者与读者之间的关系、利用馆藏文献与保管文献之间的关系、社区图书馆内各部门之间的关系问题。

社区图书馆规章制度将所有在社区图书馆活动的人员视为平等的主体，使这些主体既充分行使自身的权利，也要遵守社区图书馆的各种规章制度；既要满足个别群体的特殊需求，也要满足大众需求。社区图书馆既要成为公共管理的参与者，也要成为自我管理的责任者[④]。

社区图书馆的规章制度是社区图书馆工作实践经验的总结与概括，可以规范工作人员的行为和工作程序，成为社区图书馆业务工作的准绳，可以规范管理者，实现依法治馆，反映出社区图书馆提倡什么、反对什么、约束什么，使社区图书馆的管理者和使用者都按照规章制度办事，保证工作正常有序地开展。

---

①　王丽.社区图书馆工作[M].厦门:厦门大学出版社,2005:398.

②　吴慰慈,董焱.图书馆学概论[M].4版.北京:国家图书馆出版社,2019:208.

③　王若慧.社区图书馆的创建与管理[M].哈尔滨:黑龙江科学技术出版社,2007:221.

④　周红.试析高校图书馆管理责任与读者权限的冲突[J].科技信息,2012(30):106-107.

二、社区图书馆规章制度的建立与执行

社区图书馆规章制度的建立要遵循科学、民主、开放和高效的原则[①]。社区图书馆制定规章制度要遵循图书馆工作的客观规律，要以方便读者与服务读者为首要原则，使读者能够充分、自由、平等地利用图书馆的文献资源和服务设施，对读者保持高度的开放性。同时还应遵循政策性原则、系统性原则、可行性原则、协调性原则、发展性原则、标准性原则[②]。

社区图书馆在建立规章制度的时候，一定要保证建立的规章制度符合实际、科学严密。建立规章制度时，需要考虑以下四方面的关系。

1. 社区图书馆与读者的关系

社区图书馆的规章制度首先应以人为本，明确并公示读者的合法权利，规定读者应遵守的义务，实现权利与义务的对等，让广大读者科学合理地使用图书馆及其资源，成为社区图书馆的合格读者。社区图书馆的规章制度既要以便利读者为出发点，又要建立在管理科学化的基础上，将个人利益与集体利益统一起来。对读者的便利是指对全体读者的便利，不能是只便利了一部分读者而损害了另一部分读者的利益[③]。

2. 读者与读者的关系

社区图书馆在建立规章制度时面向的是所有读者，既要满足一般读者的文献信息需求，又要保证重点读者的信息需求。社区图书馆的规章制度应充分尊重读者的个性化需求，理解、尊重、关心读者的各类需求。

3. 利用馆藏文献与保管文献的关系

社区图书馆规章制度应为提高馆藏文献利用率、保护馆藏文献提供服务。馆藏文献利用相关制度是要方便读者检索与利用各类文献，馆藏文献保护相关制度是要对文献这一图书馆的核心资源加以有效保护。社区图书馆馆员在制定规章制度时，要处理好馆藏文献利用与保护的关系，在增加文献流通次数的同时降低文献的折损度。

---

① 伍昭泉.论图书馆规章制度的现代文明原则及其它[J].大学图书情报学刊,1995（1）:18-21.

② 赵晓虹.国家图书馆业务工作规章制度建设的回顾与思考[J].国家图书馆学刊,2003（3）:3-12.

③ 吴慰慈,董焱.图书馆学概论[M].4版.北京:国家图书馆出版社.2019:209.

4. 社区图书馆内各部门之间的关系

社区图书馆内各部门组成了一个整体，各部门工作之间的平衡是社区图书馆工作正常开展的前提。社区图书馆应通过调节人们的行为，规范各种关系，从而形成稳定有序的工作秩序，协调不同部门、不同岗位之间的工作，使社区图书馆的各项业务工作始终朝着预期的目标稳步推进。要根据各部门的工作职责，建立招聘、考勤、奖惩、培训等人员管理制度，制定馆员职业道德规范与业务服务规范，完善各岗位人员的服务绩效考评机制，将工作计划、目标严格落实到个人，促使社区图书馆的工作步入健康的运行轨道[①]。

三、社区图书馆规章制度的内容

对于社区图书馆规章制度的种类，可以有不同的划分标准。依据社区图书馆的工作性质，社区图书馆规章制度可以分为内部管理制度和读者工作制度两大类，其中内部管理制度又可分为行政管理制度和业务管理制度两个方面。依据社区图书馆的管理范围，社区图书馆规章制度可分为全馆的规章制度和部门的规章制度两大类。当然，部门的规章制度是从属于全馆的[②]。行政管理规章制度是关于社区图书馆在行政管理中的各种具体内容的规章制度，主要是对行政管理事务进行规范，包括组织管理制度、岗位管理制度、人员管理制度、建筑与物资管理制度、经费管理与使用制度、安全保卫制度、统计制度等。

行政管理制度通常根据本馆的实际情况制定，因而仅在此列举说明。业务工作制度是根据社区图书馆的具体工作，在长期实践与探索中总结形成的，对社区图书馆具有普遍适用性与指导性。下面将展开说明社区图书馆的业务工作制度。业务工作制度包括以下七个方面：

1. 文献采集工作规章制度

文献采集工作规章制度包括馆藏文献的采选标准、加工要求和购书经费管理规定等三方面内容。文献采集工作规章制度主要针对不同文献的采集、采集的范围和方式等操作过程做出规定，对文献采集工作人员的工作做出规定和要

① 李玉梅,王宇,迟伟凡.论图书馆内部基本制度的建设与创新[J].中国图书馆学报,2005（3）:93-95.

② 伍昭泉.论图书馆规章制度的现代文明原则及其它[J].大学图书情报学刊,1995（1）:18-21.

求。采集人员按照文献采集工作细则进行操作，该工作细则对采集过程中的操作和质量都做出了规定和要求，其中包括对文献交换及读者需求的调查、补充等具体工作的细则。

2. 文献编目工作规章制度

文献编目工作规章制度包括编目工作细则、文献分类规则、文献著录条例、目录组织规则等。编目工作细则有中文图书编目工作细则、中文期刊分编工作细则等，它是对编目工作的总体规定，规定了编目工作的整个流程、方法依据、操作技术和质量要求等。由于编目的对象既有图书、期刊、报纸，又有音像资料、计算机文档等，针对这些不同编目对象的工作流程、方法依据以及操作技术等也有所不同，所以也应分别加以规定。社区图书馆应结合本馆的实际情况，制定适合本馆需要的文献分类规则，如分类人员的职责：针对绘本图书、特色馆藏、期刊采取不同的分类级次；根据儿童文学作品是以文字为主，还是以图画为主，灵活地将其划分到不同类别中；等等。文献著录条例是关于各种类型文献著录方法的规定。目录组织规则包括了目录体系、目录组织工作方法及目录管理方法等。

3. 读者服务工作规章制度

读者借阅规则和工作人员服务规范是读者服务工作规章制度的两个方面，前者规范读者的阅读行为，后者规范工作人员的服务行为。读者借阅规则主要包括读者入馆须知、读者登记规则、阅览证的发放原则和方法、文献检索规则、文献借还规则、文献复制规则、文献赔偿规则等。工作人员服务规范主要包括工作人员的职责范围、读者服务标准的规定和要求、读者服务的具体工作条例、读者意见记录簿的管理规定等。

4. 馆藏管理与使用的规章制度

馆藏管理与使用方面的规章制度，主要包括馆藏文献库房管理条例、基藏书库、辅助书库、特藏书库和门卫管理规定、馆内各阅览室向基藏书库送书退书的有关规定、书刊报装订管理和剔除书刊资料的处理办法等。这些规章制度对各馆藏文献库房的出入库登记、文献出入库的清点、馆藏文献动态统计、馆藏文献的保管、书刊出纳人员的职责、文献装订修补及保护、库房的安全保卫等方面做出了详细规定。

5. 自动化、网络化建设规章制度

自动化、网络化建设规章制度主要包括社区图书馆计算机网络系统管理规定、计算机网络运行安全管理规定及其他电子电器设备管理工作规则。

6. 业务统计规章制度

业务统计规章制度包括业务统计规范和业务统计报表填报细则，对统计报表、统计项目、统计单位、统计方法、填报要求的具体规定及对统计人员的职责要求等[①]。

7. 业务研究工作规章制度

业务研究工作规章制度主要包括社区图书馆科研项目管理办法、经费管理办法，科研项目经费管理实施细则等。

案例5.2　杭州市城市书房、上海市城市阅读空间标准化建设[②]

（一）杭州市城市书房服务设施与服务内容标准化建设

杭州市于2008年率先编制文化设施专项规划，指导本市文化设施的布局建设。此后，为进一步完善公共文化服务体系，杭州市又陆续出台《杭州市文化设施专项规划（2012—2020年）》《杭州市基本公共文化服务标准（2016—2020年）》等系列政策，建立了"1+X"的制度标准，公共文化服务标准化政策体系较为完善。

截至2020年12月，杭州市的公共文化服务面积已经超过430万平方米，全市共有13个图书馆、14个文化馆被评为国家一级馆，建有185个公共图书馆乡镇分馆，53个文化馆乡镇分馆，38个城市书房（自助图书馆），提供读书看报、看电影、看戏、数字文化、培训讲座等13项基本服务项目，公共文化设施标准化、服务内容标准化基本实现。

同时，杭州市不断创新"阅读服务＋文化消费"运行模式，加快推进"杭州书房""地铁书房"的建设。"杭州书房"是杭州市在公共文化服务方面做出的新探索，由市委宣传部牵头建设，各个区的宣传部门与文旅体局负责具体操作，同时积极吸收社会力量参与建设运营，除提供基本的阅览服务外，更致力于打造具有各个区本土化特色的城市书房。

---

① 赵晓虹.国家图书馆业务工作规章制度建设的回顾与思考[J].国家图书馆学刊,2003（3）:3-12.

② 邓馨悦,陆和建.文化空间规划下我国城市阅读空间布局优化研究[J].图书馆学研究,2020（12）:74-81.

目前，拱墅区、萧山区已分别建立了"运河书房""永兴书房"等特色服务品牌。通过进一步调查发现，截至 2019 年底，拱墅区共有"运河书房"14 家，主要围绕拱墅运河进行布局。"运河书房"的主题各不相同，包括"运河＋非遗""运河＋国学""运河＋诗歌"等，根据主题不同，书房分别配备了相应主题的文献资源，同时举办主题相关的系列活动，大大提升了运河书房的社会影响力，第一批开放的 8 家书房，到 2018 年底已为 8000 余人次提供了文化服务。

（二）上海市城市阅读空间与功能布局标准化建设

在一系列文化设施相关政策（如《上海市公共图书馆管理办法》《上海市社区公共文化服务规定》等）的指导下，上海市文化设施建设快速发展。截至目前，上海市已建成了 33 个市、区级图书馆，203 个社区文化活动中心，基本形成覆盖全市的公共文化服务网络。而城市阅读空间的建设，则进一步对公共文化服务网络半径外的区域进行了文化服务上的补漏补缺，嘉定区率先展开了实践探索。

2017 年 1 月 8 日，嘉定区揭牌启用"我嘉书房"，这是上海市首个由政企合作运营的 24 小时图书馆服务项目。目前，嘉定区已建成 35 个"我嘉书房"，进一步拓宽了公共图书馆的服务半径，且部分城市书房直接布局在社区，为居民提供了更加便捷的文化服务，方便了居民参与，提高了城市书房的服务功能和服务水平，"我嘉书房"的建设真正实现了与公共图书馆的"五个统一"。

同时，上海市自"十三五"时期起，加速文化融入城市更新的实践进程，助推文化区域的发展，用创新和特色打造城市阅读空间。2019 年 8 月 14 日，上海市静安区的"读者·北站"阅读空间正式揭牌，这一新型阅读空间由北站街道和读者出版传媒共同建设，分为上下两层，一楼为图书阅读休闲区域，二楼为社区公共图书馆和活动区域，面向居民提供阅读、文创、展览、讲座、课程、休闲等服务。北站街道位于静安区一轴三带"苏州河两岸人文休闲创业集聚带"的核心区域，是近代民族工业的发源地之一，具有浓厚的海派文化底蕴。读者出版传媒位于甘肃省兰州市。甘肃省拥有历史悠久的敦煌文化，兰州是丝路文化、黄河文化的交汇之地。"读者·北站"阅读空间的建设，实现了敦煌元素、丝路文化与海派文化的相互融合，通过举办丰富的活动，让读者切实感受到城市文化的传承与延续，通过文化价值的传承，传递独特的文化魅力。

第四节　社区图书馆服务规范

一、社区图书馆服务规范的意义

社区图书馆服务规范是为完善公共图书馆基层服务网络、改善社区图书馆服务条件、规范社区图书馆服务工作、提高社区图书馆服务效益、促进社区图书馆事业持续健康发展而制定的文化行业标准[①]。社区图书馆服务规范的制定与实施对社区图书馆发展和群众接受标准化的文化服务具有重要意义。

社区图书馆服务规范的制定与实施有利于社区图书馆科学有序地开拓社区图书馆服务内容、创新社区图书馆服务方式。社区图书馆是公共图书馆服务体系的基础节点，随着移动互联网和数字化阅读的发展，社区图书馆以纸本图书借阅为核心的服务方式难以满足群众多样化的文化服务需求，社区图书馆还应承担社区范围内公共文化服务的其他内容。在社区图书馆从传统知识信息服务向公共文化服务扩展的关键时期，社区图书馆服务规范具有规范和引导的作用。

从国家层面制定与实施社区图书馆服务规范有利于弱化地域发展差距，进一步落实公共文化服务均等化。社区图书馆由于所在地域的经济社会状况和起步时间等条件的差异，发展进程也参差不齐，经济文化相对发达地区社区图书馆的建设水准、覆盖率、普及率明显优于经济文化相对落后的地区[②]。国家通过统一的文化行业标准来规范社区图书馆的服务设施、服务人员、服务内容和服务形式，是社区图书馆规范化的要求，也是公共文化服务均等化的要求。

社区图书馆服务社区范围内的常住人口，服务对象类型多样，文化需求广泛。在保障社区居民接受文化服务基本权利的同时，应鼓励和引导社区图书馆根据群众需求灵活制定具体的服务方案，使社区图书馆发展需求与居民文化需求相统一。

---

① 中华人民共和国文化部. WH/T 73—2016社区图书馆服务规范[S].北京:国家图书馆出版社,2016.

② 王林,师丽梅,肖焕忠,等.以新服务涵养图书馆的未来——《社区图书馆服务规范》解读[J].国家图书馆学刊,2016,25（6）:9-16.

二、社区图书馆服务规范的制定与施行

社区图书馆服务规范的制定要协调好社区图书馆与政府、社区图书馆与社会、社区图书馆与图书馆系统、社区图书馆与读者这四个方面的关系。

第一，社区图书馆服务规范在制定时要顺应国家的发展规划，遵从大政方针的指导和法律规范的约束，确保社区图书馆服务行为在政策法律的支持下有序进行。2016 年 12 月，由第十二届全国人民代表大会常务委员会第二十五次会议通过的《中华人民共和国公共文化服务保障法》规定：国务院根据公民基本文化需求和经济社会发展水平，制定并调整国家基本公共文化服务指导标准。省、自治区、直辖市人民政府根据国家基本公共文化服务指导标准，结合当地实际需求、财政能力和文化特色，制定调整本行政区域的基本公共文化服务实施标准①。2017 年 5 月，中共中央办公厅、国务院办公厅印发《国家"十三五"时期文化发展改革规划纲要》，在公共文化服务体系建设方面，将基本公共文化服务标准化、均等化水平的提高作为目标，强调公共文化服务要面向基层，贴近群众、依靠群众、服务群众，保障人民基本文化权益，满足人民群众日益增长的精神文化需求，提高群众的文化参与度和获得感②。社区图书馆作为公共文化服务施行的基层机构，在制定服务规范时必须时刻保持与上述文件的目标和要求相一致。

第二，社区图书馆服务规范既要体现对社会组织参与社区图书馆建设的支持和认可，又要体现对社会组织在社区图书馆服务行为方面的规范和约束。社区图书馆服务的顺利开展与社会力量的贡献密不可分。社区图书馆服务规范除了要对参与社区图书馆服务的社会组织的行为进行规范，还应该关注媒体、群众对社区图书馆服务行为的监督反馈。

第三，社区图书馆服务规范在制定时还应关注图书馆系统内部的协调性。社区图书馆作为公共图书馆系统最低层次的机构，接受上级公共图书馆的业务指导和监督，或加入上级公共图书馆服务网络和业务管理平台。依托上级公共

---

① 中华人民共和国公共文化服务保障法[EB/OL].[2018-05-07]. http://www.npc.gov.cn/npc/ xinwen/2016-12/25/ content_2004880.htm.

② 中共中央办公厅,国务院办公厅.中共中央办公厅 国务院办公厅印发《国家 "十三五"时期文化发展改革规划纲要》[EB/OL]. [2018-05-07]. http://www.gov.cn/zhengce/ 2017-05/07/content_ 5191604.htm.

图书馆服务网络和业务管理平台，通过协作与共享，联合开展各项服务工作。社区图书馆服务规范的制定应参考公共图书馆服务规范的相关条款内容。

第四，社区图书馆与读者关系的协调性是社区图书馆服务规范制定时需要重点考虑的。服务规范制定时要保护绝大多数服务对象的权益不受损害。服务规范对社区图书馆的馆舍条件、硬件设施、服务时间、服务内容、服务对象的界定，一方面是对社区图书馆的要求，另一方面也是为了保护社区图书馆读者获得均等的文化服务。服务规范制定的初衷是让读者获得标准化、规范化的社区图书馆服务，而不是限制、约束读者。

《WH/T 73—2016 社区图书馆服务规范》是文化部首次发布的县级以下公共图书馆文化行业标准。2016 年 3 月 11 日由文化部发布，2016 年 5 月 1 日正式实施。《WH/T 73—2016 社区图书馆服务规范》由文化部和全国图书馆标准化技术委员会牵头，联合深圳图书馆、深圳市罗湖区图书馆、深圳市龙岗图书馆等公共图书馆和全国中小型图书馆联合会等，由贵州省图书馆、东莞图书馆参与，组成专家起草组进行起草工作。专家起草组组长为中国图书馆学会公共图书馆分会委员、深圳图书馆副馆长王林，副组长是深圳罗湖区图书馆馆长师丽梅。

《WH/T 73—2016 社区图书馆服务规范》的编制遵循四个基本原则：①保持与现行相关标准的协调一致，包括《GB/T 28220—2011 公共图书馆服务规范》、《公共图书馆建设标准》（建标 108—2008）、《公共图书馆建设用地指标》（建标〔2008〕74 号）、《JGJ 38—1999 图书馆建筑设计规范》、《中国图书馆员职业道德准则（试行）》、《GB/T 10001.1 标识用公共信息图形符号》等；②兼顾社区图书馆服务的现实性与前瞻性；③坚持规范内容和指标的适用性和指导性；④注重与其他课题的协调互补①。

三、《WH/T 73—2016 社区图书馆服务规范》的内容

《WH/T 73—2016 社区图书馆服务规范》的内容框架参照《GB/T 28220—2011 公共图书馆服务规范》拟定，根据社区图书馆服务的具体情况有所调整。2012 年 5 月 1 日施行的《GB/T 28220—2011 公共图书馆服务规范》内

---

① 王林,师丽梅,消焕忠.等.以新服务涵养图书馆的未来——《社区图书馆服务规范》解读[J].国家图书馆学刊,2016,25（6）:9-16.

容包括标准适用范围、规范性引用文件、术语和定义、总则、服务资源、服务效能与反馈等部分。2016 年 3 月 2 日施行的安徽省地方标准《DB34/T 2605—2016 社区图书馆（室）服务规范》的内容包括标准适用范围、规范性引用文件、术语和定义、设施、设备与环境、服务内容、服务保障、服务监督与反馈等部分。2016 年 5 月 1 日施行的中华人民共和国文化行业标准《WH/T 73—2016 社区图书馆服务规范》内容包括前言、引言、标准适用范围、规范性引用文件、术语和定义、总则、服务资源、服务提供、服务管理、社会参与和服务保障等十一个部分。

《WH/T 73—2016 社区图书馆服务规范》正文的"术语与定义"部分，对规范中提及的社区图书馆、服务人口、服务资源、服务提供、一体化服务和中心图书馆等术语内涵做了界定，有利于深入解读文中各项条款的内容，促进该规范的贯彻落实。"规范性引用文件"中提及的《GB/T 28220—2011 公共图书馆服务规范》体现了社区图书馆服务规范与其他相关行业标准相互补充。

不论是国家层面的社区图书馆服务规范，还是地方性的社区图书馆服务规范，涉及具体服务量化指标的条款，都是在深入研究我国社区图书馆建设、管理和服务经验，借鉴经济发达地区社区图书馆建设的先进理念基础上拟定的。在制定社区图书馆服务规范时，以国情、人口结构、各地经济文化发展现状为基础，兼顾地域、文化、城乡等差异，能使各类指标更加合理化。例如，在《WH/T 73—2016 社区图书馆服务规范》关于"服务资源"的论述中，对社区图书馆的设施设备、服务人员配备和文献资源进行了量化描述：社区图书馆服务半径不大于 1.5 千米或服务人口不少于 5000 人，社区图书馆适用面积不低于 20 平方米/千人、阅览座位不少于 4 席/千人、网络接入带宽不小于 4 兆、计算机数量不少于 2 台/千人，至少配备专门工作人员 1 名，基本馆藏量不低于人均 0.5 册。

《WH/T 73—2016 社区图书馆服务规范》的各部分内容并非互相独立，而是相辅相成、相互联系的。服务资源、服务提供、服务管理、服务监督和保障是社区图书馆服务的四个重要方面。服务资源是基础，服务提供和服务管理是主体，服务监督和保障是反馈，少了任何一个环节，社区图书馆服务都无法和谐有序地开展。《WH/T 73—2016 社区图书馆服务规范》中的内容是从社区图书馆服务实践活动中抽象出来的成果，同时也反映了当前社区图书馆的服务现状，指引着未来一定时期内社区图书馆服务的发展。

案例5.3 深圳市宝安区图书馆推行服务规范的实践与成效 ①

广东省深圳市有"图书馆之城"的美誉,下辖各区的公共图书馆事业发展迅速。深圳市宝安区以区图书馆、街道图书馆、社区阅读中心为三大支撑点,建成了覆盖区、街道、社区三级的公共图书馆总分馆服务网络。截至2020年12月,全区已有100个总分馆成员馆,包括1个区级总馆、6个直属分馆(现称"小型分馆")、8个街道分馆、52个社区阅读中心、33个流动服务点。在总分馆一体化管理体制下,宝安区图书馆大力推行总分馆服务规范化建设。针对街道分馆、直属分馆,建立以业务考核为导向的规范。针对社区阅读中心、流动服务点,制定具有业务指导作用的服务规范。这两种规范可统称为服务规范。

宝安区图书馆推行服务规范的实践展现了全区各类公共图书馆的良好发展局面,体现了社会力量参与宝安区公共文化服务建设的创新探索。由宝安区图书馆牵头,街道分馆的主管部门、社区阅读中心的主管部门、分馆工作人员以及图书馆专家联合组成的工作联席会议发挥了积极作用,不断推进宝安区社区图书馆服务规范的实践工作。

2008年,宝安区图书馆开始进行总分馆建设,根据《深圳基层公共图书馆(室)达标定级评估标准》出台了《宝安区图书馆直属分馆管理办法》,制定《宝安区图书馆直属分馆员工绩效考核》,将总馆宝安区图书馆的标准化服务理念导入分馆,提升分馆的服务水平。2009年,宝安区启动总分馆一体化管理项目,由区财政资金提供项目实施经费。

2012年,深圳市宝安区推进社区阅读中心的建设,将其作为社区一级的分馆,纳入全区总分馆服务网络体系,由宝安区图书馆作为总馆对分馆的服务业务进行管理和监督。2013年,宝安区图书馆参照2012年5月1日文化部颁布施行的《GB/T 28220—2011公共图书馆服务规范》国家标准出台了《宝安30家社区阅读中心服务规范》及配套的考核办法,确定了服务资源、服务提供、服务人员、服务管理等方面的规范,围绕服务人员、服务管理制定考核项,为社区阅读中心的业务开展提供指导,从业务规范层面保障宝安区图书馆一体化服务。

2016年5月1日,《WH/T 73—2016社区图书馆服务规范》正式颁布,为

---

① 熊军. 我国社区图书馆服务规范实践现状与思考——以深圳宝安为例[J]. 四川图书馆学报,2018(2):15-19.

避免出现冲突，保证本地区规范的适用性，宝安区图书馆对已实行的直属分馆、社区阅读中心相关服务规范与业务考核内容进行了对照核查，力求提升作为宝安区基层服务主体的街道分馆和社区阅读中心的服务效能，详见表5-1。宝安区在推行社区图书馆服务规范的实践中已取得一定成效。

表 5-1　深圳市宝安区图书馆直属分馆、社区阅读中心业务考核与
《WH/T 73—2016 社区图书馆服务规范》内容对照表

项目	社区图书馆服务规范内容	直属分馆业务考核内容	社区阅读中心业务考核内容
依据	《WH/T 73—2016 社区图书馆服务规范》	《宝安区图书馆直属分馆管理办法》《宝安区图书馆直属分馆员工绩效考核》	《宝安区 30 家社区阅读中心服务规范》及配套《考核办法》
适用范围	全国范围内的社区图书馆	深圳市宝安区图书馆直属分馆	深圳市宝安区图书馆下属社区阅读中心
服务资源	均包括馆藏图书、文献复本、报刊、数字资源、采编、更新量等		
服务提供	均包括服务时间、电子阅览、读者活动、服务宣传、参考咨询等		
服务保障	均包括政策支持、经费保障、人员保障等		
服务人员	均包括服务人员的学历、培训等		
	有数量要求	考核项由区级图书馆落实	有考核项
服务管理	服务安全（消防、网络等）	有考核项，与落实消防应急预案的要求	有考核项，宜建立并落实消防应急预案
	服务绩效	有考核项，有持证读者数量的要求	有考核项
	服务监督与反馈	有考核项，没有读者座谈会、读者满意度调查的要求	有考核项，未涉及读者座谈会、读者满意度调查的内容
社会参与	志愿服务	附加个性化服务	附加项根据本社区实际设置

基层公共图书馆从单一自主服务，历经业务统一指导，最后向服务规范化发展迈进。社区阅读中心作为"深圳市图书馆之城"统一服务平台的一部分，针对不同阶段的建设发展任务，宝安区为其提供了充分的经费保障，减少服务规范化建设的阻力，加快全区公共图书馆服务规范化建设进程。

宝安区图书馆街道分馆及社区阅读中心的服务专业化水平与馆员职业能力相比以前均有所提升。其中宝安区图书馆社区阅读中心从服务资源、服务业务

量、读者活动与宣传推广、服务安全、服务人员等方面着手，持续关注社区阅读中心的服务能力提升，借助考评手段，使提升社区阅读中心服务效率有据可依。社区阅读中心采用街道属地管理制度，每年由联席会议统筹开展监督和年度考核，包括资源条件、行政管理、业务管理和读者服务四个方面。

从服务规范的出台到具体落实有一段较长的时期，因此，只是通过制定法规或政策等手段来实现服务规范化是不合适的，公共图书馆更需要根据已有的国家、省或市级服务规范，制定适合总分馆发展需要的服务规范，为今后推进总分馆等全方位的服务规范打下基础。宝安区图书馆一方面要根据《WH/T 73—2016社区图书馆服务规范》的要求改进区域性服务考核内容，在服务安全方面加强消防应急预案的落实，完善读者座谈会服务，加强读者服务满意度调查；另一方面要结合实际需求，突出地方性服务规范的优势，将《WH/T 73—2016社区图书馆服务规范》未涉及的持证读者业务量指标纳入各社区分馆业务考核规范中。

第五节 社区图书馆统计工作

一、社区图书馆统计工作的作用

社区图书馆统计工作指运用统计学的原理和知识，通过具体的数字来反映社区图书馆各项工作的实际情况。社区图书馆统计工作是社区图书馆管理工作的重要组成部分，也是社区图书馆运营情况的真实反映。客观、全面的统计数据是社区图书馆工作规律的反映和证明，对于帮助管理人员了解社区图书馆的工作量，判断社区图书馆的发展方向和制定决策具有重要的作用。

1. 了解和掌握社区图书馆工作情况的科学方法

社区图书馆统计工作的基本任务之一就是通过全面调查，准确、系统地收集与社区图书馆有关的各项资料，并通过整理和计算，为管理人员制定发展决策提供依据。它以社区图书馆运营过程中所表现的数量特征为依据，通过科学的方法对这些数据进行搜集、整理和分析，进而揭示社区图书馆工作的性质和内在联系，并通过统计学的一系列指标来反映社区图书馆工作的规模、质量、效率等，对充分了解图书馆工作情况，改善图书馆工作具有重要的意义。

2. 监督社区图书馆工作的重要手段

在实际运营过程中，为了更加客观地评价社区图书馆是否较好地履行了其职能，社区图书馆馆藏建设、工作计划、发展目标是否科学，需要准确的统计数据和丰富的统计资料。此外，通过对统计数据的分析，还可以及时为社区图书馆的管理和运行提供反馈信息，以便工作人员发现并解决工作中存在的问题，制定改进方案。

3. 社区图书馆学研究的重要方法之一

社区图书馆学具有应用科学的性质，开展社区图书馆学研究离不开定量分析，而定量分析是建立在数据统计基础之上的。因此，社区图书馆统计工作是开展社区图书馆学研究的基本前提和重要基础。

二、社区图书馆统计工作的指标体系

社区图书馆统计工作必须对图书馆工作的开展状况和取得的成效进行科学的分析和研究，社区图书馆馆藏文献资源建设、文献流通率、读者到馆数量等，都必须在社区图书馆统计工作中反映出来。社区图书馆统计工作的有效开展离不开一定的指标体系，因为每项指标都体现着一定的质和量，是社区图书馆工作某一方面的客观反映。在实践领域，社区图书馆统计工作的指标体系主要包括以下五个方面。

1. 馆藏文献资源指标

馆藏文献资源即社区图书馆收藏的所有类型的文献，是社区图书馆存在的必不可少的物质基础，也是社区图书馆开展服务工作的前提条件。社区图书馆只有收藏与生活、工作、学习息息相关的各种类型的文献资料，才能吸引社区居民到馆阅读。馆藏文献资源的系统性和完整性是社区图书馆建设和发展的重要目标。要实现这一目标，就必须定期对每一种文献的数量和质量、文献的结构与比例等进行统计和分析。馆藏文献资源指标包括图书、期刊、音频和视频资料等各类文献的数量、质量、来源、价格、入藏时间等。定期对社区图书馆的各类文献进行统计，能够客观反映馆藏特色，从而进一步完善和优化馆藏文献资源体系，为制订馆藏采购计划提供可靠的依据。

2. 设施设备指标

设施和设备是社区图书馆正常开放的基本物质条件。对设施、设备进行统计也是社区图书馆管理工作的重要内容，能够为设施设备采购计划的制定、设施设备维修以及科学地安排设施设备的构成提供主要参考依据。设施设备指标包括馆舍面积、书架、阅览座席、计算机等设施的数量、质量、价格、使用年限等。社区图书馆工作人员对这些设施设备资源进行统计，提升登记、清查、报损、维修、报废等工作环节的精度，有利于提高设施设备的利用率。

3. 文献借阅指标

社区图书馆通过文献的借阅流通来满足社区居民日益增长的阅读需求，提高居民的文化生活水平。对文献借阅情况进行统计有助于社区图书馆工作人员及时掌握文献在数量和内容方面的结构、流通速率和发展规模，从而有目的、有计划地做好为读者搜集文献和传播知识等工作。文献借阅指标是衡量社区图书馆运营状况的标准之一，也反映了社区图书馆服务的质量和效果。一套完整的文献借阅指标主要包括文献借阅数量、文献借阅的种类、借阅文献读者的数量以及文献的平均借阅周期等。统计文献的借阅数量、借阅类型、借阅周期等，可以使工作人员了解社区图书馆服务工作的薄弱环节，对社区图书馆的发展起着十分重要的指导作用。

4. 读者数量指标

社区图书馆文献资源建设的最终目的是将文献资源提供给读者使用，如果只注重建设，不注重利用，也就失去了社区图书馆存在的意义。因此，社区图书馆在一定周期内接待了多少读者，这些读者属于哪个社会群体，处于哪个年龄段等，都应该进行详细的统计，这样才能准确掌握社区图书馆读者数量发展变化情况和规律，得出科学的结论，从而为社区图书馆决策提供重要依据。读者数量统计能够反映一定时期内社区图书馆读者数量的发展变化及使用图书馆的情况，其指标主要包括社区内读者的数量及结构、读者到馆数量、读者数量与馆藏文献的比例关系等。工作人员通过这些读者数据可以获悉读者使用图书馆的目的、阅读倾向等信息，对于分析读者爱好，制定工作决策具有重要的作用。

5. 读者服务指标

读者服务是社区图书馆运营管理工作中最重要的内容。随着我国公共文化事业的蓬勃发展，社区图书馆的服务得到了较大的改善，服务内容日趋丰富，服务方式越来越多样。不同阶层、不同职业、不同时间段到馆的读者对社区图书馆服务的需求存在一定的差异。读者服务指标主要包括开展参考咨询、阅读推广等服务工作的数量、种类等。对读者服务工作的统计有利于社区图书馆优化文献资源的类型与结构，为读者创造符合其需求的信息服务环境，开发符合时代发展的服务项目，从而使服务与读者需求能够有效对接。

三、社区图书馆统计分析及其方法

（一）社区图书馆统计分析的内容

社区图书馆统计分析即通过描述统计、推断统计等方法，利用统计分析软件，对统计资料进行分析，以揭示社区图书馆工作的特点、内在联系和规律，为社区图书馆总结经验、改进服务提供参考。社区图书馆统计分析一般涉及五种基本比率，即文献流通率、读者到馆率、读者阅读率、文献拒借率和文献保障率[①]。

1. 文献流通率

文献流通率是指读者在单位时间内借阅的馆藏文献数与全馆馆藏文献总数的百分比。其计算方法是：单位时间内读者借阅文献数量除以馆藏文献总数，乘以100%。公式为：

$$文献流通率 = \frac{单位时间内读者借阅文献数}{馆藏文献总数} \times 100\% \qquad （公式1）$$

2. 读者到馆率

读者到馆率指全年到馆读者数量与读者总数的百分比。其计算方法是：全年到馆读者人次除以读者实际人数，乘以100%。公式为：

$$读者到馆率 = \frac{全年到馆读者人次}{读者实际人数} \times 100\% \qquad （公式2）$$

3. 读者阅读率

读者阅读率指每个读者平均所借文献资料的数量。其计算方法是：全年文献借阅数量除以读者实际借阅人数，乘以100%。公式为：

$$读者阅读率 = \frac{全年文献借阅数量}{读者实际借阅人数} \times 100\% \qquad （公式3）$$

---

① 吴慰慈,董焱.图书馆学概论[M].4版.北京:国家图书馆出版社,2019:214-215.

4.文献拒借率

文献拒借率指读者未能借到的文献数量与读者所要借阅的文献数量的百分比。其计算方法是：一定时间内读者未能借到的文献数量除以读者所要借的文献总数，乘以100%。公式为：

$$文献拒借率 = \frac{读者未借到的文献数量}{读者所要借的文献总数} \times 100\% \qquad （公式4）$$

5.文献保障率

文献保障率是指社区图书馆提供读者使用的文献数量与读者数量的百分比，即社区图书馆读者平均占有的馆藏文献数量。其计算方法是：馆藏文献的数量除以读者数量，乘以100%。公式为：

$$文献保障率 = \frac{馆藏文献数量}{读者数量} \times 100\% \qquad （公式5）$$

（二）社区图书馆统计分析的方法

社区图书馆统计分析工作离不开相应方法，运用科学、合理的统计分析方法，可以使统计工作的效率更高，也有利于得出更加客观、准确的结论。常见的社区图书馆统计分析方法有以下几种。

1.统计分组法

统计分组法是指统计人员在获得大量统计数据和资料以后，根据统计分析的目的，按照特定的标准对数据和资料进行分组，然后再对各组进行比较分析，掌握它们之间的内在联系和不同组之间存在的差异。在社区图书馆统计工作中，由于统计的目的不同，常常需要进行各种统计分组。例如，统计社区图书馆各种文献的比例关系时，可以将馆藏文献按语言划分为中文文献和外文文献；统计读者的阅读倾向时，可以将读者按照性别、年龄、职业等进行分组。

2.对比分析法

对比分析法是指根据社区图书馆活动中各环节、各方面的联系，对相关的数据进行对比，分析它们之间的数量对比关系及形成的原因，即通过指标数值的对比来分析社区图书馆活动的一种统计方法。对比分析法可以划分为横向对比法与纵向对比法。其中，横向对比一般包括不同地区社区图书馆之间、同一地区不同社区图书馆之间、社区图书馆不同部门之间以及同一部门不同岗位之间的对比。纵向对比主要是对统计对象在不同时间点、不同时期的数量关系进行对比，其中统计对象可以是社区图书馆，也可以是文献流通册次、读者到馆人次等业务指标。对比分析法适用面广，是社区图书馆统计工作中常用的一种统计方法。但在使用对比分析法时，必须注意指标之间的可比性。如果指标之间不具备可比性，就会导致比较的结果无法客观反映实际情况。

3. 动态分析法

动态分析法是根据社区图书馆某种现象在时间上变化与发展所显现出来的数量特征，探究该现象的发展变化，由此对未来发展趋势进行预测的一种方法[①]。例如，通过对藏书结构与读者的动态分析，可以发现读者的借阅规律、需求特点、阅读倾向、阅读能力，找出馆藏文献资源与读者需求之间的差距，为调整和优化馆藏结构，建立科学合理的馆藏体系提供重要的参考依据[②]。

4. 相关性分析法

相关性分析法在社区图书馆统计工作中的应用是指运用数学方法，对社区图书馆活动中两个或多个具备相关性的统计量进行分析，从而衡量和确定统计量之间的相关度。需要注意的是，统计量之间需要存在一定的联系才可以进行相关性分析。相关分析法的主要目的是通过对不同数据间的关系进行分析，发现社区图书馆相关工作的关键影响及驱动因素，并对该工作的发展进行预测。例如，通过分析社区图书馆馆藏量与有效复本的比值以及相应的差值，能够分析出图书的剔旧情况以及图书的可利用程度。

5. 结构分析法

结构分析法是建立在统计分组基础之上，用于计算各部分数值占总体数值百分比的一种方法。在社区图书馆统计工作中，要求社区图书馆馆员事先掌握事物的总体数据，完成总体中各部分数据的分解工作，然后计算出各个部分占总体的比重。通过结构分析法可以充分认识社区图书馆相关事务的性质、内部结构特征及其发展变化。例如，要对 A、B 两个社区图书馆的图书流通与宣传工作成绩进行考核，就要分析图书馆藏书的数量、一定时期的流通册次和所占

---

① 严京生.基于数据挖掘技术的馆藏推荐系统研究和应用[D].西安:西安电子科技大学,2007.

② 孙艳玲.动态分析馆藏　优化藏书结构——以宁夏职业技术学院图书馆为例[J].图书馆理论与实践,2011(1):81-83.

比例：A 馆藏书 20 万册，一年流通 6 万册次，图书利用率为 30%；B 馆藏书 5 万册，一年流通 2 万册次，图书利用率为 40%。从藏书流通册次的数量分析，A 馆高于 B 馆；若从藏书的利用率分析，B 馆高于 A 馆，所以 B 馆的图书流通与宣传工作比 A 馆做得好[①]。

四、社区图书馆统计分析的步骤

社区图书馆统计分析工作主要包括：统计设计、收集资料、整理资料和分析资料四个步骤。它们相互联系，缺一不可。

（1）统计设计。统计设计是整个统计工作实施的重要依据，也是最为关键的一个环节。社区图书馆统计工作开始于统计调查方案的设计，一个完整的统计调查方案应包括调查的目的、对象、方式、时间、实施计划以及用于采集数据的提纲与统计调查表等。

（2）收集资料。统计分析是建立在大量统计资料基础之上的。收集资料是社区图书馆统计工作的基础，即根据统计设计获取准确可靠的原始数据。

（3）整理资料。统计资料的整理是对采集到的原始数据进行标准化整理，通过分类、检查、筛选或剔除等手段，使整理后的数据能准确、客观地反映事物发展的过程。统计资料的整理是统计分析的基础，馆员要做好数据资料的评价、分组与汇总等工作，减少误差值对分析结果的影响，提高统计分析的质量。

（4）分析资料。对统计资料的分析主要是运用相应的方法对统计资料进行分类研究，计算统计指标，阐明事物内在联系和规律，得出科学结论，并进行预测。

在数字化水平较高或者建有自动化管理系统的社区图书馆，可以利用这些系统自动收集相应的数据，并借助统计软件，例如 SPSS 自动生成统计分析结果。

第六节　社区图书馆工作评估

一、社区图书馆工作评估的意义

20 世纪 80 年代末，绩效评估理念被引入我国图书馆领域，开启了我国图

---

① 黄宗忠.试论图书馆统计[J].图书情报工作,1992（2）:7-11.

书馆全面质量管理的阶段，图书馆绩效评估在多年的实践中取得了不错的成就。目前，我国的公共图书馆评估定级只到县级图书馆，尚未涉及社区图书馆。随着社会的发展，社区图书馆在促进国民素质提升方面扮演着越来越重要的角色。因此，对社区图书馆的工作绩效进行评估，在不久的将来也会进入常态化。

社区图书馆工作评估是指政府部门、社区或第三方机构，在保障居民参与权的前提下，建立由定性指标与定量指标构成的评估体系，对社区图书馆的服务效能进行全面的评估。在整个评估过程中，对社区图书馆的资源投入与产出效益进行分析比较是基本的评估思路。

绩效评估是社区图书馆工作评估的一项重要内容，是科学评估社区图书馆工作效率、质量、成本与效果的方法，也是社区图书馆对每一项工作进行定性、定量客观评估的有效手段。建立社区图书馆工作绩效评估机制、开展社区图书馆工作绩效评估是社区图书馆追求高质量服务的需要，也是社区图书馆提高对外服务形象的需要，更是社区图书馆防止出现重大决策失误、及时调整宏观政策的有效措施，为社区图书馆基本文化服务的改进提供依据，促使社区图书馆积极打造特色服务，加快创新社区文化服务理念，也为社区图书馆制订工作计划、优化服务流程、完善服务保障措施提供方向。

二、社区图书馆工作评估原则

1. 经济性原则

经济成本问题是在评估社区图书馆服务过程中首先应当考虑到的问题。社区图书馆在一定的时间内，使用了多少经费来提供服务，这些经费的来源和使用是否合理合法，是否依据法定程序来分配和使用。投入产出比是社区图书馆主管部门工作评估中需要考虑的基本问题。

2. 客观性原则

社区图书馆在建立工作评估指标体系时，不能只看表面现象，要依据科学的方法来评估各项服务工作。在建立工作评估指标时应该尽可能排除主观因素的干扰，做到客观、准确、有效。

3. 针对性原则

社区图书馆工作评估指标的建立要具有针对性，同时要与社区图书馆的发展目标相一致。要注重对服务产出及结果的评估，关注社区图书馆服务实际成果与目标的符合程度，包括社区图书馆的服务范围、服务质量及公众的满意度等。

4.公平性原则

社区图书馆作为公共文化服务体系的重要组成部分，应该公平公正地对待不同人群、不同地域的公众文化需求。在工作评估过程中，公平性也是衡量社区图书馆服务绩效的重要指标。例如，针对社区图书馆基本服务项目应保证评估指标的普通适用性，对于社区图书馆开展的特色服务可以适当设置加分项。

三、社区图书馆工作评估的参与主体

1.行政主管部门

行政主管部门负责社区图书馆的发展规划、目标制定、监督考核等，为社区图书馆的目标管理、定向服务、社区文化建设任务、稳步达成各个时期的建设与发展目标提供规划指导、政策支持和监管保障。行政主管部门应通过听汇报、查资料、看现场、问群众等多种形式对社区图书馆工作进行评估，在各个环节均建立相应的约束机制。

2.社区图书馆管理者

社区图书馆管理者负责对社区图书馆的内外资源进行系统配置，根据社区图书馆建设发展需要，指导、监督月度、季度与年度工作计划的制订、执行，并定期向行政主管部门汇报管理服务状况。在社区图书馆工作评估过程中，社区图书馆管理者应从工作任务的完成数量和质量、服务队伍的建设和管理、服务能力和管理水平、管理规章的执行和落实情况、群众知晓度和满意度等方面进行综合考核评估。

3.社区图书馆馆员

社区图书馆馆员是文化产品和服务供给的主要实践者，其职责是积极树立创新、质量意识，按照社区图书馆管理者制订的工作计划，通过发挥不同岗位之间的协力、合作、互补、互助优势，不断提升社区图书馆促进全民阅读推广、开展丰富的文艺活动、挖掘基层文化资源、推动社区文化建设、创建社区文化品牌的全方位服务功能。社区图书馆管理者、基层馆员需要结合读者调研数据、读者反馈意见等参考资料，对社区图书馆的管理服务情况、文化服务完整性、活动设置合理性、文化设施利用率、公众参与率、读者满意率等进行全面的评估，并把其作为改进社区图书馆服务工作的重要依据。

4. 社区图书馆读者

读者是社区图书馆文化产品和服务供给的最终受益者，他们未参与评估的准备阶段，主要是在获得服务后通过接受问卷调查等形式反馈对图书馆的满意度，或者通过提建议、意见的方式进行间接评估。此外，也可以召开读者交流座谈会，使读者之间有机会进行充分的沟通交流，从而反映出读者的真实需求，以便推动对图书馆的评估工作。

四、社区图书馆工作评估方案

社区图书馆工作评估的前提是制定科学、规范的工作评估标准，以此提高社区图书馆的管理、服务质量和水平，更好地满足各类读者的精神文化需求。工作评估方案的制定主要包括工作评估的基本指标和实施细则。

（一）社区图书馆工作评估的基本指标

1. 资金投入

社区图书馆的正常运营需要图书、书架、桌椅、电脑、管理系统等。资金投入指标是指为了保障社区图书馆的运行，在其资源构建及后期服务中的资金投入数量。

2. 人员投入

人员投入指标指政府及相关管理部门为了保证社区图书馆的服务质量，为社区图书馆配备的工作人员数量以及工作人员的教育水平、专业结构等。

3. 馆藏数量

对社区图书馆馆藏数量的评估主要包括图书数量、期刊数量、报纸数量以及数据库、音视频等数字资源总量。

4. 活动数量

对社区图书馆活动数量的评估主要包括每月／年的活动计划、活动场次、活动参与人数、媒体报道次数、线上与线下宣传次数等。

5. 文献流通

文献流通方面的评估主要包括社区图书馆一定阶段内的文献借阅量、入藏量、更新速度、排架正确率、文献编目时效等。

6. 读者行为

对读者行为的评估主要涉及社区图书馆一定周期内的读者入馆次数、办证数量、投诉数量以及读者满意率、知晓率等方面。

7. 环境管理

对环境管理的评估主要包括社区图书馆的阅览区、活动区和公共区域的环境维护情况，图书排架的整齐与美观程度，系统与设备的运行状态，馆内标识标牌的完整度以及特殊人群服务保障设施的设置等。

8. 设备管理

对设备管理的评估主要包括社区图书馆设备与物资管理制度、固定资产购置与管理、设备设施的维护情况、设备设施维护档案的制定等方面。

（二）社区图书馆工作评估的实施细则

评估社区图书馆管理与服务工作绩效离不开具体可行、便于操作的实施细则。实施细则的制定主要包括五种方式：

第一种是以文化和旅游部及其他部门颁发的行业规范、行业标准为蓝本，结合本地实际情况制定社区图书馆的绩效考核细则。如 2016 年由文化部出台的《WH/T 73—2016 社区图书馆服务规范》。

第二种是根据地方文化主管部门及其他部门制定的区域性标准，制定本地社区图书馆的考核细则，或直接以此作为本地评估社区图书馆工作开展情况的依据。如杭州市地方标准《DB3301/T 0228—2018 社区公共文化服务评估规范》[①]。

第三种是地方文化主管部门结合本地区社区图书馆的实际发展制定的考核评估细则，可以直接应用于实践评估工作，如上海市文化和旅游局发布的《上海市街道（乡镇）图书馆等级评定评估标准及评分操作说明（2021 年版）》[②]。

第四种是由社区图书馆根据一定时期的工作计划自行制定的评估方案，这类评估方案仅适用于社区图书馆自我评估，一般会根据业务工作的发展需要对基本指标进行适时的调整与补充，可以作为评估社区图书馆一段时期内管理与服务质量的标准。

---

① 王仙桃, 叶钧, 陈琳娜, 等. 社区公共文化服务评估规范[S/OL]. [2022-03-05]. http://std.samr.gov.cn/db/search/stdDBDetailed?id=B72D3DD0CCD1389CE05397BE0A0A6BFF, 2018-06-20.

② 上海市长宁区人民政府. 关于开展长宁区街道（乡镇）图书馆 等级评定工作的通知[EB/OL]. [2022-03-06]. http://zwgk.shcn.gov.cn:9091/article.html?infoid=2709bcfd-3955-4bab-9f52-83ba528ae04c&rowguid=12c46049-de7b-4348-aa07-68f4d27eac0e, 2022-03-06.

第五种是在社区图书馆服务外包情况下，由采购单位根据采购需求和运营工作制定考核细则，考核细则通常会体现在采购单位、外包单位签订的运营管理合同中，由采购单位开展考核工作，并按照考核得分支付相应比例的经费。

案例5.4　金葡萄社区文化活动中心、青少年活动中心工作绩效与考核评估

合肥市大圩镇金葡萄社区文化活动中心、青少年活动中心是由社区图书馆及其他功能区组成的综合文化服务场馆。为发挥政府主导、社会化运作、项目化考核的优势，推进两个活动中心的一体化运行与可持续发展，大圩镇政府利用政府购买服务的方式，将两个活动中心委托给专业机构进行整体运行管理。

其中，金葡萄社区文化活动中心内设社区图书馆、舞蹈室、器乐室、家庭生活指导室、大圩本土文化展厅、志愿者之家及社团办公室、活动室、信息工程共享室、美术室、多功能大剧院、道德讲堂、体感互动大厅等功能区，以现代信息技术为支撑，满足居民的精神文化需求。金葡萄社区青少年活动中心设有社区科技阅读图书馆、活动展厅、亲子空间、舞蹈室、器乐室、四点半课堂、书画室、科技实验室、航空模型展厅、创客空间、青少年心理咨询室、报告厅等功能区，以青少年知识拓展、知识培训为重点，以健康、科技、文化主题活动为载体，提高青少年对科技的兴趣和动手实践能力。

为了稳步推进金葡萄社区文化活动中心、青少年活动中心的服务外包工作，发挥社会化运作和专业化管理优势，在政府文化主管部门的指导与监督下，外包公司建立了科学完善的工作绩效评估与考核体系细则，旨在切实提高金葡萄社区文化活动中心、青少年活动中心的综合文化服务能力，如表5-2所示。

大圩镇金葡萄社区文化活动中心、青少年活动中心是政府主导下社会力量供给文化产品和服务的实践探索，有利于解决公共文化服务供给的路径选择问题，推动公共文化服务供给，实现经济效益和社会效益的双赢。同时，大圩镇政府对社会力量所提供的业务工作数据、读者调查数据进行了全面的统计与分析，建立起政府面向社会力量的管理与服务工作绩效考核评估制度，形成了竞争、创新、约束、激励相结合的政府与社会合作制度体系，提高了社区公共文化产品和服务供给的质量和效率。

表 5-2　金葡萄社区文化活动中心、青少年活动中心工作绩效评估与考核细则表

一级指标	二级指标		考核要求	评分标准	考核分数
开放管理（46分）	场馆开放（6分）		开放时间：两个活动中心每天按时开放（8：30—12：00；14：00—17：30，其中周一上午、周四下午闭馆，双休日正常开馆）（4分）	1. 无故导致两个活动中心延迟开放超过 10 分钟扣 0.5 分；超过 15 分钟扣 1 分。 2. 每年发生延迟开放次数不超过 6 次，超过 6 次扣 2 分。 3. 无上述情况得 4 分	
			场馆环境：为居民提供良好的活动环境，保持室内整洁、卫生（2分）	根据室内环境清洁程度，进行打分，共计 2 分	
	功能室开放管理（6分）		两中心各功能室根据招标要求，按照规定频次进行开放、服务（4分）	1. 无故延迟或者未按照规定开放相应功能室，每少开放 1 个功能室，1 次扣除 0.1 分，以此累计计算。 2. 功能室开放期间，工作人员擅自离岗、功能室空岗，1 次扣 0.1 分。 3. 无上述情况则得 6 分（社区可随时抽查，进行记录，作为年度评分依据）	
			工作人员认真履行功能室管理制度，严格到岗时间，不迟到、不早退，确保开放时间不空岗（2分）		
	图书馆管理（9分）	图书管理（2分）	图书编目加工、图书上架正确率在90%以上（1分）	图书上架正确率每少 1 个百分点，扣 0.5 分，低于 85%，扣 1 分	
			保持图书及书架整洁、美观、齐全（1分）	若图书及书架杂乱无序，影响居民借阅，根据影响程度，扣 0—1 分	
		读者服务（2分）	以图书馆为阵地，三年期间至少孵化 2 个阅读类社会组织（2分）	每少孵化 1 个社会组织，扣 1 分	
		图书借阅（1分）	每天归还的图书上架，无滞留。为读者提供周到的阅读指导、借阅证办理服务（1分）	无故导致图书上架不及时，产生滞留，根据滞留图书数量，扣 0—1 分	
		居民办证（4分）	居民办证信息存储完整，第一年办证量不得低于 1500 人；第一年之后的每年办证数量须比上一年增加 20%（2分）	办证每少 100 人，扣 0.5 分	

续表

一级指标	二级指标		考核要求	评分标准	考核分数
图书馆管理（9分）	居民办证（4分）		办证钱款登记完备，以月为单位进行存档，以备社区审查（2分）	错漏登记、钱款混乱等，扣2分	
	设备管理（2分）		为避免影响居民使用，每次设备维修时间不超过1周（重大非人为因素除外，特殊事项可提前跟社区进行报备）	场馆设备发生故障且影响居民使用，未及时修理或上报社区，根据影响程度，扣0—2分	
	安全管理（5分）		每天进行安全检查，及时关闭门窗、电源（2分）	发现未及时关闭场馆门窗、电源，每少1次检查记录，扣0.1分	
			每月定期检查消防器材、场馆桌椅、各类设施（1分）	发现消防器材无法使用，要及时上报社区进行更换，若有1次未上报则扣0.2分	
			保障读者、居民人身安全，杜绝安全事故的发生（2分）	发生重大安全责任事故，扣2分	
	工作台账记录（6分）		工作台账记录的时间、事项清晰、完整，如平台的维护情况、安全设施的检查情况、资源采购情况等（工作台账记录包括工作记录，会议记录，安全检查记录，居民意见登记表，固定资产变更、登记，图书损坏登记等）	工作台账记录应清晰、完整，如有错漏项，根据情况扣0—6分	
	服务宣传与推广（12分）		针对两个活动中心服务工作，每年开展外出宣传推广不少于24次（10分）	每少1次外出宣传推广，扣0.5分	
			建立QQ群、微信群，用于两个活动中心日常活动发布及日常沟通（2分）	建立QQ群、微信群并进行互动沟通，得1分	
				建立群管理制度，得1分	
人员管理（6分）	人员培训及考核（6分）		根据合同要求，配备相应的驻点服务人员（2分）	每少1人，扣0.5分	
			运行公司每年至少开展2次人员业务培训，且记录详尽（2分）	少1次，扣2分	

一级指标	二级指标	考核要求	评分标准	考核分数
	人员培训及考核（6分）	居民对运行公司服务满意度在80%以上（2分）	1.居民满意度调查结果在80%以上，则得2分。 2.居民满意度调查结果低于80%，每少5个百分点，扣0.1分	
活动管理（48分）	日常活动（12分）	活动数量：两个活动中心年活动频次不少于144场次（社区文化活动中心年活动频次不少于64次；青少年活动中心年活动频次不少于80场）（12分）	每少1场活动，扣0.5分	
		活动人数：日常活动不少于25人参加（3分）	活动参与人次不达标，每少10人，扣0.1分/场	
	品牌活动（12分）	两个活动中心年品牌活动频次总计不少于12场（4分）	每少1场活动，扣1分	
		活动参与人次不少于100人/场（5分）	活动参与人次不达标，每少10人，扣0.1分/场	
	活动媒体报道次数（12分）	对金葡萄社区或者两个活动中心相关活动的年报道，不少于12次（12分）	每少1次，扣1分	
	社区居民满意度（4分）	社区统一对社区居民进行问卷调查（或者电话随机抽查），居民对活动的整体满意度要在80%以上（4分）	每少5个百分点，扣0.5分	
	活动台账记录（8分）	活动档案资料完整齐备，以月为单位，按照活动场次进行整理（4分）	每少1场活动资料或者资料不完整，扣0.2分	
		需要有活动计划、开放记录、活动图片、月度活动小结、居民问卷调查、活动成效分析等（4分）		

续表

一级指标	二级指标	考核要求	评分标准	考核分数
	附加考核（5分）	金葡萄社区以两个活动中心开展的活动或者服务项目进行参赛申报（申报资料由外包公司配合准备），获得相关荣誉、奖项、资金补助等，可加分（3分）	1.每获得一项市级荣誉、奖项、资金补助，具有考核凭证依据，得3分，以此累加，满分5分。 2.每获得一项省级荣誉、奖项、资金补助，具有考核凭证依据，得5分	
		服务期间，经社区审批同意后，外包公司以社区名义将两个活动中心的服务运行项目进行参赛申报，获得相关荣誉、奖项、资金补助等，可加分（2分）		

说明：以上考核评分表由考核和附加考核两部分组成，考核满分100分，附加考核满分5分（符合附加考核要求则加分，不符合则不加分）。该考核表主要用于金葡萄社区文化活动中心、青少年活动中心的运行服务外包考核。考核以年度为单位进行评分，考核人员由金葡萄社区自行安排，考核评分以纸质整理资料及现场抽查为依据。考核结果总分值计算方式为：考核得分＋附加考核得分

主要参考文献

专著

［1］林志军.图书馆统计工作［M］.北京：中国物资出版社，2012.

［2］陆和建，张芳源.农家书屋理论与安徽实践研究［M］.合肥：安徽人民出版社，202.

［3］王丽.社区图书馆工作［M］.厦门：厦门大学出版社，2005.

［4］吴慰慈，董焱.图书馆学概论［M］.4版.北京：国家图书馆出版社，2019.

［5］吴晞.图书馆史话［M］.北京：社会科学文献出版社，2015.

［6］谢灼华.中国图书和图书馆史［M］.3版.武汉：武汉大学出版社，2011.

［7］庄立臻.社区图书的建设与发展［M］.杭州：浙江科学技术出版社，2009.

专业论文

［1］程焕文，周旭毓.权利与道德——关于公共图书馆精神的阐释［J］.图书馆建设，2005（4）：1-4，42.

［2］高林，唐澈.重新定义社区图书馆功能［J］.图书馆研究，2013（4）：8-11.

［3］高小军.以社区为中心的现代社区图书馆服务模式研究——以深圳市罗湖区"悠·图书馆"为例［J］.图书馆论坛，2017，37（3）：57-66.

［4］胡立耘.美国公共图书馆社区信息服务的特点［J］.图书馆建设，2009（5）：74-77，83.

［5］黄雪丽.农家书屋政策执行：困境分析与破解之道［J］.图书馆论坛，2017，37（3）：44-50.

［6］霍瑞娟."图书馆＋"：专业服务跨界融合发展的探索［J］.图书馆杂志，2016，35（8）：10-14.

［7］金武刚，李国新.中国公共图书馆总分馆制建设：起源、现状与未来趋势［J］.图书馆杂志，2014，33（5）：4-15.

［8］李菊花.京津冀协同发展背景下基层社区图书馆均衡化建设探讨［J］.图书馆工作

与研究，2016（12）：109-114.

[9] 李玉梅，王宇，迟伟凡. 论图书馆内部基本制度的建设与创新［J］. 中国图书馆学报，2005（3）：93-95.

[10] 刘曜檀. 社区图书馆在阅读推广活动中的角色及发展措施［J］. 农业图书情报学刊，2017，29（6）：66-68.

[11] 刘兹恒，薛旻. 论社区图书馆的功能、模式及管理机制［J］. 中国图书馆学报，2002（5）：32-35，60.

[12] 陆和建，程思捷. 英国社区图书馆社区文化服务的案例分析及启示［J］. 图书馆学研究，2018（15）：89-93，33.

[13] 陆和建，姜丰伟，王蕾蕾. 我国基层公共图书馆管理与服务创新实证研究——以滨湖世纪社区图书馆社会化运作为例［J］. 图书馆，2016（8）：104-107.

[14] 陆和建，姜丰伟. 社会力量参与基层文化服务建设研究——基于社区文化中心的社会化管理实践［J］. 国家图书馆学刊，2017，26（5）：75-80.

[15] 陆和建，彭昱丽. 合肥市农家书屋现状及可持续发展对策［J］. 大学图书情报学刊，2010，28（6）：23-25，29.

[16] 陆和建，涂新宇，张晗. 我国农家书屋开展文化精准扶贫对策探析［J］. 图书情报知识，2018（3）：35-44.

[17] 陆和建，王真真. 均等化视角下中美社区图书馆阅读推广实践与启示［J］. 图书情报工作，2018，62（17）：26-32.

[18] 陆和建，张芳源，郑辰. 非洲农村图书馆范例研究及启示［J］. 图书馆杂志，2012，31（6）：66-69，61.

[19] 陆和建，张芳源. 国外农村图书馆服务模式研究［J］. 图书情报知识，2012（3）：62-71.

[20] 马岩，郑建明. 图书馆总分馆制建设的模式、特色与思考［J］. 图书馆工作与研究，2015（7）：42-45.

[21] 邱冠华. 苏州总分馆制度设计的背景、思路与成效［J］. 图书馆，2014（2）：27-30.

[22] 沈丽红. 引入社会力量参与基层图书馆建设探析——以杭州地区基层图书馆为例［J］. 图书馆研究与工作，2017（6）：48-51.

[23] 汪其英. 美国社区图书馆延伸服务及其启示［J］. 国家图书馆学刊，2016，25（6）：52-57.

[24] 王林，师丽梅，肖焕忠，等. 以新服务涵养图书馆的未来——《社区图书馆服务

规范》解读［J］.国家图书馆学刊，2016，25（6）：9-16.

［25］王祝康，张晓耿，余黎萍.国家公共文化服务体系示范项目——重庆市南岸区社区图书馆标准化服务创建纪实［J］.图书馆界，2016（4）：13-16.

［26］文蓉.英国社区图书馆的服务和运行机制——以 Upperthorpe 社区图书馆为例［J］.图书情报工作，2017，61（9）：74-79.

［27］肖永英，潘妙辉.美国公共图书馆社区信息服务的发展及其启示［J］.图书馆论坛，2003（6）：178-181.

［28］熊军.我国社区图书馆服务规范实践现状与思考——以深圳宝安区为例［J］.四川图书馆学报，2018（2）：15-19.

［29］许静波.跃进与折返：大跃进时期我国图书馆事业回望与省思［J］.图书馆工作与研究，2017（1）：111-116.

［30］严贝妮，孙贺，李永钢."保罗的口袋"变身"市民的口袋"——合肥市"口袋图书馆"案例研究［J］.图书馆建设，2017（5）：94-100.

［31］杨晶.美国社区图书馆志愿者管理模式探析［J］.图书馆建设，2017（2）：90-96.

［32］于鸣镝.图书馆学研究对象之管见［J］.图书馆工作与研究，1981（2）：24-27.

［33］张书美.民国时期民众图书馆的规章建设及启示［J］.国家图书馆学刊，2016，25（1）：84-90.

［34］赵军.汽车图书馆为新农村建设服务模式探析——以哈尔滨市图书馆为例［J］.农业图书情报学刊，2014，26（12）：183-186.

［35］郑直，张欣.基于公共服务理念的社区图书馆服务体系建设研究［J］.图书馆工作与研究，2016（4）：33-36.

［36］朱梅芳，徐文贤.社区图书馆管理外包探究［J］.图书馆论坛，2014（10）：63-67，23.

电子文献

［1］安徽省质量技术监督局.社区图书馆（室）服务规范：DB34/T 2605—2016［S/OL］.［2018–03–05］.https：//max.book118.com/html/2017/0215/91764425.shtm.

［2］中共中央办公厅，国务院办公厅.中共中央办公厅　国务院办公厅印发《国家"十三五"时期文化发展改革规划纲要》［EB/OL］.［2018–05–07］.http：//www.gov. cn/zhengce/2017-05/07/content_5191604.htm

［3］中华人民共和国公共图书馆法［EB/OL］.［2017–11–06］.http：//www.npc.gov.cn/npc/xinwen/2017-11/04/content_2031427.htm?from=timeline&isappinstalled=0.

［4］中华人民共和国公共文化服务保障法［EB/OL］.［2017–09–05］.http：//www.npc.

gov.cn/npc/xinwen/2016–12/25/content_2004880.htm.

［5］中华人民共和国国家统计局 . 中国统计年鉴：2016［EB/OL］.［2017–10–21］. http：//www.stats.gov.cn/tjsj/ndsj/2016/indexch.htm.

［6］中华人民共和国国家统计局 . 中国统计年鉴：2017［EB/OL］.［2018–04–29］. http：//www. stats.gov.cn/tjsj/ndsj/2017/indexch.htm.

［7］中华人民共和国国家统计局 . 中华人民共和国 2017 年国民经济和社会发展公报［EB/OL］.［2017–11–06］.http：//www.stats.gov.cn/tjsj/zxfb/201802/t20180228_1585631. html.

［8］文化部，新闻出版广电总局，体育总局，等 . 文化部　新闻出版广电总局　体育总局发展改革委　财政部关于印发《关于推进县级文化馆图书馆总分馆制建设的指导意见》的通知［EB/OL］.［2017–10–15］.http：//zwgk.mcprc.gov.cn/auto255/201701/t20170118_477688. html.

［9］文化部 . 文化部关于印发《"十三五"时期全国公共图书馆事业发展规划》的通知［EB/OL］.［2017–10–03］.http：//zwgk.mct.gov.cn/auto255/ 201707/t201707 26_6 85747. html.

外文文献

［1］DAVIES S. Taking stock: the future of our public library service［R］. UK：Unison, 2008.

［2］DENT V F. Modelling the rural community library：characteristics of the Kitengesa Library in rural Uganda［J］. New Libray World, 2006, 107（1/2）：16–30.

［3］KANIKI A. Community resource centres and resource centre forums in the transformation and post–transformation era in South Africa［J］. African Journal of Library, Archives and Information Science, 1994, 4（1）：47–54.

［4］ROSENBERG D. Rural community resource centres: a sustainable option for Africa? ［J］, Information Development, 1993, 9（1/2）：29–35.

［5］SHIRAZ D, et al. Rural information in Kenya［J］.Information Development, 1985（1）：149–157.

［6］STINE W F. An empirical analysis of the effect of volunteer labor on public library employment［J］. Managerial and Decision Economics, 2008, 29（6）：525–538.

附　　录

国际图联、联合国教科文组织　公共图书馆宣言 2022[*]

社会和个人的自由、繁荣与发展是人的基本价值。只有当有文化的知情公民能够行使其民主权利并能在社会上积极发挥作用时，这些价值才能实现。富有成效的参与和民主的发展有赖于良好的教育和对知识、思想、文化及信息的自由和不受限制的获取。

公共图书馆是各地通向知识之门，为个人和社会群体的终身学习、独立决策和文化发展提供了基本条件。公共图书馆通过提供各类知识访问、知识创造和知识共享的方式，包括没有商业、技术或法律方面障碍的所有科学知识和地方性知识，为创建健康的知识社会奠定了基础。

在每个国家，尤其是发展中国家，图书馆都有助于确保尽可能多的人享有受教育的权利以及参与知识社会和社区文化生活的权利。

本宣言表明教科文组织深信公共图书馆是开展教育、传播文化、具有包容性和提供信息的有力工具，也是推动可持续发展，在人民的思想中树立和平观念和丰富人民大众精神生活的重要工具。

因此，教科文组织鼓励各国政府及地方政府支持并积极参与公共图书馆的发展。

公共图书馆

公共图书馆是各地的信息中心，用户可以随时得到各种知识与信息。公共

---

[*]　浙江图书馆学术研究部编译组译。

图书馆是知识社会的重要组成部分，应不断适应新的传播手段，以履行其帮助所有人普遍获取信息和有效使用信息的职能。公共图书馆为知识生产、信息和文化的共享与交换以及促进公民参与提供了公共空间。

图书馆是社区的创造者，其主动接触新用户，通过有效倾听来支持能够满足当地需求并且有助于提高生活质量的服务。公众信任图书馆，作为回报，公共图书馆应有雄心，积极作为，确保所服务社区保持信息灵通和视野开阔。

公共图书馆应不分年龄、种族、性别、宗教、国籍、语言、社会地位或其他任何特征，向所有的人提供平等的服务。它还必须向由于种种原因不能利用其正常的服务和资料的人，如在语言方面属于少数群体的人、残障人士、缺乏数字化或计算机技能的人、缺乏读写能力的人或住院病人及在押犯人等提供特殊的服务和资料。

不同年龄的人都应该在图书馆中找到适合其需要的资料。藏书及各种服务必须包含各类必要的媒体形式和现代技术以及传统的资料。最主要的是高质量和适合当地的需要及情况，反映社区语言和文化的多样性。馆藏资料必须反映当前社会的各种潮流和社会的演变情况，并记录人类的成就和创造性思维。

藏书与服务均不应受任何形式的思想、政治或宗教审查，也不应受到来自商业方面的压力。

公共图书馆的任务

以下在信息、扫盲、教育、包容性、公民参与和文化方面的主要任务应当成为公共图书馆服务的核心内容。通过履行这些主要任务，公共图书馆得以为实现可持续发展目标和建设更加公平、人性化、可持续的社会做出贡献。

◆提供不受审查的、广泛的信息和思想，支持各级正规和非正规教育以及终身学习，保证人们在任何年龄段都能持续、自愿和自主地追求知识；

◆为个人的创造性发展提供机会，激发想象力、创造力、好奇心和同理心；

◆培养和加强儿童从出生到成年的阅读习惯；

◆本着建设知情、民主社会的精神，发起、支持和参与扫盲活动与计划，以培养各年龄段用户的阅读和写作技能，同时促进其媒体与信息素养以及数字素养技能的发展；

◆通过数字技术为社区提供现场服务和远程服务，以使居民在任何可能的情况下都能获得信息、馆藏和项目服务；

◆确保所有人都能获得各种社区信息和参与社区组织的机会，承认图书馆在社会结构中的核心地位；

◆为社区提供科学知识，如各种研究结果和健康信息，这些不仅能够影响居民的日常生活，也为其提供了参与科学进步的途径；

◆向当地的企业、社团和利益集团提供必要的信息服务；

◆保存当地和原住民的数据、知识和遗产（包括口头传统）并使其可用，创造环境使当地社区可以在根据其自身意愿定义资料的获取、保存和共享工作中发挥积极作用；

◆促进文化间对话和文化多样性；

◆促进对文化表达及遗产的保护和有意义获取，对艺术的鉴赏，对科学知识、研究和创新的开放获取，包括传统媒介形式、数字化资料和数字原生资料。

资助、法规与网络

进入公共图书馆建筑和获取公共图书馆服务原则上应该免费。开办和管理公共图书馆是国家及地方当局的责任。它必须有具体的、不断更新的与国际条约和协定一致的立法支持。它必须得到国家及地方政府的资助。它必须成为文化、信息、扫盲与教育的长期战略的重要组成部分。

在数字时代，版权和知识产权立法必须确保公共图书馆和获取实体资源一样，有能力以合理的条件获取数字资源并提供访问渠道。

为确保全国各地的图书馆加强协作，法规与协作方案还必须规定并促进有统一服务标准的全国图书馆网的建立。

公共图书馆网必须把国家图书馆、地区图书馆、供研究与特殊需要使用的图书馆以及中小学和大专院校的图书馆都联系起来。

工作与管理

必须根据各地的社区需求拟订一项明确的政策，定出目标、优先事项和服务项目。地方性知识和社区参与对政策的拟定过程有重要价值，当地社区应参与决策。

公共图书馆必须管理有效，具有专业水平。

必须使社会上所有的人都能以实体的或数字化方式真正享受到图书馆的各项服务。这就需要图书馆择优选址、设备齐全，阅读和学习设施良好，拥有必要的技术，和规定足够的、方便用户的开放时间，还应该为那些不能到图书馆来的用户提供上门服务。

图书馆的各项服务必须适合农村居民和城市居民、社会边缘化群体、有特殊需求的用户、使用多种语言的用户以及社区中土著居民的不同需要。

图书馆工作人员是用户与各种图书资料（包括数字资料和传统资料）之间的联系人。充足的人力和物力资源以及为应对当下和未来的挑战对图书馆工作人员进行的专业培训和继续教育，是保证服务质量所不可或缺的。领导层应与图书馆专业人员就如何定义"充足资源"的数量和质量进行协商。

为了帮助用户使用图书馆的各种资料，必须开展馆外服务和举办用户学习班。

应持续开展以评估图书馆影响力和数据收集为重点的研究，以便向政策制定者展示图书馆的社会效益。图书馆在社会中的效用往往见于后世，因此统计数据应当长期收集。

伙伴关系

建立伙伴关系对于图书馆接触更广泛、更多样化的受众群体是必不可少的。必须确保与以下相关群体的合作伙伴关系：用户群体、学校、非政府组织、图书馆协会、企业以及地方、区域、国家和国际层面的其他专业人员。

本宣言的实施

要求世界各国及各地的决策者和全体图书馆工作者实施本宣言中的各项原则。

2022 年 7 月 18 日

中华人民共和国公共文化服务保障法

（2016 年 12 月 25 日第十二届全国人民代表大会常务委员会第二十五次会议通过）

目　录

第一章　总　则

第一条　为了加强公共文化服务体系建设，丰富人民群众精神文化生活，传承中华优秀传统文化，弘扬社会主义核心价值观，增强文化自信，促进中国特色社会主义文化繁荣发展，提高全民族文明素质，制定本法。

第二条　本法所称公共文化服务，是指由政府主导、社会力量参与，以满足公民基本文化需求为主要目的而提供的公共文化设施、文化产品、文化活动以及其他相关服务。

第三条　公共文化服务应当坚持社会主义先进文化前进方向，坚持以人民为中心，坚持以社会主义核心价值观为引领；应当按照"百花齐放、百家争鸣"的方针，支持优秀公共文化产品的创作生产，丰富公共文化服务内容。

第四条　县级以上人民政府应当将公共文化服务纳入本级国民经济和社会发展规划，按照公益性、基本性、均等性、便利性的要求，加强公共文化设施建设，完善公共文化服务体系，提高公共文化服务效能。

第五条　国务院根据公民基本文化需求和经济社会发展水平，制定并调整国家基本公共文化服务指导标准。

省、自治区、直辖市人民政府根据国家基本公共文化服务指导标准，结合当地实际需求、财政能力和文化特色，制定并调整本行政区域的基本公共文化服务实施标准。

第六条 国务院建立公共文化服务综合协调机制，指导、协调、推动全国公共文化服务工作。国务院文化主管部门承担综合协调具体职责。

地方各级人民政府应当加强对公共文化服务的统筹协调，推动实现共建共享。

第七条 国务院文化主管部门、新闻出版广电主管部门依照本法和国务院规定的职责负责全国的公共文化服务工作；国务院其他有关部门在各自职责范围内负责相关公共文化服务工作。

县级以上地方人民政府文化、新闻出版广电主管部门根据其职责负责本行政区域内的公共文化服务工作；县级以上地方人民政府其他有关部门在各自职责范围内负责相关公共文化服务工作。

第八条 国家扶助革命老区、民族地区、边疆地区、贫困地区的公共文化服务，促进公共文化服务均衡协调发展。

第九条 各级人民政府应当根据未成年人、老年人、残疾人和流动人口等群体的特点与需求，提供相应的公共文化服务。

第十条 国家鼓励和支持公共文化服务与学校教育相结合，充分发挥公共文化服务的社会教育功能，提高青少年思想道德和科学文化素质。

第十一条 国家鼓励和支持发挥科技在公共文化服务中的作用，推动运用现代信息技术和传播技术，提高公众的科学素养和公共文化服务水平。

第十二条 国家鼓励和支持在公共文化服务领域开展国际合作与交流。

第十三条 国家鼓励和支持公民、法人和其他组织参与公共文化服务。

对在公共文化服务中作出突出贡献的公民、法人和其他组织，依法给予表彰和奖励。

第二章 公共文化设施建设与管理

第十四条 本法所称公共文化设施是指用于提供公共文化服务的建筑物、场地和设备，主要包括图书馆、博物馆、文化馆（站）、美术馆、科技馆、纪念馆、体育场馆、工人文化宫、青少年宫、妇女儿童活动中心、老年人活动中心、乡镇（街道）和村（社区）基层综合性文化服务中心、农家（职工）书屋、公共阅报栏（屏）、广播电视播出传输覆盖设施、公共数字文化服务点等。

县级以上地方人民政府应当将本行政区域内的公共文化设施目录及有关信息予以公布。

第十五条　县级以上地方人民政府应当将公共文化设施建设纳入本级城乡规划，根据国家基本公共文化服务指导标准、省级基本公共文化服务实施标准，结合当地经济社会发展水平、人口状况、环境条件、文化特色，合理确定公共文化设施的种类、数量、规模以及布局，形成场馆服务、流动服务和数字服务相结合的公共文化设施网络。

公共文化设施的选址，应当征求公众意见，符合公共文化设施的功能和特点，有利于发挥其作用。

第十六条　公共文化设施的建设用地，应当符合土地利用总体规划和城乡规划，并依照法定程序审批。

任何单位和个人不得侵占公共文化设施建设用地或者擅自改变其用途。因特殊情况需要调整公共文化设施建设用地的，应当重新确定建设用地。调整后的公共文化设施建设用地不得少于原有面积。

新建、改建、扩建居民住宅区，应当按照有关规定、标准，规划和建设配套的公共文化设施。

第十七条　公共文化设施的设计和建设，应当符合实用、安全、科学、美观、环保、节约的要求和国家规定的标准，并配置无障碍设施设备。

第十八条　地方各级人民政府可以采取新建、改建、扩建、合建、租赁、利用现有公共设施等多种方式，加强乡镇（街道）、村（社区）基层综合性文化服务中心建设，推动基层有关公共设施的统一管理、综合利用，并保障其正常运行。

第十九条　任何单位和个人不得擅自拆除公共文化设施，不得擅自改变公共文化设施的功能、用途或者妨碍其正常运行，不得侵占、挪用公共文化设施，不得将公共文化设施用于与公共文化服务无关的商业经营活动。

因城乡建设确需拆除公共文化设施，或者改变其功能、用途的，应当依照有关法律、行政法规的规定重建、改建，并坚持先建设后拆除或者建设拆除同时进行的原则。重建、改建的公共文化设施的设施配置标准、建筑面积等不得降低。

第二十条　公共文化设施管理单位应当按照国家规定的标准，配置和更新必需的服务内容和设备，加强公共文化设施经常性维护管理工作，保障公共文化设施的正常使用和运转。

第二十一条　公共文化设施管理单位应当建立健全管理制度和服务规范，建立公共文化设施资产统计报告制度和公共文化服务开展情况的年报制度。

第二十二条　公共文化设施管理单位应当建立健全安全管理制度，开展公共文化设施及公众活动的安全评价，依法配备安全保护设备和人员，保障公共文化设施和公众活动安全。

第二十三条　各级人民政府应当建立有公众参与的公共文化设施使用效能考核评价制度，公共文化设施管理单位应当根据评价结果改进工作，提高服务质量。

第二十四条　国家推动公共图书馆、博物馆、文化馆等公共文化设施管理单位根据其功能定位建立健全法人治理结构，吸收有关方面代表、专业人士和公众参与管理。

第二十五条　国家鼓励和支持公民、法人和其他组织兴建、捐建或者与政府部门合作建设公共文化设施，鼓励公民、法人和其他组织依法参与公共文化设施的运营和管理。

第二十六条　公众在使用公共文化设施时，应当遵守公共秩序，爱护公共设施，不得损坏公共设施设备和物品。

第三章　公共文化服务提供

第二十七条　各级人民政府应当充分利用公共文化设施，促进优秀公共文化产品的提供和传播，支持开展全民阅读、全民普法、全民健身、全民科普和艺术普及、优秀传统文化传承活动。

第二十八条　设区的市级、县级地方人民政府应当根据国家基本公共文化服务指导标准和省、自治区、直辖市基本公共文化服务实施标准，结合当地实际，制定公布本行政区域公共文化服务目录并组织实施。

第二十九条　公益性文化单位应当完善服务项目、丰富服务内容，创造条件向公众提供免费或者优惠的文艺演出、陈列展览、电影放映、广播电视节目收听收看、阅读服务、艺术培训等，并为公众开展文化活动提供支持和帮助。

国家鼓励经营性文化单位提供免费或者优惠的公共文化产品和文化活动。

第三十条　基层综合性文化服务中心应当加强资源整合，建立完善公共文化服务网络，充分发挥统筹服务功能，为公众提供书报阅读、影视观赏、戏曲表演、普法教育、艺术普及、科学普及、广播播送、互联网上网和群众性文化体育活动等公共文化服务，并根据其功能特点，因地制宜提供其他公共服务。

第三十一条　公共文化设施应当根据其功能、特点，按照国家有关规定，向公众免费或者优惠开放。

公共文化设施开放收取费用的，应当每月定期向中小学生免费开放。

公共文化设施开放或者提供培训服务等收取费用的，应当报经县级以上人民政府有关部门批准；收取的费用，应当用于公共文化设施的维护、管理和事业发展，不得挪作他用。

公共文化设施管理单位应当公示服务项目和开放时间；临时停止开放的，应当及时公告。

第三十二条　国家鼓励和支持机关、学校、企业事业单位的文化体育设施向公众开放。

第三十三条　国家统筹规划公共数字文化建设，构建标准统一、互联互通的公共数字文化服务网络，建设公共文化信息资源库，实现基层网络服务共建共享。

国家支持开发数字文化产品，推动利用宽带互联网、移动互联网、广播电视网和卫星网络提供公共文化服务。

地方各级人民政府应当加强基层公共文化设施的数字化和网络建设，提高数字化和网络服务能力。

第三十四条　地方各级人民政府应当采取多种方式，因地制宜提供流动文化服务。

第三十五条　国家重点增加农村地区图书、报刊、戏曲、电影、广播电视节目、网络信息内容、节庆活动、体育健身活动等公共文化产品供给，促进城乡公共文化服务均等化。

面向农村提供的图书、报刊、电影等公共文化产品应当符合农村特点和需求，提高针对性和时效性。

第三十六条　地方各级人民政府应当根据当地实际情况，在人员流动量较大的公共场所、务工人员较为集中的区域以及留守妇女儿童较为集中的农村地区，配备必要的设施，采取多种形式，提供便利可及的公共文化服务。

第三十七条　国家鼓励公民主动参与公共文化服务，自主开展健康文明的群众性文化体育活动；地方各级人民政府应当给予必要的指导、支持和帮助。

居民委员会、村民委员会应当根据居民的需求开展群众性文化体育活动，并协助当地人民政府有关部门开展公共文化服务相关工作。

国家机关、社会组织、企业事业单位应当结合自身特点和需要，组织开展群众性文化体育活动，丰富职工文化生活。

第三十八条　地方各级人民政府应当加强面向在校学生的公共文化服务，支持学校开展适合在校学生特点的文化体育活动，促进德智体美教育。

第三十九条　地方各级人民政府应当支持军队基层文化建设，丰富军营文化体育活动，加强军民文化融合。

第四十条　国家加强民族语言文字文化产品的供给，加强优秀公共文化产品的民族语言文字译制及其在民族地区的传播，鼓励和扶助民族文化产品的创作生产，支持开展具有民族特色的群众性文化体育活动。

第四十一条　国务院和省、自治区、直辖市人民政府制定政府购买公共文化服务的指导性意见和目录。国务院有关部门和县级以上地方人民政府应当根据指导性意见和目录，结合实际情况，确定购买的具体项目和内容，及时向社会公布。

第四十二条　国家鼓励和支持公民、法人和其他组织通过兴办实体、资助项目、赞助活动、提供设施、捐赠产品等方式，参与提供公共文化服务。

第四十三条　国家倡导和鼓励公民、法人和其他组织参与文化志愿服务。

公共文化设施管理单位应当建立文化志愿服务机制，组织开展文化志愿服务活动。

县级以上地方人民政府有关部门应当对文化志愿活动给予必要的指导和支持，并建立管理评价、教育培训和激励保障机制。

第四十四条　任何组织和个人不得利用公共文化设施、文化产品、文化活动以及其他相关服务，从事危害国家安全、损害社会公共利益和其他违反法律法规的活动。

第四章　保障措施

第四十五条　国务院和地方各级人民政府应当根据公共文化服务的事权和支出责任，将公共文化服务经费纳入本级预算，安排公共文化服务所需资金。

第四十六条　国务院和省、自治区、直辖市人民政府应当增加投入，通过转移支付等方式，重点扶助革命老区、民族地区、边疆地区、贫困地区开展公共文化服务。

国家鼓励和支持经济发达地区对革命老区、民族地区、边疆地区、贫困地区的公共文化服务提供援助。

第四十七条　免费或者优惠开放的公共文化设施，按照国家规定享受补助。

第四十八条　国家鼓励社会资本依法投入公共文化服务，拓宽公共文化服务资金来源渠道。

第四十九条　国家采取政府购买服务等措施，支持公民、法人和其他组织参与提供公共文化服务。

第五十条　公民、法人和其他组织通过公益性社会团体或者县级以上人民政府及其部门，捐赠财产用于公共文化服务的，依法享受税收优惠。

国家鼓励通过捐赠等方式设立公共文化服务基金，专门用于公共文化服务。

第五十一条　地方各级人民政府应当按照公共文化设施的功能、任务和服务人口规模，合理设置公共文化服务岗位，配备相应专业人员。

第五十二条　国家鼓励和支持文化专业人员、高校毕业生和志愿者到基层从事公共文化服务工作。

第五十三条　国家鼓励和支持公民、法人和其他组织依法成立公共文化服务领域的社会组织，推动公共文化服务社会化、专业化发展。

第五十四条　国家支持公共文化服务理论研究，加强多层次专业人才教育和培训。

第五十五条　县级以上人民政府应当建立健全公共文化服务资金使用的监督和统计公告制度，加强绩效考评，确保资金用于公共文化服务。任何单位和个人不得侵占、挪用公共文化服务资金。

审计机关应当依法加强对公共文化服务资金的审计监督。

第五十六条　各级人民政府应当加强对公共文化服务工作的监督检查，建立反映公众文化需求的征询反馈制度和有公众参与的公共文化服务考核评价制度，并将考核评价结果作为确定补贴或者奖励的依据。

第五十七条　各级人民政府及有关部门应当及时公开公共文化服务信息，主动接受社会监督。

新闻媒体应当积极开展公共文化服务的宣传报道，并加强舆论监督。

第五章　法律责任

第五十八条　违反本法规定，地方各级人民政府和县级以上人民政府有关部门未履行公共文化服务保障职责的，由其上级机关或者监察机关责令限期改正；情节严重的，对直接负责的主管人员和其他直接责任人员依法给予处分。

第五十九条　违反本法规定，地方各级人民政府和县级以上人民政府有关部门，有下列行为之一的，由其上级机关或者监察机关责令限期改正；情节严重的，对直接负责的主管人员和其他直接责任人员依法给予处分：

（一）侵占、挪用公共文化服务资金的；

（二）擅自拆除、侵占、挪用公共文化设施，或者改变其功能、用途，或者妨碍其正常运行的；

（三）未依照本法规定重建公共文化设施的；

（四）滥用职权、玩忽职守、徇私舞弊的。

第六十条　违反本法规定，侵占公共文化设施的建设用地或者擅自改变其用途的，由县级以上地方人民政府土地主管部门、城乡规划主管部门依据各自职责责令限期改正；逾期不改正的，由作出决定的机关依法强制执行，或者依法申请人民法院强制执行。

第六十一条　违反本法规定，公共文化设施管理单位有下列情形之一的，由其主管部门责令限期改正；造成严重后果的，对直接负责的主管人员和其他直接责任人员，依法给予处分：

（一）未按照规定对公众开放的；

（二）未公示服务项目、开放时间等事项的；

（三）未建立安全管理制度的；

（四）因管理不善造成损失的。

第六十二条　违反本法规定，公共文化设施管理单位有下列行为之一的，由其主管部门或者价格主管部门责令限期改正，没收违法所得，违法所得五千元以上的，并处违法所得两倍以上五倍以下罚款；没有违法所得或者违法所得五千元以下的，可以处一万元以下的罚款；对直接负责的主管人员和其他直接责任人员，依法给予处分：

（一）开展与公共文化设施功能、用途不符的服务活动的；

（二）对应当免费开放的公共文化设施收费或者变相收费的；

（三）收取费用未用于公共文化设施的维护、管理和事业发展，挪作他用的。

第六十三条　违反本法规定，损害他人民事权益的，依法承担民事责任；构成违反治安管理行为的，由公安机关依法给予治安管理处罚；构成犯罪的，依法追究刑事责任。

第六章　附　则

第六十四条　境外自然人、法人和其他组织在中国境内从事公共文化服务的，应当符合相关法律、行政法规的规定。

第六十五条　本法自 2017 年 3 月 1 日起施行。

中华人民共和国公共图书馆法

（2017 年 11 月 4 日第十二届全国人民代表大会常务委员会第三十次会议通过）

目　录

第一章　总　　则

第一条　为了促进公共图书馆事业发展，发挥公共图书馆功能，保障公民基本文化权益，提高公民科学文化素质和社会文明程度，传承人类文明，坚定文化自信，制定本法。

第二条　本法所称公共图书馆，是指向社会公众免费开放，收集、整理、保存文献信息并提供查询、借阅及相关服务，开展社会教育的公共文化设施。

前款规定的文献信息包括图书报刊、音像制品、缩微制品、数字资源等。

第三条　公共图书馆是社会主义公共文化服务体系的重要组成部分，应当将推动、引导、服务全民阅读作为重要任务。

公共图书馆应当坚持社会主义先进文化前进方向，坚持以人民为中心，坚持以社会主义核心价值观为引领，传承发展中华优秀传统文化，继承革命文化，发展社会主义先进文化。

第四条　县级以上人民政府应当将公共图书馆事业纳入本级国民经济和社会发展规划，将公共图书馆建设纳入城乡规划和土地利用总体规划，加大对政府设立的公共图书馆的投入，将所需经费列入本级政府预算，并及时、足额拨付。

　　国家鼓励公民、法人和其他组织自筹资金设立公共图书馆。县级以上人民政府应当积极调动社会力量参与公共图书馆建设，并按照国家有关规定给予政策扶持。

　　第五条　国务院文化主管部门负责全国公共图书馆的管理工作。国务院其他有关部门在各自职责范围内负责与公共图书馆管理有关的工作。

　　县级以上地方人民政府文化主管部门负责本行政区域内公共图书馆的管理工作。县级以上地方人民政府其他有关部门在各自职责范围内负责本行政区域内与公共图书馆管理有关的工作。

　　第六条　国家鼓励公民、法人和其他组织依法向公共图书馆捐赠，并依法给予税收优惠。

　　境外自然人、法人和其他组织可以依照有关法律、行政法规的规定，通过捐赠方式参与境内公共图书馆建设。

　　第七条　国家扶持革命老区、民族地区、边疆地区和贫困地区公共图书馆事业的发展。

　　第八条　国家鼓励和支持发挥科技在公共图书馆建设、管理和服务中的作用，推动运用现代信息技术和传播技术，提高公共图书馆的服务效能。

　　第九条　国家鼓励和支持在公共图书馆领域开展国际交流与合作。

　　第十条　公共图书馆应当遵守有关知识产权保护的法律、行政法规规定，依法保护和使用文献信息。

　　馆藏文献信息属于文物、档案或者国家秘密的，公共图书馆应当遵守有关文物保护、档案管理或者保守国家秘密的法律、行政法规规定。

　　第十一条　公共图书馆行业组织应当依法制定行业规范，加强行业自律，维护会员合法权益，指导、督促会员提高服务质量。

　　第十二条　对在公共图书馆事业发展中作出突出贡献的组织和个人，按照国家有关规定给予表彰和奖励。

第二章　设　立

　　第十三条　国家建立覆盖城乡、便捷实用的公共图书馆服务网络。公共图书馆服务网络建设坚持政府主导，鼓励社会参与。

　　县级以上地方人民政府应当根据本行政区域内人口数量、人口分布、环境和交通条件等因素，因地制宜确定公共图书馆的数量、规模、结构和分布，加强固定馆舍和流动服务设施、自助服务设施建设。

第十四条 县级以上人民政府应当设立公共图书馆。

地方人民政府应当充分利用乡镇（街道）和村（社区）的综合服务设施设立图书室，服务城乡居民。

第十五条 设立公共图书馆应当具备下列条件：

（一）章程；

（二）固定的馆址；

（三）与其功能相适应的馆舍面积、阅览座席、文献信息和设施设备；

（四）与其功能、馆藏规模等相适应的工作人员；

（五）必要的办馆资金和稳定的运行经费来源；

（六）安全保障设施、制度及应急预案。

第十六条 公共图书馆章程应当包括名称、馆址、办馆宗旨、业务范围、管理制度及有关规则、终止程序和剩余财产的处理方案等事项。

第十七条 公共图书馆的设立、变更、终止应当按照国家有关规定办理登记手续。

第十八条 省、自治区、直辖市人民政府文化主管部门应当在其网站上及时公布本行政区域内公共图书馆的名称、馆址、联系方式、馆藏文献信息概况、主要服务内容和方式等信息。

第十九条 政府设立的公共图书馆馆长应当具备相应的文化水平、专业知识和组织管理能力。

公共图书馆应当根据其功能、馆藏规模、馆舍面积、服务范围及服务人口等因素配备相应的工作人员。公共图书馆工作人员应当具备相应的专业知识与技能，其中专业技术人员可以按照国家有关规定评定专业技术职称。

第二十条 公共图书馆可以以捐赠者姓名、名称命名文献信息专藏或者专题活动。

公民、法人和其他组织设立的公共图书馆，可以以捐赠者的姓名、名称命名公共图书馆、公共图书馆馆舍或者其他设施。

以捐赠者姓名、名称命名应当遵守有关法律、行政法规的规定，符合国家利益和社会公共利益，遵循公序良俗。

第二十一条　公共图书馆终止的，应当依照有关法律、行政法规的规定处理其剩余财产。

第二十二条　国家设立国家图书馆，主要承担国家文献信息战略保存、国家书目和联合目录编制、为国家立法和决策服务、组织全国古籍保护、开展图书馆发展研究和国际交流、为其他图书馆提供业务指导和技术支持等职能。国家图书馆同时具有本法规定的公共图书馆的功能。

第三章　运　行

第二十三条　国家推动公共图书馆建立健全法人治理结构，吸收有关方面代表、专业人士和社会公众参与管理。

第二十四条　公共图书馆应当根据办馆宗旨和服务对象的需求，广泛收集文献信息；政府设立的公共图书馆还应当系统收集地方文献信息，保存和传承地方文化。

文献信息的收集应当遵守有关法律、行政法规的规定。

第二十五条　公共图书馆可以通过采购、接受交存或者捐赠等合法方式收集文献信息。

第二十六条　出版单位应当按照国家有关规定向国家图书馆和所在地省级公共图书馆交存正式出版物。

第二十七条　公共图书馆应当按照国家公布的标准、规范对馆藏文献信息进行整理，建立馆藏文献信息目录，并依法通过其网站或者其他方式向社会公开。

第二十八条　公共图书馆应当妥善保存馆藏文献信息，不得随意处置；确需处置的，应当遵守国务院文化主管部门有关处置文献信息的规定。

公共图书馆应当配备防火、防盗等设施，并按照国家有关规定和标准对古籍和其他珍贵、易损文献信息采取专门的保护措施，确保安全。

第二十九条　公共图书馆应当定期对其设施设备进行检查维护，确保正常运行。

公共图书馆的设施设备场地不得用于与其服务无关的商业经营活动。

第三十条　公共图书馆应当加强馆际交流与合作。国家支持公共图书馆开展联合采购、联合编目、联合服务，实现文献信息的共建共享，促进文献信息的有效利用。

第三十一条　县级人民政府应当因地制宜建立符合当地特点的以县级公共图书馆为总馆，乡镇（街道）综合文化站、村（社区）图书室等为分馆或者基层服务点的总分馆制，完善数字化、网络化服务体系和配送体系，实现通借通还，促进公共图书馆服务向城乡基层延伸。总馆应当加强对分馆和基层服务点的业务指导。

第三十二条　公共图书馆馆藏文献信息属于档案、文物的，公共图书馆可以与档案馆、博物馆、纪念馆等单位相互交换重复件、复制件或者目录，联合举办展览，共同编辑出版有关史料或者进行史料研究。

第四章　服　务

第三十三条　公共图书馆应当按照平等、开放、共享的要求向社会公众提供服务。

公共图书馆应当免费向社会公众提供下列服务：

（一）文献信息查询、借阅；

（二）阅览室、自习室等公共空间设施场地开放；

（三）公益性讲座、阅读推广、培训、展览；

（四）国家规定的其他免费服务项目。

第三十四条　政府设立的公共图书馆应当设置少年儿童阅览区域，根据少年儿童的特点配备相应的专业人员，开展面向少年儿童的阅读指导和社会教育活动，并为学校开展有关课外活动提供支持。有条件的地区可以单独设立少年儿童图书馆。

政府设立的公共图书馆应当考虑老年人、残疾人等群体的特点，积极创造条件，提供适合其需要的文献信息、无障碍设施设备和服务等。

第三十五条　政府设立的公共图书馆应当根据自身条件，为国家机关制定法律、法规、政策和开展有关问题研究，提供文献信息和相关咨询服务。

第三十六条　公共图书馆应当通过开展阅读指导、读书交流、演讲诵读、图书互换共享等活动，推广全民阅读。

第三十七条　公共图书馆向社会公众提供文献信息，应当遵守有关法律、行政法规的规定，不得向未成年人提供内容不适宜的文献信息。

公共图书馆不得从事或者允许其他组织、个人在馆内从事危害国家安全、损害社会公共利益和其他违反法律法规的活动。

第三十八条　公共图书馆应当通过其网站或者其他方式向社会公告本馆的服务内容、开放时间、借阅规则等；因故闭馆或者更改开放时间的，除遇不可抗力外，应当提前公告。

公共图书馆在公休日应当开放，在国家法定节假日应当有开放时间。

第三十九条　政府设立的公共图书馆应当通过流动服务设施、自助服务设施等为社会公众提供便捷服务。

第四十条　国家构建标准统一、互联互通的公共图书馆数字服务网络，支持数字阅读产品开发和数字资源保存技术研究，推动公共图书馆利用数字化、网络化技术向社会公众提供便捷服务。

政府设立的公共图书馆应当加强数字资源建设、配备相应的设施设备，建立线上线下相结合的文献信息共享平台，为社会公众提供优质服务。

第四十一条　政府设立的公共图书馆应当加强馆内古籍的保护，根据自身条件采用数字化、影印或者缩微技术等推进古籍的整理、出版和研究利用，并通过巡回展览、公益性讲座、善本再造、创意产品开发等方式，加强古籍宣传，传承发展中华优秀传统文化。

第四十二条　公共图书馆应当改善服务条件、提高服务水平，定期公告服务开展情况，听取读者意见，建立投诉渠道，完善反馈机制，接受社会监督。

第四十三条　公共图书馆应当妥善保护读者的个人信息、借阅信息以及其他可能涉及读者隐私的信息，不得出售或者以其他方式非法向他人提供。

第四十四条　读者应当遵守公共图书馆的相关规定，自觉维护公共图书馆秩序，爱护公共图书馆的文献信息、设施设备，合法利用文献信息；借阅文献信息的，应当按照规定时限归还。

对破坏公共图书馆文献信息、设施设备，或者扰乱公共图书馆秩序的，公共图书馆工作人员有权予以劝阻、制止；经劝阻、制止无效的，公共图书馆可以停止为其提供服务。

第四十五条　国家采取政府购买服务等措施，对公民、法人和其他组织设立的公共图书馆提供服务给予扶持。

第四十六条　国家鼓励公民参与公共图书馆志愿服务。县级以上人民政府文化主管部门应当对公共图书馆志愿服务给予必要的指导和支持。

第四十七条　国务院文化主管部门和省、自治区、直辖市人民政府文化主管部门应当制定公共图书馆服务规范，对公共图书馆的服务质量和水平进行考核。考核应当吸收社会公众参与。考核结果应当向社会公布，并作为对公共图书馆给予补贴或者奖励等的依据。

第四十八条　国家支持公共图书馆加强与学校图书馆、科研机构图书馆以及其他类型图书馆的交流与合作，开展联合服务。

国家支持学校图书馆、科研机构图书馆以及其他类型图书馆向社会公众开放。

第五章　法律责任

第四十九条　公共图书馆从事或者允许其他组织、个人在馆内从事危害国家安全、损害社会公共利益活动的，由文化主管部门责令改正，没收违法所得；情节严重的，可以责令停业整顿、关闭；对直接负责的主管人员和其他直接责任人员依法追究法律责任。

第五十条　公共图书馆及其工作人员有下列行为之一的，由文化主管部门责令改正，没收违法所得：

（一）违规处置文献信息；

（二）出售或者以其他方式非法向他人提供读者的个人信息、借阅信息以及其他可能涉及读者隐私的信息；

（三）向社会公众提供文献信息违反有关法律、行政法规的规定，或者向未成年人提供内容不适宜的文献信息；

（四）将设施设备场地用于与公共图书馆服务无关的商业经营活动；

（五）其他不履行本法规定的公共图书馆服务要求的行为。

公共图书馆及其工作人员对应当免费提供的服务收费或者变相收费的，由价格主管部门依照前款规定给予处罚。

公共图书馆及其工作人员有前两款规定行为的，对直接负责的主管人员和其他直接责任人员依法追究法律责任。

第五十一条　出版单位未按照国家有关规定交存正式出版物的，由出版行政主管部门依照有关出版管理的法律、行政法规规定给予处罚。

第五十二条　文化主管部门或者其他有关部门及其工作人员在公共图书馆管理工作中滥用职权、玩忽职守、徇私舞弊的，对直接负责的主管人员和其他直接责任人员依法给予处分。

第五十三条　损坏公共图书馆的文献信息、设施设备或者未按照规定时限归还所借文献信息，造成财产损失或者其他损害的，依法承担民事责任。

第五十四条　违反本法规定，构成违反治安管理行为的，依法给予治安管理处罚；构成犯罪的，依法追究刑事责任。

第六章　附　则

第五十五条　本法自 2018 年 1 月 1 日起施行。

GB/T 28220—2011 公共图书馆服务规范

1 范围

本标准规定了图书馆服务资源、服务效能、服务宣传、服务监督与反馈等内容。

本标准适用于县（市）级以上公共图书馆。街道、乡镇级公共图书馆以及社区、乡村和社会力量办的各类公共图书馆基层服务点参照执行。

2 规范性引用文件

下列文件对于本文件的应用是必不可少的。凡是注日期的引用文件，仅注日期的版本适用于本文件。凡是不注日期的引用文件，其最新版本（包括所有的修改单）适用于本文件。

GB/T 10001.1 标志用公共信息图形符号 第 1 部分：通用符号

GB/T 13191 信息与文献 图书馆统计（GB/T 13191—2009，ISO 2789：2006，IDT）

建标 108—2008 公共图书馆建设标准

建标〔2008〕74 号 公共图书馆建设用地指标

3 术语和定义

下列术语和定义适用于本文件。

3.1 公共图书馆（public library）

由各级人民政府投资兴办、或由社会力量捐资兴办的向社会公众开放的图书馆，是具有文献信息资源收集、整理、存储、传播、研究和服务等功能的公益性公共文化与社会教育设施。

3.2 公共图书馆服务（public library service）

公共图书馆通过各类资源和自身专业能力满足公众日益增长的对知识、信息及相关文化活动需求的工作。

3.3 服务资源（service resources）

公共图书馆在开展服务过程中所拥有的物力、财力、人力等各种物质要素，主要包含了硬件资源、人力资源、文献资源和经费资源。

3.4　服务效能（service efficiency）

公共图书馆投入的各项资源在满足读者和用户需求中体现的能力和效率。

3.5　区域服务人口数（regional service population）

各级公共图书馆所在行政区域的常住人口数。

3.6　呈缴本（legal deposit copy）

根据有关法律或法令规定，出版单位根据法律规定，免费向法律指定的图书馆所缴存的出版物。

3.7　文献提供（document supply）

图书馆或其他文献收藏机构根据读者要求，利用互联网、电子邮件、邮递等方式为本地或异地的读者直接提供所需原本文献和复制文献的服务形式，也可称文献传递。

4　总则

4.1　公共图书馆是公共文化服务体系的重要组成部分。公共图书馆服务规划应体现出公益性、基本性、均等性和便利性。

4.2　公共图书馆服务应体现以人为本的原则，通过就近、便捷、可选择、温馨的服务，不断改进服务质量，统筹兼顾服务资源、服务效能、服务宣传、服务监督与反馈，促进服务的全面协调可持续发展。

4.3　公共图书馆服务对象包括所有公众。应当注重培养少年儿童的阅读习惯，并努力满足残疾人、老年人、进城务工者、农村和偏远地区公众等的特殊需求。

4.4　公共图书馆的服务与管理除执行本标准的有关规定外，还应符合相关的国家标准和规范。

5　服务资源

5.1　硬件资源

5.1.1　馆舍建筑指标

公共图书馆设置布局应遵循普遍均等原则，选址要考虑服务半径、服务人口等因素，并应按建标〔2008〕74号《公共图书馆建设用地指标》执行。服务人口是指公共图书馆服务范围内的常住人口。

为了保证读者阅览空间和图书馆为读者服务能力，总建筑面积、阅览室用房使用面积的比例、总阅览座位数应按建标108—2008《公共图书馆建设标准》执行。并为残障读者的无障碍服务提供必要的服务设施。

5.1.2 建筑功能总体布局

公共图书馆建筑功能总体布局应遵循以读者服务为中心，与图书馆的管理方式和服务手段相适应，做到分区明确、布局合理、流线通畅、安全节能、朝向和通风良好。

少年儿童阅览区应与成人阅览区分开，宜设置单独的出入口，有条件的可设室外少年儿童活动场地。视障阅览室宜设在图书馆本体建筑与社会公共通道之间的平行层。

5.1.3 电子信息设备

5.1.3.1 计算机

公共图书馆应配备一定数量的计算机专供读者使用。图书馆应配备与经济和技术发展水平相适应的信息技术设备。所需计算机数量见表1。

表1 公共图书馆计算机设备配置及用途指标

等级	计算机总数量（台）	其中：读者使用计算机数量（台）	读者用机中OPAC计算机数量（台）
省级馆	100 以上	60 以上	12 以上
地级馆	60 以上	40 以上	8 以上
县级馆	30 以上	20 以上	4 以上

注1：省级馆包含省（自治区、直辖市）、副省级市（计划单列市）级图书馆；地级馆包含地（市、地区、盟、州）级图书馆；县级馆包含县（市）级图书馆。

注2：OPAC（Online Public Access Catalogue）指在线公共检索目录。

5.1.3.2 网络与宽带接入

公共图书馆网络与宽带接入，是为读者提供网络信息服务的基础。网络与带宽接入指标见表2。

表2 公共图书馆网络与带宽接入指标

等级	互联网接口	局域网主干	局域网分支
省级馆	≥ 100 兆	≥ 1000 兆	≥ 100 兆
地级馆	≥ 10 兆	≥ 1000 兆	≥ 100 兆
县级馆	≥ 2 兆	≥ 100 兆	≥ 100 兆

5.1.3.3 信息节点

信息节点指在馆内与局域网或互联网连接的计算机网络接口，阅览室的信息点设置应不少于阅览座位的30%，电子阅览室的信息点设置应多于阅览座位数。有条件的可提供互联网无线网络接入服务。

5.2 人力资源

5.2.1 人员要求

公共图书馆工作人员应受过专业训练、具备良好的职业道德，在读者服务工作中应平等对待所有公众，尊重和维护读者隐私。工作人员须挂牌上岗，仪表端庄，使用文明用语，热忱并努力为读者提供准确全面的信息服务。

5.2.2 人员配备

公共图书馆应配备数量适宜的工作人员。具有相关学科背景的专业技术人员应占工作人员的75%以上，少数民族自治地区公共图书馆要配备熟悉少数民族语言文字的专业技术人员。

公共图书馆专业技术人员是指符合下列条件之一并从事相关业务工作的人员：

——具有助理馆员等各类初级及以上专业技术职务任职资格；

——具有图书馆学专业（或图书情报专业）专科或以上学历；

——非图书馆学专业（或图书情报专业）专科或以上学历，须经过省级及以上学会（协会）、图书馆、大学院系举办的图书馆学专业（或图书情报专业）课程培训，培训课时不少于320学时并成绩合格。

5.2.3 人员数量

公共图书馆工作人员数量的确定，应以所在区域服务人口数为依据。每服务人口10 000人—25 000人应配备1名工作人员。各级公共图书馆所需的人员数量的配备，还应兼顾服务时间、馆舍规模、馆藏资源数量、年度读者服务量等因素。

5.2.4 教育培训

公共图书馆应坚持实施针对全体工作人员的教育培训计划。年度工作计划中应提供保障是员工接受教育的安排。

5.2.5 志愿者队伍

公共图书馆应导入志愿者服务机制，吸引更多图书馆工作人员和社会公众加入志愿者队伍。

5.3 文献资源

5.3.1 馆藏文献

5.3.1.1 文献采集原则

馆藏文献资源建设应遵循以下原则：

——与日益增长的读者需求和本地区经济、文化与社会事业发展相适应；

——与本馆文献资源建设规划、采集方针及服务功能相匹配；

——有利于形成资源体系和特色；

——有利于促进区域文献资源共建共享；

——有利于积淀与丰富历史文献；

——与国家知识产权保护等法律法规的要求相一致。

5.3.1.2 馆藏文献总量

馆藏文献包括印刷型文献、电子文献、缩微文献等。公共图书馆应在确保印刷型文献入藏的基础上，逐步增加电子文献的品种和数量，并根据当地读者和居住的外籍人员的需求，积极配置相应的外文文献。

馆藏印刷型文献以物理单元数量统计。应采用国家标准《图书馆统计》（GB/T 13191）中建议统计的方式计算。省级馆、地级馆、县级馆的入藏总量分别应达到 135 万册、24 万册、4.5 万册以上，省、地、县级馆年新增藏量分别应达每百人 1.7、1、0.6 册以上。

馆藏电子文献包括电子图书、电子报刊、视听资料等，电子文献的统计，应采用国家标准《图书馆统计》（GB/T 13191）中建议统计的方式计算。省级馆、地级馆、县级馆的年入藏量分别应达到 9000 种、500 种、100 种以上。

5.3.1.3 少数民族语言文献

少数民族集聚地区的各级公共图书馆应承担该地区少数民族文字文献资料的收藏和服务的职能。其他地区各级公共图书馆也应收藏与本地少数民族状况相适应的少数民族语言文献。

5.3.2 呈缴本

省级公共图书馆负有依法接受所在省（市）出版机构呈缴出版物和保存地方文献版本的职能。呈缴本征集的品种、数量应达到地方正式出版物的 70% 以上。

5.3.3　政府出版物

公共图书馆应承担当地政府出版物的征集、保存与服务职能，设置政府公开信息查阅点，并做好服务工作。

6　服务效能

6.1　服务能力

6.1.1　服务时间

公共图书馆应有固定的开放时间，双休日应对外开放。其中省级馆每周开放时间不少于 64 小时；地级馆每周开放时间不少于 60 小时；县级馆每周开放时间不少于 56 小时。各级独立建制的少年儿童图书馆每周开放时间不少于 40 小时。

6.1.2　基本服务

公共图书馆的基本服务是保障和满足公众的基本文化需求的服务，包括为读者免费提供多语种、多种载体的文献的借阅服务和一般性的咨询服务，组织各类读者活动以及其他公益性服务。

6.1.3　流动服务

公共图书馆应通过流动站、流动车等形式，将文献外借服务和其他图书馆服务向社区、村镇等延伸，定期开展巡回流动服务。

6.1.4　远程服务

公共图书馆应利用互联网、手机等信息技术手段和载体，开展不受时空限制的网上书目检索、参考咨询、文献提供等远程网络信息服务。

6.1.5　个性化服务

公共图书馆可为个人、企事业机构及政府部门提供多样化的、灵活的、有针对性的服务。

6.1.6　总分馆服务

公共图书馆应在政府主导、多级投入、集中分层管理、资源共享的原则下，建立普遍均等的公共图书馆服务体系，因地制宜地开展形式多样的总分馆服务，形成统一的机构标识，统一的业务规范，建立便捷的通借通还文献分拣传递物流体系，提升同一地区公共图书馆系统的整体形象和服务能力。

6.2　服务效率

6.2.1　文献加工处理时间

公共图书馆需根据不同类型（如印刷型、电子、缩微等）、不同来源（如购买、受赠、交换等）的文献资源特点和服务要求，优化文献加工处理流程，缩短文献加工处理周期，提高文献加工处理效率。

文献加工处理时间以文献到馆至文献上架（或上线）服务的时间间隔计。其中，报纸到馆当天上架服务，期刊到馆 2 个工作日内上架服务，省级馆、地级馆及县级馆分别在图书到馆 20 个、15 个、7 个工作日内上架服务。

6.2.2 闭架文献获取时间

闭架文献获取时间以读者递交调阅单到读者获取文献之间的间隔时间计。

闭架文献提供不超过 30 分钟，外围书库文献提供不超过 2 个工作日。古籍等特种文献，另按相关规定执行。

6.2.3 开架图书排架正确率

开架图书提倡按中国图书馆分类法分类号顺序排列整齐。省级馆、地级馆及县级馆的开架图书排架正确率分别不低于 96%、95%、94%。

6.2.4 馆藏外借量

馆藏外借量以外借文献册数计。

公共图书馆应合理调整外借文献范围、外借文献册数、借期等流通规则，保持馆藏外借量逐年增长。

6.2.5 人均借阅量

公共图书馆应分别根据有效持证读者和服务人口的总数，计算已外借文献量（册）占有效持证读者总数和服务人口总数的比例，以反映流通馆藏对有效持证读者的服务使用情况。

公共图书馆应适时调整外借册数、借期等流通规则，并制定有针对性的服务策略，逐步提高人均借阅量。

6.2.6 电子文献使用量

电子文献使用量由数据库检索量、全文下载量组成。

公共图书馆应积极宣传电子文献，举办电子文献使用辅导讲座，提升读者使用电子文献的信息素养，保持电子文献使用量逐年增长。

6.2.7 文献提供响应时间

文献提供响应时间以收到读者文献请求至回复读者之间的时间计。响应时间不超过 2 个工作日，并告知读者文献获取的具体时间。

6.2.8　参考咨询响应时间

公共图书馆需提供多样化的文献咨询服务方式，有效缩短文献咨询的响应时间。多样化的文献咨询服务方式包括现场、电话、信件、传真、电子邮件、网上实时、短信等。

响应时间是以收到读者咨询提问至回复读者之间的时间计。现场、电话、网上实时咨询需在服务时间内当即回复读者，其他方式的咨询服务的响应时间不超过 2 个工作日。

7　服务宣传

7.1　导引标识

7.1.1　方位区域标识

公共图书馆导引标识系统应使用标准化的文字和图形建立，公共信息标识应采用国家标准 GB/T 10001.1《标识用公共信息图形符号　第 1 部分：通用符号》，根据需求可采用双语或多语言对照。

公共图书馆应在主体建筑外竖立明显的导向标识。

公共图书馆入口处应标明区域划分，如阅览区域、活动区域、办公区域等，以方便读者到达目标区域。

公共图书馆应在每一楼层设立醒目的布局功能标识。

7.1.2　文献排架标识

公共图书馆应在阅览区和书库设置文献排架标识。

7.1.3　无障碍标识

公共图书馆应设置无障碍设施的专用标识。

7.2　服务告示

7.2.1　告示内容和方式

公共图书馆的服务范围、服务内容、服务时间、服务公约、读者须知、借阅（使用）规则、服务承诺等基本服务政策应在馆内醒目位置和图书馆网站的相关栏目向读者公示，其他服务政策及各类服务信息等应通过各种途径方便读者获取。

7.2.2　闭馆告示

因故须暂时闭馆，须提前一周向读者公告。

如遇公共安全、网络安全等突发事件须临时闭馆或关闭部分区域、暂停部分服务的，应及时向读者公告。

7.3 馆藏揭示

公共图书馆应借助计算机管理与书目检索系统，将纸质、电子和缩微等不同载体的馆藏文献目录向公众揭示，提供题名、著者、主题等基本检索途径，方便读者查询。

公共图书馆还应通过网站、宣传资料、专题展览等形式，向公众推介、揭示最新入藏的文献和特色馆藏。

7.4 活动推广

公共图书馆应通过媒体、网站、宣传资料、宣传栏及各种现代化通信手段等形式，邀请、吸引读者的参与和互动。

8 服务监督与反馈

8.1 监督途径和方法

公共图书馆应在馆舍显著位置设立读者意见箱（簿），公开监督电话，开设网上投诉通道，建立馆长接待日制度，组建社会监督员队伍，定期召开读者座谈会。认真对待并正确处理来自读者的意见或投诉，在五个工作日内回复并整改落实。

8.2 读者满意度调查

读者满意度调查表中读者对图书馆满意度的选项为"满意"、"基本满意"和"不满意"三项。读者满意度以参与问卷调查的读者中选择"基本满意"和"满意"的人数占调查总人数的比例计。各级公共图书馆的读者满意度应在85%（含）以上。

公共图书馆每年应进行一次读者满意度调查，可自行或委托相关机构向馆内读者随机发放读者满意度调查表。调查表发放数量，省、地、县级图书馆分别不少于500份、300份、100份，回收率不低于80%。

公共图书馆应对回收的读者满意度调查表进行分析，针对薄弱环节提出整改意见。调查数据应系统整理，建档保存。

WH/T 73—2016 社区图书馆服务规范

1　范围

本标准规定了社区图书馆服务资源、服务提供、服务管理、社会参与及服务保障等内容。

本标准适用于所有社区图书馆，其他同级或规模较小的图书馆可参照执行。

2　规范性引用文件

下列文件对于本文件的应用是必不可少的。凡是注明日期的引用文件，仅注明日期的版本适用于本文件。凡是不注明日期的引用文件，其最新版本（包括所有的修改单）适用于本标准。

GB/T 28220—2011《公共图书馆服务规范》

3　术语和定义

下列术语和定义适用于本文件。

3.1　社区图书馆（community library）

多由区（县）级政府主办，或社会力量捐资兴办，为社区居民提供教育、信息和文化休闲服务的小型公共图书馆。

［改写自 GB/T 2820—2011，定义 3.1］

3.2　服务人口（service population）

社区图书馆服务区域的常住人口。

3.3　服务资源（service resources）

社区图书馆在开展服务过程中所需的各种物质要素，主要包含硬件资源、文献资源、人力资源和经费资源。

3.4　服务提供（service supplement）

社区图书馆为满足社区居民学习、阅读、交流及其他文化需求所开展的各项工作。

3.5　一体化服务（unified service）

在区域图书馆服务体系中，不同级别、不同规模的多家图书馆，按照相同的规则和标准，在业务运营、管理与服务过程中，通过文献、技术、人员等资源的全面共享或统一管理，提供无差异服务的模式。

3.6 中心图书馆（main library）

在一定地域范围内，具有资源、技术及管理优势，在社区图书馆管理与服务过程中起核心骨干作用的图书馆。

4 总则

4.1 社区图书馆是区域公共图书馆服务体系的重要组成部分，应遵循以人为本的原则，通过公开、平等、免费、就近的服务，保障社区居民的基本文化权益。

4.2 社区图书馆是社区公共文化空间，应发挥信息交流和文化休闲功能，参与社区生活。

4.3 社区图书馆建设、管理与服务应统一纳入当地经济和社会发展的总体规划，纳入区域公共图书馆事业发展规划。其服务资源和服务保障主要由区（县）级人民政府提供，事业发展与管理由当地文化主管部门负责。

4.4 社区图书馆服务除执行本标准的有关规定外，还应符合GB/T 28220—2011 等国家现行的相关标准。

5 服务资源

5.1 服务设施与设备

5.1.1 社区图书馆的网点设置应遵循普遍均等原则，按服务半径不大于 1.5 千米，或服务人口不少于 5000 人的标准进行统筹规划、合理布局。

5.1.2 社区图书馆使用面积按服务人口计算应不低于 20 平方米 / 千人，阅览座位应不低于 4 席 / 千人。有条件的宜设立独立出入口和无障碍设施。

5.1.3 社区图书馆应通过空间设计、家具配置等方式，营造温馨、舒适的阅览环境。

5.1.4 社区图书馆应具有稳定可靠的互联网接入条件，网络接入带宽应不小于 4 兆。用于读者服务的计算机数量按服务人口计算应不低于 1 台 / 千人，并适应新技术的发展配备各种现代化设备。相关设备配置可结合国家重点文化工程建设项目的要求统筹安排。

5.2 服务人员

5.2.1 社区图书馆应至少配备专职工作人员 1 名，并根据需要配备一定数量的兼职工作人员或招募志愿者。

5.2.2　社区图书馆工作人员应具有大专以上学历，受过基本的图书馆专业技能培训，能够熟练操作和使用计算机及相关设备，并具备良好的职业道德。每年参加继续教育学习应不少于 5 天。

5.3　文献资源

5.3.1　社区图书馆基本馆藏文献资源应包括图书、期刊、报纸、视听资料等，按服务人口计算，基本馆藏量应不低于人均 0.5 册（并适当考虑少年儿童图书的比例），复本不大于 2 册，年更新数量不少于 10%，报刊年订阅数量应不少于 50 种。

5.3.2　社区图书馆宜通过计算机网络共享中心图书馆的数字资源，如电子图书、电子期刊、电子报纸及其他各种数据库资源。

5.3.3　社区图书馆藏书宜由中心图书馆统采统编，期刊、报纸可根据社区居民需求自行订购。

6　服务提供

6.1　文献借阅

社区图书馆应免费提供文献借阅服务，关注少年儿童、老年人、残障人士及其他特殊群体的阅读需求，并为读者获取各类文献提供帮助。

6.2　电子阅览

社区图书馆应免费提供上网服务（包括无线互联网接入服务），通过计算机网络开展数字资源服务，并加强电子阅览服务管理。

6.3　咨询服务

社区图书馆应通过现场、电话、电子邮件、社交网络、网上咨询系统等多样化方式提供一般性咨询服务。对不能即时答复的咨询请求，响应时间不应超过 3 个工作日。

6.4　读者活动

社区图书馆应在全民阅读推广中充分发挥作用，自主组织或配合中心图书馆开展讲座、沙龙、培训、展览等读书活动及各种形式的文化活动，并重点组织开展适合老年人、少年儿童特点的活动。

6.5　服务时间

社区图书馆应有固定的开放时间，每周开放时间应不少于 36 小时，双休日应对外开放。因故临时闭馆应向上级主管部门及中心图书馆报告并提前向读者公告。

6.6 服务宣传

6.6.1 社区图书馆应设立醒目的导引标识和服务公告，包括馆牌、开放时间、文献排架标识、服务项目与规则等。

6.6.2 社区图书馆应利用宣传栏、宣传资料、媒体及其他现代化手段，宣传和推广图书馆服务，揭示文献资源，吸引读者利用图书馆。

7 服务管理

7.1 服务运作

社区图书馆宜纳入地区一体化服务体系，接受中心图书馆的业务辅导，依托中心图书馆服务网络和业务管理平台，通过协作与共享，联合开展各项服务工作。

7.2 文献组织

社区图书馆文献应采取学科、主题等方式规范排架，开架借阅，保持架位整齐。新书配送到馆后应在 2 个工作日内上架，期刊应在 2 个工作日内记到上架，报纸当天上架。

社区图书馆应做好防盗、防尘、防潮，防虫等文献保护工作。

7.3 服务统计

社区图书馆应按照常规化、标准化的原则，按日、月、年定期做好服务数据统计工作，包括服务资源、文献借阅、电子阅览、信息咨询、读者活动等。统计资料及工作记录应及时收集、整理，建立业务档案。

7.4 服务安全

7.4.1 社区图书馆应建立安全管理制度，维持正常服务秩序，制定消防安全应急预案，定期开展消防安全教育和消防安全检查，确保图书馆文献资源、办馆设施及进馆读者人身安全和财产安全。

7.4.2 社区图书馆应加强计算机网络及信息安全管理，妥善保存各项工作数据。

7.5 服务绩效

社区图书馆应不断提高服务水平和质量，保持进馆读者量、图书外借量、电子文献使用量、读者活动场次的增长。

7.6 服务监督与反馈

7.6.1 社区图书馆应设立读者意见箱（簿），公开监督或投诉电话，每年至少应召开一次读者座谈会，对读者意见或投诉应在 5 个工作日内回复并落实。

7.6.2 社区图书馆每年至少应进行一次读者需求和服务满意度调查，调查表发放数量不少于 100 份，回收率不低于 80%（含），满意度不低于 85%（含）。

8　社会参与

8.1 鼓励机构、个人合作共建或独立兴办社区图书馆。

8.2 积极导入志愿者服务机制，建立志愿者队伍，吸引民众参与社区图书馆服务。

9　服务保障

9.1 政策保障

地方政府应出台相应的配套政策，鼓励各种形式的社区图书馆持续发展，并从地区一体化服务体系建设与管理等方面为社区图书馆服务的正常开展和持续发展提供有效保障机制。

9.2 经费保障

社区图书馆的日常运营经费应列入区（县）政府财政预算。

日常运营经费应包括场馆运行、人员工资、文献购置、阅读推广活动及宣传、网络通信、业务培训、设备维护、日常办公等。

9.3 人员保障

社区图书馆工作人员可采取不同的用工方式保障其待遇，保持队伍的稳定性。

英国南约克郡谢菲尔德市格林希尔社区图书馆
2016 年 2 月读者调查报告 *

一、我们现在的情况怎么样?

请您抽出一点时间告诉我们,图书馆自 2014 年 9 月被自主管理以来,您对它的看法如何。根据您的经验,它的表现比以前更好、相同,还是更差? 请在表附 -1 每行中选择一项作为您的答案(打√)

表附-1　格林希尔社区图书馆现状调查

	更好	相同	更差	不清楚 / 不适用
书籍和 DVD 的挑选				
借阅服务				
图书馆的整洁度和整体外观				
儿童活动				
计算机、互联网、打印和复印设备				
整体服务水平				

让您来到我们图书馆的主要原因是什么? 请具体说明:_____

个人资料（提供的数据将仅用于本调查中的分析）

您多久使用一次我们的图书馆:□决不　□很少　□经常

请在表附 -2 中勾选您的年龄范围。

表附-2　年龄范围

11 岁及以下	12—18 岁	19—29 岁	30—39 岁	40—49 岁	50—59 岁	60—69 岁	70 岁及以上

您家的邮政编码是:_____

＊　陆和建译。

二、在未来我们如何做得更好？

我们打算寻求大彩票基金（和其他地方）的支持，目的是将图书馆改造成一个自给自足的社区场所。请根据图书馆对您的影响，为下列每项可能与您有关的措施进行评分。

1＝我会非常频繁地使用图书馆；

2＝我会更愿意使用图书馆；

3＝这不会影响我对图书馆的使用；

4＝我未来使用图书馆的可能性会略微降低；

5＝我对图书馆的使用会大大减少

表附-3　对图书馆的提升举措

	1 分	2 分	3 分	4 分	5 分
更新现代优质图书资源					
提供茶点					
可供残疾人使用的公共卫生设施					
更宽敞的座位 / 休闲区					
更多晚间活动，如：讲座、娱乐、猜谜等					
更多的日间成人课程					
扩展我们的儿童活动项目					
电影俱乐部					

我们还可以做些什么来使我们的图书馆成为您想要的图书馆？（我们认为这是表格中最重要的问题，所以请您好好考虑一下！）